AF747697

LE SUIVI DES USAGERS INVOLONTAIRES

Collection Criminologie
dirigée par Robert Cario

La criminologie apparaît comme un champ pluri et transdisciplinaire de connaissances, d'investigations, d'expertises et de traitement qui peine à être reconnu en France. Principalement mise en œuvre dans le domaine de la prévention, elle occupe également, au cas d'échec, une place prépondérante dans le procès pénal. Plus largement encore, la criminologie contribue à la restauration psychologique et sociale des protagonistes, dans l'endroit comme dans l'envers du crime.

Dans de nombreux pays, la discipline fait l'objet d'enseignements, de recherches et d'applications à la mesure de la complexité du phénomène criminel qui la nourrit. Dans d'autres encore, la profession de criminologue s'inscrit en totale harmonie avec les métiers de la justice, de la médecine, de la psychologie et du social.

La présente collection ambitionne de rassembler des ouvrages scientifiques et des travaux de terrain, appuyés tant sur les théories dominantes que sur les bonnes pratiques en agressologie ou victimologie, à l'intention de publics variés : étudiants, enseignants, chercheurs, magistrats, praticiens de toutes disciplines confrontés aux problématiques délinquantes, citoyens épris de justice.

Derniers ouvrages parus

C. Rossi, Homicides : les proches des victimes
M. Herzog-Evans, Le Juge de l'application des peines : Monsieur Jourdain de la désistance
J. Motte dit Falisse (Dir.), De la faute et du crime
P.V. Tournier, La naissance de la contrainte pénale
J. Motte dit Falisse (Dir.), Du sens de la peine

Traité de sciences criminelles

2.1. R. Cario, Victimologie. De l'effraction du lien intersubjectif à la restauration sociale (4è éd. 2012)
2.2. R. Cario, Sylvie Ruiz-Vera, Droit(s) des victimes. De l'oubli à la reconnaissance (2015)
4. R. Cario, Introduction aux sciences criminelles. Pour une approche globale et intégrée du phénomène criminel (6è éd. 2008)
8. R. Cario, Justice restaurative. Principes et promesses (2è éd. 2010)

Controverses

R. Cario (Dir.), Les rencontres détenus-Victimes : l'humanité retrouvée
C.E Laguerre, Evénements traumatiques à la Martinique
M. Herzog-Evans, Moderniser la probation française. Un défi à relever !
F. Rognon, B. Deymié (Dir.), Punir, guérir, restaurer
I.Dréan-Rivette, Des sentences et des peines

V. également la collection Sciences criminelles

N. Pignoux, La réparation des victimes d'infractions pénales
P. Mbanzoulou, La médiation pénale (nouvelle édition)
A. Jafari, Droit bancaire islamique
H. Arbousset, C. Lacroix et B. Steinmetz (Dir.), Risques, accidents et catastrophes. Liber amicorum en l'honneur de Madame le professeur Marie-France Steinlé-Feuerbach
Y-C Quéro, La gouvernance nodale du réseau de sécurité locale
N.Y. Doumbia, Le maintien de l'ordre en Côte d'ivoire

Série Champ pénitentiaire

P. Mbanzoulou, M. Herzog-Evans, S. Courtine (Dir.), Insertion et désistance
P. Mbanzoulou, F. Dieu (Dir)., Administration pénitentiaire et justice
H. Hedhili-Azema, Sciences et pratiques pénitentiaires en France. XIX et XXè siècles
P. Mbanzoulou, P. Pottier (Dir.), Santé et justice
S. Jacopin, J.M. Larralde (Dir.), Le droit aux visites des personnes incarcérées

Chris Trotter

Le suivi des usagers involontaires

Probation, délinquance et protection des mineurs

GUIDE PRATIQUE - 3E ÉDITION

Préface de Martine Herzog-Evans

L'Harmattan

Titre original : Working with Involuntary Clients,
édité par Allen & Unwin
© Chris Trotter, 1999

© L'Harmattan, 2018 , pour la traduction française
5-7, rue de l'École-Polytechnique ; 75005 Paris

http://www.editions-harmattan.fr/

ISBN : 978-2-343-14865-6
EAN : 9782343148656

Préface

Prof. Martine Herzog-Evans, PhD

C'est avec un très grand plaisir et c'est pour moi un très grand honneur que de pouvoir présenter aux lecteurs, praticiens, académiques et étudiants, l'ouvrage essentiel de Chris Trotter, *Le suivi des usagers involontaires*. Ce projet de traduction, indispensable dans le contexte francophone, me tenait à cœur depuis près de huit ans et je suis ravie d'avoir pu le mener à bien et faire publier, grâce aux éditions l'Harmattan et Allen et, bien entendu, grâce à Chris Trotter lui-même. Je tiens aussi à remercier mon ami Robert Cario, pour l'aide apportée à la mise en forme et publication de cet ouvrage.

J'ai eu également l'honneur de pouvoir auparavant (2015) co-traduire l'ouvrage tout aussi classique d'Andrews et Bonta (2010), *The Psychology of Criminal Conduct* (PCC), lequel présente le modèle dominant, et le plus efficace à ce jour, de traitement des condamnés, soit le modèle dit « RBR » (Risque-Besoins-Réceptivité), dont l'ouvrage de Chris Trotter constitue l'indispensable complément. En effet, on l'ignore souvent lorsque l'on oppose stérilement travail social et RBR, et j'y reviendrai, ce sont les fondateurs mêmes de la RBR qui avaient de manière très précoce (Andrews et al., 1979) créé les CCP (*Core Correctional Practices*), soient les pratiques professionnelles essentielles dans la probation et que devait moderniser et développer par la suite Chris Trotter. Les CCP sont souvent appelées « *skills* », ce qui, en anglais renvoie à un mélange de compétences (ici professionnelles) et de qualités personnelles. Trotter a participé à l'élan considérable de recherches s'étant appuyées sur ce terreau initial. Il a été montré par ses travaux et ceux d'autres chercheurs (not. Andrews et al., 1979 ; Vanstone et al. 2015) que les *skills* étaient efficaces sur la récidive au même titre que la RBR. L'on sent déjà pointer l'argument selon lequel la fusion des deux permettrait d'augmenter considérablement l'efficacité de la probation (H-Evans, 2018). Précisément, le cadre théorique de Trotter est, pour le dire en quelques mots : beaucoup de travail social fondé sur les données de la science ; pas mal de psychologie, notamment dans le domaine de la thérapie familiale, du modelage prosocial, et, enfin, un petit peu de RBR.

Il est toutefois important de souligner que Trotter dépasse le seul domaine de la probation et englobe notamment la justice des mineurs et la protection de l'enfance (1996, 2004, 2012). Il est vrai qu'en Australie, son pays d'origine, les agents de probation et éducateurs de la protection de l'enfance comme de la justice des mineurs ont des formations en partie communes. Ceci signifie très concrètement que l'ouvrage sera utile à l'ensemble des praticiens œuvrant dans ces domaines.

Les recherches d'Andrews, Bonta et collègues, de Trotter, de Vanstone et alii, ainsi que d'autres qui sont citées dans *le suivi des usagers involontaires*, se rejoignent considérablement quant aux *skills* que les praticiens doivent mettre en œuvre pour être efficaces dans tous ces domaines. Toutefois, trotter part, pour ce qui le concerne, d'un double point de vue théorique et pratique : la RBR et son complément indispensable les interventions cognitives et comportementales, certes, mais aussi les théories et recherches relatives au travail social. Il ne s'agit plus du travail social d'antan, parfois érigé de manière simpliste en modèle historique à protéger, car son inefficacité a été démontrée de manière abondante dès les années 1970, que ce soit sur un plan général (Klein, 1971), quant au travail social de rue dans les ghettos (Shur, 1973; Fisher, 1973) ou dans la probation (Martinson, 1974). Certains programmes axés sur l'assistance et le travail social préventifs dans les quartiers ont même trouvé des résultats nuisibles, non seulement sur la délinquance, mais encore sur les nombreuses mesures des chercheurs en travail social, soit le degré de dépendance aux allocations, l'emploi, l'éducation, et même la santé mentale (McCord, 1978, 2003). Trotter, lui, propose un modèle de travail social renouvelé ; un modèle enrichi par la recherche. Ce n'est, au demeurant, pas le moindre des points communs entre la RBR et les CPP de Trotter que d'avoir placé au cœur du suivi le primat des données acquises de la science. En somme, trotter constitue le fascinant pont entre la RBR et le travail social. À l'heure où en France, les deux sont opposés (: CGT 2017 a & b ; Raoult, 2016), ceci n'est pas le moindre des intérêts de cet ouvrage et de l'œuvre de trotter en général. Toutefois, celui-ci ne rentre pas dans cette guérilla (pour une présentation : H-Evans, 2018) entre les pros science et les anti science : CGT, 2017 a & b ; McNeill, 2009). Avec sa gentillesse et son respect habituels, il montre que la dimension scientifique et la dimension éthique, la dimension humaine et la rigueur des méthodes sont *toutes* indispensables. Il est probable que la compétence en protection de l'enfance en danger, qui est celle des praticiens australiens, rende plus impératif, que dans la seule probation, de ne pas s'abstraire de la science.

Certes, le modèle des CCP de trotter, quoi qu'en partie similaire à celui d'Andrews et autres (Andrews et al., 1979 ; Dowden et Andrews, 2004) s'en distingue par certains traits saillants, où l'on sent l'influence très forte des théories scientifiques du travail social efficace (v. not. Hepworth et al., 2010) au point que l'on peut dire que trotter a intégré les CPP initialement inventées par Andrews et coll. en 1979 au modèle de travail social de Hepworth et coll. et d'autres et notamment Reid (v. par ex. Reid, 1985, 1992). Il n'est donc pas étonnant que, dès lors qu'en réalité, le modèle de Trotter est un modèle de « travail social RBRisé », des divergences se manifestent avec la RBR.

L'un des domaines de divergence les plus manifestes concerne ce qu'il convient de faire lorsque le praticien a analysé quels étaient les besoins criminogènes du condamné, mais que la recherche collaborative des problèmes entre le CPIP et ce condamné (étape cruciale du modèle trotter, inspiré notamment de Hepworth et al.), met en avant d'autres problèmes ou encore lorsque le condamné estime qu'un besoin non criminogène doit recevoir priorité. Si la RBR a assoupli son discours sur ce point (v. not. Bonta & Andrews, 2017), elle n'en indique pas moins que les problèmes criminogènes doivent absolument être tous traités ; c'est le principe dit d'envergure ou ampleur (*Breadth*). Trotter est très clair sur le fait que selon lui, il convient de *toujours* partir des problèmes identifiés par l'usager ; position qui, nous le verrons *infra*, n'est pas sans risque. Seconde divergence, plus modeste cette fois, avec la RBR, trotter est favorable aux outils d'évaluation risque/besoins, mais estime que ceux-ci ne constituent qu'un élément de l'évaluation et ne leur accorde qu'une place modérée dans le suivi qu'il propose. Pour lui, l'essentiel tient dans la recherche collaborative avec l'usager des problèmes que ce dernier identifie bien comme tels. En somme, trotter intègre modestement la RBR dans ses CCP, tandis que dans la « planète RBR », les CPP constituent un satellite. La différence n'est cependant pas considérable, car les deux modèles conviennent que l'évaluation est indispensable.

Cependant, tranchant encore avec les auteurs de la RBR (mais voir toutefois la 6e édition du PCC, largement simplifiée par Bonta, qui en a repris la rédaction depuis le décès d'Andrews : Bonta et Andrews, 2017), trotter parvient remarquablement à rendre limpide et pratique, ce qui est en réalité fort complexe. Son style est clair, simple, au point parfois que la traductrice que je suis a dû faire le choix de l'améliorer à la marge. À titre d'exemple, le français ne s'accommode guère de multiples répétitions de mots ou groupes de mots. Il est vrai que les répétitions dans le texte d'origine ont aussi pour but manifestement pédagogique d'aider le lecteur à mémoriser certaines notions, concepts, ou principes.

Trotter propose aussi de nombreux exemples pratiques et certains prennent une place plus importante (: les « Dossier-Illustration ») afin de permettre au lecteur de mieux se représenter comment, sur le terrain, les principes et *skills* peuvent être mis en œuvre. Cet ouvrage sera donc plus facile à prendre en main par les praticiens francophones.

Sur le plan institutionnel, et comme nous l'avions dit lors de la conférence de consensus (H-Evans, 2013, a), les *skills* sont plus aisées à mettre en œuvre que les programmes RBR, dans la mesure où elles ne s'appuient pas sur une logique programmatique ambitieuse, mais sur ce qui se joue principalement entre le praticien et l'usager. Les *skills* supposeraient certes de très importants bouleversements institutionnels et ce, notamment autour de trois pôles. Le premier pôle tient à la réalité et à la qualité du travail social, mais aussi du travail thérapeutique, réalisé par les praticiens, en pratique en voie de disparition (Larminat, 2012 ; Dindo, 2011). Les raisons en sont multiples : « prisonisation » (ou « prisonbation », H-Evans, 2013b, 2015) de la culture professionnelle depuis la fusion probation/prison en 1999 ; managérialisme (Dubourg, 2015) ; manque cruel de moyens matériels et humains ; résistances syndicales (CGT, 2017 a et b) ; ou professionnelles aux modifications des pratiques (Benbouriche et al., 2012) ; maladresses institutionnelles passées dans leur implémentation (Vanderstukken & Benbouriche, 2014 ; Bouagga, 2014), elles-mêmes liées au centralisme susévoqué, etc. S'emparer des CCP de Trotter suppose en effet de multiplier les visites à domicile, d'être compétent et désireux, et soutenu institutionnellement, pour réaliser des actes concrets d'aide sociale, mais, dans le même temps, de savoir aussi réaliser de quasi-thérapies familiales (se rapprochant ici du cœur de métier des éducateurs PJJ, la science en plus), et travailler les attitudes et comportements antisociaux (point commun avec la RBR). L'on se réjouira donc de l'important pas en avant réalisé par l'Administration pénitentiaire avec son Référentiel des Pratiques Opérationnelles. (Administration Pénitentiaire, RPO1- 2018) et espère vivement qu'il pourra être déployé dans toutes ses dimensions. Nul doute que l'ouvrage de Trotter permettra aux utilisateurs du RPO1 d'approfondir leurs connaissances et d'obtenir plus de conseils pratiques encore.

Ceci m'amène au second pôle : la formation et le recrutement. Les « *skills* », je l'ai souligné, signifient en anglais certes compétences, mais aussi qualités. Ils nécessitent donc des formations aux données de la science qui soient véritablement adossées à la recherche, mais soient aussi pratiques. Sur ce point l'ENAP et les formations régionales se sont renouvelées, mais la critique majeure que l'on peut faire à ces formations est de reposer quasi-entièrement sur les épaules de praticiens qui n'ont pas nécessairement d'expérience ou de formation en enseignement ni de connaissances approfondies de la recherche, qu'ils ne pratiquent par hypothèse pas eux-mêmes. Comme dans d'autres pays, la formation ne devrait pas être uniquement institutionnelle (ce qui favorise le « prisonbation »), mais universitaire, les universités devant certes collaborer étroitement avec les besoins locaux et institutionnels, et faire participer des praticiens non seulement à l'élaboration des programmes, mais aussi à certains modules de formation. Ce recrutement et cette formation devraient de manière idéale se situer au sein de facultés de criminologie (Cario et al., 2012), en collaboration avec les institutions de la probation, ce, afin de mieux intégrer la mixité de formation initiale faite de psychologie, de criminologie et de sciences du travail social, qu'il est indispensable d'avoir avant de suivre une formation spécialisée dans le suivi des condamnés. La transposition des *skills* nécessite aussi de recruter des « good people », soient les personnes possédant effectivement les qualités personnelles requises ; ce que Paparozzi et Guy, 2009, 2015 appellent « l'éléphant dans la pièce », en raison de son caractère évident, quoique négligé. Il s'agit notamment de capacités en auto-divulgation, empathie, humour, de bonne pose de l'autorité, et de capacité à collaborer tant avec les usagers et leurs familles qu'avec d'autres institutions et à nouer une authentique relation de travail avec les premiers. L'on ne sait tout simplement pas si, pour l'heure, ce sont ces praticiens-là que nous parvenons à recruter. Il est indispensable de s'en assurer (pour la Roumanie : Durnescu, 2014).

La collaboration constitue notre troisième Pôle, lequel se divise à son tour en deux sous pôles, l'un relatif à la collaboration interinstitutionnelle, l'autre relatif à la collaboration avec les usagers et les familles. Trotter convient que bien que toutes les recherches montrent qu'il est important de limiter le nombre de praticiens en charge des condamnés et autres usagers (v. aussi tout récemment s'agissant de la transition milieu ouvert/milieu fermé : Maguire et Raynor, 2017), la réalité de terrain dans un nombre croissant d'Etats consiste à avoir des postes de « chefs d'orchestre », les *case managers* (gestionnaires du suivi), tandis que l'agent de probation, lui, réalise une (petite) partie du travail social et du traitement, mais en délègue l'essentiel à d'autres institutions. En France, cette gestion du suivi est, en réalité, dispatchée entre les CPIP et les DPIP, sans que la notion et les théories du *case management*, n'aient été particulièrement intégrées. En outre, le *case management* ne doit pas se transformer en référencement distant et séquencé ; il doit, pour être efficace, être intégré, comme le montre abondamment la littérature portant sur le sujet (H-Evans, 2013 c). Concrètement, ceci imposerait à l'institution de rompre avec sa tradition du référencement de type « sous-traitance », sans échange authentique d'information, sans travail de suivi collaboratif entre praticiens des institutions partenaires sur les dossiers. Ceci est actuellement trop souvent difficile dans la chaîne pénale, mais facilité, à l'inverse, dans des expériences de programmes de traitement de l'addiction inspirés des « juridictions résolutives de problèmes » et mis en place notamment à Bobigny ou à Lyon.

La collaboration, Trotter l'entend, en second lieu, surtout aussi avec les usagers et leurs familles. Par collaboration, il entend un travail commun autour d'objectifs à déterminer ensemble, d'une définition commune des problèmes à traiter, et des tâches et stratégies nécessaires pour ce faire. Si Trotter s'appuie, pour défendre cette approche, sur les théories du travail social moderne, telles que mentionnées *supra* (et à nouveau notamment, pour la période récente, Hepworth et al., 2010), celles-ci renvoient en réalité à un champ de recherches scientifiques bien plus vaste en médecine et surtout en psychologie, autour du concept d'alliance thérapeutique. Les recherches sont, sur ce point, si nombreuses que l'on se bornera à citer quelques méta-analyses en ayant montré la puissance en termes de résultats et le caractère indispensable à tout traitement (Orlinksi et al., 2004, Martin et al., 2000) ; plusieurs recherches ayant par la suite produit des résultats identiques dans la probation (Raynor et al., 2010 ; Bourgon et al., 2013). Il est à peine nécessaire de souligner combien une telle façon de travailler constituerait une révolution dans l'exécution des peines française. Réjouissons-nous que concernant les usagers, le RPO1 précité place bien au cœur du travail de probation la collaboration avec les usagers. L'on ne peut que souhaiter que l'impulsion qu'il donne se traduise par un authentique changement dans les pratiques.

Notons, pour conclure sur cette série de bouleversements, que Trotter, comme ses collègues australiens, est compétent en matière de traitement familial. Or ce type de compétence, encore présent dans la PJJ, fait aujourd'hui défaut dans la probation des adultes. *Le suivi des usagers involontaires* présente le grand intérêt de leur fournir quelques bases. Pour ceux qui lisent l'anglais, je ne saurais toutefois trop recommander la lecture complémentaire de son ouvrage portant exclusivement sur le traitement familial lequel est, par conséquent, beaucoup plus approfondi (Trotter, 2013).

En dépit de ses qualités exceptionnelles, le travail de Trotter requiert toutefois, comme n'importe quelle œuvre, un regard critique. Au demeurant, Trotter concède lui-même l'existence de limites dans son chapitre sur la résolution de problèmes. L'une des critiques importantes qui peut lui être faite est qu'il insiste sur la nécessité de partir des seuls problèmes reconnus comme tels par l'usager. Dans le cas, par exemple, d'un usager alcoolique violent lorsqu'il boit, tant que celui-ci ne reconnait pas qu'il a un problème d'alcool, mais estime n'avoir qu'un problème relationnel avec sa femme, Trotter estime qu'il convient de traiter du prétendu problème relationnel et non du problème d'alcool. Il compte certes, ce qui pourra parfois fonctionner, sur la mise en œuvre parallèle du modelage (ou modélisation) prosocial, ainsi que sur la clarification des rôles. Il évoque aussi, de manière plus anecdotique, ce que l'on peut regretter, l'aide de l'entretien motivationnel. Cependant, il ne dit sur ce point précis rien des méthodes cognitives et comportementales – en dehors de sa référence au modelage prosocial – qui sont au cœur même de la RBR, et qui reposent fondamentalement elles aussi sur la relation de travail collaborative, mais de manière un peu plus encadrée (v. par ex. Beck, 2011) et alors même que, dans son chapitre de présentation (le Chapitre 2), il énonce plusieurs fois que les TCC font partie des méthodes venant au soutien du modelage prosocial qu'il détaille en Chapitre 4. Il est vrai que ce Chapitre 4, à son tour, n'apporte que peu de précisions sur la dimension TCC de l'approche « modelage prosocial ». De plus, Trotter ne fait à aucun moment référence à l'équité processuelle et comportementale, en un mot sur le paradigme légitimité de la justice-justice procédurale-jurisprudence thérapeutique (H-Evans, 2016 a) qui a pourtant des vertus largement établies empiriquement en termes d'acceptation par les usagers des décisions et mandats judiciaires et dont la transposition est indispensable dans l'exécution des peines (H-Evans, 2016 a et b). Cela est dommage, car c'est précisément ainsi, quoiqu'insuffisamment, que les choses se passent en France, du moins pour les décisions les plus importantes (v. C. pr. pén., art. 712-6 et 712-7, 712-13 et 712-16).

Certes, Trotter rappelle précisément que les obligations fixées dans le mandat judiciaire sont, quant à elles, incontournables. Ce faisant il ne voit pas une contradiction : pour notre alcoolique, la plupart du temps, la juridiction mandataire aura fixé une obligation de soins. Surtout, Trotter ne semble pas se souvenir que le mandat judiciaire n'a qu'un temps ; un temps particulièrement limité en France, lorsqu'il s'agit d'aménagements de peine sous écrou devenus dominants ces dernières années avec la promotion du placement sous surveillance électronique. Dès lors, lorsqu'il écrit « Lorsque l'on travaille avec ce type d'usager, il semble bien que la meilleure méthode soit de persévérer », il manque de réalisme. En outre, il semble négliger que l'objet d'un suivi dans la probation, la justice des mineurs et la protection de l'enfance, est de prévenir la récidive (même si cela s'obtient par le travail social et le traitement), et parfois de violences graves envers des personnes vulnérables. Il oublie aussi que les praticiens qui œuvrent dans les services idoines ne sont pas rémunérés par les deniers publics uniquement pour patienter. Une critique similaire peut être d'ailleurs faite aux partisans du cadre théorique de la désistance, dont l'un des principes directeurs majeurs est de susciter l'espoir et d'attendre que la graine déposée par le praticien germe chez le probationnaire, parfois plus d'une décennie plus tard (Farrall, et al., 2014). Une telle approche est admissible dans un contexte désormais dépassé de travail social durable – qui n'est pas sans poser des problèmes éthiques du fait de la durée même du contrôle qu'il implique –, de deniers publics riches et de contextes socio-économiques d'abondance. Pour la France, entre mandats judiciaires de très courte durée, de déficits budgétaires et de sous-emploi chroniques, la réalité est que les suivis sont à la fois courts et espacés, extraordinairement peu soutenant, souvent limités au contrôle des obligations (Margaine, 2016), abandonniques, mais aussi très peu sécurisés (v. par comparaison s'agissant des délinquants sexuels, le numéro spécial de la revue *Erasmus Law Review*, de décembre 2016, n° 9(2)) – et, espérons-le, avec la mise en œuvre optimale du RPO1 précité).

Une autre dimension de cette critique est que Trotter suggère finalement de s'abstenir d'évoquer les besoins criminogènes ou autres tant que l'usager ne les a pas reconnus en tant que problèmes à traiter. Il insiste tout au long de son ouvrage sur le fait qu'il faut partir exclusivement de la perception que l'usager en a. Il dit, certes, que le praticien devrait tenter d'encourager la personne à les percevoir en tant que problème, mais l'essentiel de son propos consiste à dire qu'en réalité le praticien doit alors s'abstenir. Que faire, dans ces conditions, d'un délinquant sexuel qui estime qu'abuser de petites filles est une forme normale de sexualité ou du violent domestique qui, de manière classique minimise (« j'ui ai juste donné une claque »), nie (« si j'avais voulu lui faire mal elle serait dans un triste état : j'ai fait de la boxe »), rejette la responsabilité sur la victime (« elle arrête pas d'me chercher ») ? Est-il responsable d'attendre que l'intéressé veuille bien reconnaître que la préférence sexuelle pédophile ou que la violence fasse partie des problèmes à traiter ? S'il ne fait sans doute pas de mal de commencer par le problème de logement, d'aide sociale ou d'emploi des uns et des autres, il est délicat, en pareil cas, de se borner à une telle approche.

Trotter suggère certes que l'on peut alors à la rigueur travailler sur deux listes de problèmes : ceux identifiés par la personne (par ex. le logement) et ceux identifiés par le praticien (par ex. la violence). Hélas, il ajoute, invalidant finalement son propos : « Il n'en demeure pas moins qu'il demeure vital que l'usager admette que les deux questions constituent un vrai problème ».

À mon sens, ce qui est clair est que l'ensemble des approches doivent se cumuler : certes une dimension collaborative forte, avec des objectifs, des problèmes (besoins), et stratégies d'intervention élaborées ensemble, mais tout de même un rôle actif du praticien pour orienter ce travail collaboratif, dans le respect, l'attention totale de la personne et de son autonomie, mais avec pour objectif et pour attention, la sécurité tant de la société que celle de l'usager. Ici, même s'il sonne joliment à l'oreille, le terme français de « suivi », qui donne l'impression que le praticien est à la traîne de l'usager, parait quelque peu inapproprié.

Une deuxième critique que nous ferons à l'ouvrage de Trotter est qu'il s'appuie fortement sur les théories comportementales – mais moins sur les méthodes cognitives – du renforcement, celui-ci étant lui-même rattaché aux théories psychologiques du conditionnement opérant (v. par ex. Bandura, 1972), même s'il le corrige quelque peu par sa méthode de modelage, elle-même fondée sur l'apprentissage social d'Akers et autres (Akers et Jensen., 2003). Sur ce dernier point, il partage l'approche théorique privilégiée de la RBR (Bonta et Andrews, 2017). Le focus sur le conditionnement et le renforcement conduit Trotter à accorder à mon sens trop de crédit à l'octroi de récompenses non pas seulement relationnelles (sourire, encouragements, félicitations), dont l'utilité n'est contestée par personne, mais aussi tangibles (visite à domicile, aide concrète...). L'on sait que le domaine du traitement de l'addiction repose fortement sur un mélange de conséquences (sanctions, contraintes), et de récompenses, notamment tangibles, tels que des coupons de réduction, l'accès à ou l'augmentation des appels téléphoniques, des sorties de centre, etc. La littérature relative au traitement de l'addiction semble indiquer que ces techniques fonctionnent (Schumacher, et al., 2007), quoiqu'une méta-analyse récente souligne qu'aucune preuve de ses résultats à long terme n'existe encore (Ainscough et al., 2017). Précisément, la littérature relative à la motivation humaine, elle, démontre au moyen de quantités extrêmement importantes d'études, dans le monde entier, dans une multitude de domaines (Ryan et Deci, 2017), y compris d'ailleurs le traitement de l'addiction (Sheldon et al., 2013), qu'en réalité, les récompenses tangibles peuvent avoir un effet sur les comportements, mais cette influence étant extrinsèque, ne se traduit pas par un changement dans la motivation intrinsèque et interne, en sorte qu'elle ne produit de résultats qu'à court terme, soit notamment limitée à la durée d'un suivi (pour des intuitions criminologiques en ce sens, v. Bottoms, 2001; Robinson & McNeill, 2008). L'on se méfiera donc des récompenses tangibles, ainsi au demeurant que de toute forme de techniques contrôlantes et autoritaires, comme le montrent les travaux de Ryan, Deci et bien d'autres. Plus intéressante est donc la mise en garde de Trotter contre les récompenses de comportements antisociaux par inadvertance (se référant ici à Burns, 1994 et Evans, 2017), comme, par exemple, donner rendez-vous à un probationnaire dans un café alors que et même parce qu'il ne vient pas aux entretiens ou encore faire un sourire entendu alors que l'intéressé fait état d'un comportement antisocial.

En dépit de ces deux critiques, il ne faut pas ignorer l'essentiel : les CPP « à la mode Trotter » constituent une alternative moins chère à la RBR et moins contraignante – même si, pour ma part, je recommanderais plutôt de les fusionner (pour une juxtaposition, v. les RPO 1 - Administration pénitentiaire, 2018) –, mais point dénuée de défis institutionnels.

En outre, ces CPP se suffisent à elles-mêmes et peuvent parfaitement être appropriées au niveau d'un service ou même d'un seul CPIP ou éducateur PJJ. Naturellement, comme pour les programmes ou, au demeurant, toute pratique assise sur des données scientifiques, même minimalistes, il est nécessaire, pour une application optimale, que les cadres intermédiaires s'impliquent (pour l'administration pénitentiaire, les DPIP – en ce sens RPO1 Administration Pénitentiaire, 2018), non point en donneurs de leçon ou contrôleurs, mais en tant que coachs cliniques (par ex. Taxman et Sachwald, 2010). Il ne suffit en effet pas de faire confiance aux praticiens, tant la déperdition des connaissances acquises dans la formation et leur faible transposition en pratique est une constante connue aussi bien des sciences de l'éducation que de la médecine (par ex. Georgenson, 1982 ; Saks, 2002) ou de la probation, que ce soit dans le cadre RBR (par ex. Bonta et al., 2008), ou les CPP (Burns, 1994 ; Evans, 2017), notamment s'agissant des compétences en modelage prosocial ou de bonne pose de l'autorité (Vanstone et al., 2009 ; Durnescu, 2014).

Pour conclure sur cette introduction, il convient d'apporter quelques précisions relatives aux délicats choix terminologiques qui ont été nécessaires, tant, d'une part, l'anglais ne trouve pas toujours d'équivalent en français et tant, d'autre part, les réalités institutionnelles et juridiques australiennes sont différentes des réalités institutionnelles et juridiques françaises.

Un traducteur doit certes être aussi fidèle à l'œuvre que possible ; il doit toutefois encore être exact et faire sens dans la langue de réception. Ici, nous ne parlons pas d'une œuvre littéraire, mais d'une œuvre académique et professionnelle. L'exactitude doit donc être un souci essentiel.

L'intitulé de l'ouvrage (*Working with involuntary clients*) a, en particulier, pu soulever une série de questions, lesquelles n'ont, au demeurant, pas été sans intérêt académique. Cet intitulé se composait de plusieurs éléments délicats, mais excluant toute traduction littérale : *Working ; Involuntary ; Clients*.

Le terme « *working* » nécessitait certes réflexion, mais ne soulevait pas de difficultés majeures. En effet, en France, c'est l'expression plus douce de « suivi » qui est utilisée le plus volontiers. Elle nous a paru mieux correspondre aux réalités et à la culture françaises que « travailler », la traduction littérale.

Le terme « *involuntary* » soulevait une difficulté plus grande. J'ai pu un temps penser au terme « contraint », plutôt qu'à une traduction plus littérale, i.e. « involontaire », ne serait-ce que parce que « suivre des… involontaires » ne coulait pas aussi bien que « Le suivi des… contraints ». Cependant, le terme de contrainte m'a semblé un peu trop fort. En effet, les situations décrites par Trotter visaient certes essentiellement des personnes judiciairement contraintes, mais aussi leurs proches. En outre, Trotter affirme de manière répétée que son ouvrage est également applicable aux usagers volontaires, aux usagers mi-volontaires mi-involontaires, ainsi qu'à des domaines assez larges comme la probation, mais aussi le traitement de l'addiction, le travail social et l'assistance sociale, la protection de l'enfance, l'enfance délinquante, le suivi des malades mentaux, et le traitement des violences domestiques hors contrainte pénale (mais sous pression familiale). Pour toutes ces raisons, c'est finalement pour une traduction littérale, mais plus large, que j'ai ici opté.

Restait le terme « *client* », particulièrement étranger à la probation, au soin, ou au travail social français. Il n'était pas plus possible d'opter pour « probationnaire » ou « patient » en raison du domaine très large visé par Trotter, comme il vient d'être dit. J'ai donc retenu le terme d'« usager », qui, au demeurant, remplace de plus en plus celui de « client » dans le monde anglophone, à mesure que l'on évolue d'un travail social contractualisé (Canton, 2014) vers un travail social collaboratif. Ce terme a aussi le vent en poupe dans l'administration pénitentiaire, notamment depuis le travail pionnier de mon ami et collègue Eric Péchillon (1999). L'intérêt du terme usager est qu'il est à la fois générique et proche du terme de client, tout en portant, comme ce dernier, l'idée que la personne n'est pas en état d'infériorité – ce serait le cas des termes de condamné ou de probationnaire, *a fortiori* de l'anglais *offender* (délinquant) – mais dans une relation de travail où elle est en droit d'attendre quelque chose. Lorsqu'il arrive que Trotter, portant spécifiquement son attention sur la probation, utilise le terme de probationnaire je le reprends alors néanmoins, en alternance et selon le contexte, avec celui de condamné.

En conclusion, c'est avec un plaisir immense que je conclus avec cette introduction la présentation de la traduction de l'ouvrage de Chris Trotter, qui, j'en suis certaine, et c'était bien là mon objectif majeur, apportera une contribution décisive au travail de suivi des usagers et notamment des mineurs délinquants et probationnaires adultes.

Références

Administration Pénitentiaire (2018). *Référentiel des Pratiques Opérationnelles*, RPO1.

Ainscough, T.S., McNeill, A., Strang, J., Calder, R. & Brose, L. (2017). Contingency management interventions for non-prescribed drug use during treatment for opiate addiction: A systematic review and meta-analysis. *Drug and Alcohol Dependence, 178*, 318-399.

Akers R. L. & Jensen G. F. (eds.) (2003). *Social Learning Theory and the Explanation of Crime*. New Brunswick, New Jersey : Transactions Publishers.

Andrews, D., Kiessling, J.J., Russell, R.J. & Grant, B.A. (1979). *Volunteers and the One-to-One Supervision of Adult Probationers*. Ontario Ministry of Correctional Services. Toronto.

Andrews D. et Bonta, J. (2010). *The Psychology of Criminal Conduct*. New Providence, NJ : LexisNexis, 5e ed.. – traduction en français : *Le comportement délinquant. Analyse et modalités d'intervention*. Agen : Les Presses de l'Enap, 2015.

Bandura, A. (1972). Modeling theory: Some traditions, trends, and disputes. In R.D. Drake (Ed.), *Recent trends in social learning theory*. New-York: Academic Press, 35-61.

Beck, J.S. (2011), *Cognitive Behavior Therapy. Basics and Beyond*. Guilford Press, 2e ed.

Benbouriche, M., Vantéjoux, A., Lebougault, M. & Hirschelmann, A. (2012). L'évaluation du risque de récidive en France: expérience et attitudes des conseillers penitentiaires d'insertion et de probation. *Revue internationale de criminologie et de police technique et scientifique, 3/12*, 305-318.

Bonta J., Rugge T., Scott T.-L., Bourgon G. & Yessine, A.K. (2008). Exploring the black box of community supervision. *Journal of Offender Rehabilitation, 47(3),* 248-270

Bonta, J. et Andrews, D.A. (2017). *The Psychology of Criminal Conduct*. London: Routledge, 6e ed.

Bouagga, Y. (2014). *Humaniser la peine ? Ethnographie du traitement pénal en maison d'arrêt*. Thèse en sociologie. Ecole des Hautes Études en Sciences Sociales, Mai.

Bourgon, G. et Guitterez, L. (2013). The importance of building good relationships in community corrections: Evidence, theory and practice of the therapeutic alliance', in P. Ugwudike et P. Raynor (eds.), *What Works in Offender Compliance. International Perspectives and Evidence-Based Practice*, Palgrave Macmillan, 256-275

Bottoms, A. (2001). Compliance and community penalties. in Bottoms A., Gelsthorpe L. et Rex S. (dir.). *Community Penalties. Change and Challenge*. Cullompton: Willan Publishing, 87- 116.

Burns P. (1994), *Pro-social practices in community corrections*, Honours thesis, Monash University, Melbourne.

Canton, R. (2014). Yes, no, possibly, maybe: Community sanctions, consent and cooperation. *Ejprob, 6(3),* 209-224.

CGT Insertion et Probation (2017 a). Les dangers de l'évaluation. Tract. Juin.

CGT (2017 b). L'évaluation pas à n'importe quel prix. *Fonction Publique, 155*, Juin.

Dowden, C. et Andrews, D.A. (2004). The importance of staff practice in delivering effective correctional treatment: A meta-analysis. *International Journal of Offender Therapy and Comparative Criminology, 48(2),* 203–214.

Durnescu, I. (2014). Probation skills between education and professional socialization. *European Journal of Criminology, 11(4),* 429-444.

Evans, P. (2017). *Challenging pro-criminal attitudes and behavious of juvenile offenders.* PhD thesis, University of Monash, Melbourne,

Farrall, S., Hunter, B., Sharpe, G., & Calverley, A. (2014). *Criminal careers in transition. The social context of desistance from crime.* Oxford: Oxford University Press.

Fisher J. (1973). Is casework effective? A review. *Social work, 18,* 5-20.

Hepworth, D.H., Rooney, R.H., Dewberry Rooney, G., Strom-Gottfried, K. & Larsen, J. (2010). *Direct Social Work Practice. Theory and Skills*. Belmont, CA: Brooks/Cole, 8e ed.

Georgenson, D. L. (1982). The problem of transfer calls for partnership. *Training and Development Journal, 36*, 75-78.

Herzog-Evans, M. (2013 a). *Moderniser la probation française : Un défi à relever*. Paris : L'Harmattan.

Herzog-Evans, M. (2013 b). Explaining French Probation: social work in a prison administration. in I. Durnescu and F. McNeill (dir.) *Understanding Penal Practice,* Abingdon: Routledge, 63-76.

Herzog-Evans, M. (2013 c). "All hands on deck" (re)mettre le travail en partenariat au centre de la probation. *Aj Pénal*, 139-144.

Herzog-Evans, M. (2015). France: Legal architecture, political posturing, 'prisonbation' and adieu social work. In Robinson, G. et McNeill, F. (dir.). *Community Punishment. European Perspective*. Abingdon: Routledge and COST UE, 51-71.

Herzog-Evans, M. (2016 a). Les vertus criminologiques de l'équité processuelle : le modèle « LJ-PJ-TJ », *Ajpénal*, 129-132.

Herzog-Evans, M. (2016 b). Law as an Extrinsic Responsivity Factor: What's Just is What Works!, *European Journal of Probation, 8(3),* 146-169.

Herzog-Evans, M. (2018). RNR, Evidence Diversity and Integrative Theory. In Ugwudike, P., Raynor, P. Annison, J. (dir.) *International Research on Supporting Rehabilitation and Desistance.* Bristol: Policy Press, 99-126.

Klein, M.W. (1971). *Street Gangs and Street Workers*. Englewood Cliffs, NJ: Prentice Hall.

de Larminat, X. (2012). *La probation en quête d'approbation. L'exécution des peines en milieu ouvert entre gestion des risques et gestion des flux.* Thèse Cesdip-Université de Versailles- Saint Quentin.

Dindo S. (2011). *Sursis avec mise à l'épreuve : la peine méconnue. Une analyse des pratiques de probation en France.* Étude pour la Direction de l'administration pénitentiaire, Bureau PMJ1, mai.

Dubourg, E. (2015). *Les services pénitentiaires d'insertion et de probation. Fondements juridiques. Evolution. Évaluation et avenir.* Thèse droit pénal et sciences criminelles, Nantes.

Maguire, M. et Raynor, P. (2017). Offender management in and after prison: The end of 'end to end' ? *Criminology & Criminal Justice, 17(2),* 158-157.

Margaine, C. (2016). *Étude des obligations applicables en milieu ouvert. Une analyse de la dimension coercitive de la probation.* Research Report. Ecole Nationale d'Administration Pénitentiaire. Dossiers Thématiques.

Martin, D.J., Garske, J.P. & Davis, M.K. (2000). relation of the therapeutic alliance with outcome and other variables : A meta-analytic review. *Journal of Consulting and Clinical Psychology, 68,* 438-450.

Martinson, R. (1974). What Works? Questions and Answers About Prison Reform. *The Public Interest, 35,* 22-34

McCord, J. (1978). A Thirty-Year Follow-Up of Treatment Effects. *American Psychologist, 33,* 284-289

McCord, J. (2003). Cures that Harm: Unanticipated Outcomes of Crime Prevention Programs. *Annals of the American Academy of Political and Social Science, 587*, 16-30.

McNeill, F. (2009). What works and what's just? *European Journal of Probation, 1(1),* 21-40.

Orlinksi, D.E. Ronnestad, M.H. & Willuski, U. (2004). Fifty years of process-outcome research: Continuity and change. in M.J. Lambert (dir.) *Bergin and Garfield's Handbook of psychotherapy and behaviour change.* New York: Wiley, 5th ed. 307-390.

Paparozzi, M.A. et Guy, R. (2009). The Giant That Never Woke: Parole Authorities as the Lynchpin to Evidence-Based Practices and Prisoner Reentr. *Journal of Contemporary Criminal Justice, 25(4),* 397-411.

Paparozzi, M. et Guy, R. (2015). Professional competency. Turning the ship around: Values and Core Competencies as Critical Elements of Successful Parole and Reentry. in H-Evans, M. (ed.). *Offender Release and Supervision: The role of courts and the use of discretion.* Nijmegen: Wolf Legal Publishers, 309-325.

Péchillon, E. (1999). *Sécurité et Droit du Service Public Pénitentiaire.* Paris : L.G.D.J.

Raoult, S. (2016). Récidive : trois ans après la conférence de consensus pourquoi il n'y a pas de consensus. *Ajpénal*, 25-28.

Raynor, P., Ugwudike, P. & Vanstone, M. (2010). Skills and strategies in probation supervision: the Jersey study. in MCNeill F. Raynor P., Trotter C., *Offender Supervision. New Directions in theory, research and practice.* Collumpton: Willan Publishing, 113-129

Raynor, P., Ugwudike, P., & Vanstone, M. (2015). The impact of skills in probation work: A reconviction study. *Criminology & Criminal Justice, 14*(2), 235-249.

Reid, W. (1985). *Family problem-solving.* New-York: Columbia University Press.

Reid, W. (1992). *Task strategies: An empirical approach to clinical social work.* New-York: Columbia University Press.

Robinson, G. et McNeill, F. (2008). Exploring the dynamics of compliance with community penalties. *Theoretical Criminology*, *12(4),* 431-449.

Ryan, R.M. & Deci, E.L. (2017). *Self-Determination Theory. Basic Psychological Needs in Motivation, Development, and Wellness.* London: The Guilford Press.

Saks, A. M. (2002). So what is a good transfer of training estimate? A reply to Fitzpatrick. *The Industrial-Organizational Psychologist, 39*, 29-30.

Schumacher, J.E., Milby, J.B., Wallace, D., Meehan, D.C., Kertesz, S., Vuchinich, R., Dunning, J., Usdan, S. (2007). Meta-analysis of day treatment and contingency-management dismantling research: Birmingham Homeless Cocaine Studies (1990–2006). *J Consult Clin Psychol.*, 75 (5): 823–828

Schur, E.M. (1973). *Radical Nonintervention: Rethinking the Delinquency Problem.*

Englewood Cliffs, NJ: Prentice Hall.

Sheldon, K.M., William, G. & Joiner, T. (2013). Self-*Determination Theory in the clinic: motivating physical and mental health.* Yale: Yale University Press.

Taxman, F.S. et Sachwald, J. (2010). Managing chaos : implementing evidence-based practices in correctional agencies. in McNeill, F., Raynor, P. et Trotter, C. (dir.). *Offender Supervision. New directions in theory, research, and practice,* Cullompton, Willan Publishing: 172-192.

Trotter, C. (1996). The impact of different supervision practices in community corrections: causes for optimism. A*ustralian & New Zealand Journal of Criminology*, 29(1), 1 - 19

Trotter, C. (2004). *Helping abused children and their families.* Sage publications.

Trotter, C. (2012). An analysis of supervision skills in youth probation. *Australian and New Zealand Journal of Criminology 45(2,* 255-273.

Trotter, C. (2013). *Collaborative family work: A practical guide to working with families in the human services.* Crows Nest: Allen & Unwin.

Vanderstukken, O. & Benbouriche, M. (2014). Principes de prévention de la récidive et principe de réalité en France: les programmes de prévention de la récidive à la lumière du modèle « Risque-Besoins-Réceptivité ». *Ajpénal*, 522-527.

Liste des abréviations

CPIP : Conseiller pénitentiaire d'insertion et de probation
PPSMJ : Personnes placées sous main de justice
TCC : traitements (thérapies) cognitifs et comportementaux
TIG : travail d'intérêt général

Sommaire

Remerciements

La troisième édition du *Suivi des usagers involontaires* demeure influencée par le travail du regretté William Reid portant sur le travail social centré sur la tâche ainsi que par celui du regretté Don Andrews relatif à la modélisation prosociale. Bien que leurs approches aient été fort différentes, leurs publications ont largement inspiré mes recherches ainsi que le contenu du présent ouvrage.

En écrivant cette troisième édition, je demeure redevable aux personnes qui m'ont aidé tant pour celle-ci que pour les précédentes. Il s'agit en particulier de Michael Clanchy, Jan Mumford et Phillipa Evans, ainsi que les nombreux autres collègues, étudiants et praticiens du champ social qui m'ont fourni des exemples de cas réels et aidé à développer les idées et pratiques qui sont présentées dans ce livre. Mes remerciements vont aussi à Rosemary Sheehan et mes collègues de l'Université de Monash, ainsi qu'à Lizzy Walton, Kathryn Knight et Katy McDevitt d'Allen & Unwin.

Enfin, merci à Joan, Rebecca et David pour votre amour et soutien constants.

Note : Pour tout séminaire relatif au suivi des usagers involontaires, le Professeur Chris Trotter peut être contacté par email à chris.trotter@med.monash.edu.au

Chapitre 1

Introduction

Comment aider une personne qui n'a aucune envie d'être aidée ? Que peut-on faire avec les usagers dans les domaines du travail social ou de la justice qui n'ont pas de motivation à changer ? Comment conseiller une personne qui ne reconnaît même pas qu'elle a un problème ? Comment travailler avec une personne dont l'ensemble des valeurs est totalement différent des nôtres ? Comment aider une personne avec ses problèmes et, en même temps, exercer de l'autorité sur elle ?

Ce sont-là des questions auxquelles les praticiens ayant en charge des usagers involontaires font face tous les jours. Il est demandé à ces praticiens : d'aider des personnes qui n'ont pas choisi de l'être et qui peuvent résister ou même être ouvertement antagonistes envers l'aide qui leur est offerte ; d'aider des personnes et, en même temps, de collecter des informations qui pourraient être ensuite utilisées contre elles ; de témoigner au tribunal contre ces personnes et ensuite de travailler avec elles dans le cadre d'une relation soutenante ; de travailler de manière collaborative avec ces personnes, tout en prenant des décisions autoritaires relatives à leur vie. Cet ouvrage vise à aider ceux qui travaillent avec des usagers involontaires à résoudre ces questions.

Qui sont les condamnés involontaires ?

Un condamné rencontre l'agent de probation ; un travailleur de l'aide sociale à l'enfance rend visite à une mère à la suite d'une information anonyme faisant état d'une situation de maltraitance d'enfant ; un usager de drogue suit un traitement dans le cadre d'une injonction de soin judiciaire ; l'homme qui a frappé sa femme participe à un programme de traitement pour violence domestique sous l'injonction du tribunal ; une patiente psychiatrique qui représente un danger pour elle-même ou pour autrui se voit imposer un traitement en tant qu'alternative à l'hospitalisation ; un jeune vivant dans la rue accepte de se rendre dans un refuge avec son éducateur, sachant que l'alternative serait pour lui d'y être amené par la police ; ou encore un enfant est placé dans un foyer pour mineurs, en dépit des protestations des parents.

Ce sont-là des exemples d'usagers involontaires. Dans ces exemples, l'usager (ou le destinataire de l'intervention sociale ou légale) peut être décrit comme étant involontaire parce qu'il n'a pas choisi de recevoir les services qui lui sont apportés. De fait, cet usager pourra même s'opposer de manière active à ces services. Il pourra penser qu'ils ne sont pas nécessaires ou sont intrusifs. L'usager reçoit le service, soit sur la base d'un mandat judiciaire, soit parce qu'il est menacé d'une forme quelconque de sanction juridique. Il est parfois appelé *usager mandaté* (NDLT : en français ; personne placée sous main de justice ou PPSMJ) (Ivanoff, Blythe & Tripoli, 1994 ; De Jong & Berg, 2001 ; Rooney, 2009).

Dans ces exemples, l'usager n'est manifestement pas volontaire. Toutefois, dans de nombreuses situations, la distinction entre usager volontaire et involontaire n'est pas claire. Dans les exemples suivants, il n'est pas contraint à recevoir le service par un mandat judiciaire ou même par la menace d'un mandat judiciaire ; sa participation est motivée par des pressions d'un autre ordre que son propre désir de traiter ses problèmes. Une mère dont l'enfant lui a été retiré par la protection de l'enfance demande l'aide d'un service de consultation familiale afin de lui permettre de récupérer son enfant ; un usager de drogue fait appel à un conseiller en insertion avant l'audience au tribunal ; un homme violent sollicite une aide en gestion de la colère en réponse aux menaces de sa compagne de le quitter ; une adolescente enceinte rend visite à un organisme de soutien aux jeunes mères sous l'insistance de ses parents. Ces usagers sont en partie volontaires et en partie involontaires.

D'autres personnes recevant un service sont plus clairement volontaires : par exemple, un étudiant qui demande à être aidé par un conseiller-étudiant ; un couple qui va voir un conseiller conjugal ; un parent qui demande de l'aide pour ses enfants qu'il n'arrive pas à gérer ; ou un alcoolique qui sollicite l'assistance d'un centre de traitement.

La prise en charge de personnes qui souhaitent de l'aide peut aussi avoir des dimensions involontaires ; tout comme le travail avec des usagers sous mandat judiciaire peut comporter des dimensions volontaires. Par exemple : un étudiant qui demande à être soutenu par un conseiller-étudiant peut se sentir obligé de le faire pour réussir son année ; une femme peut aller voir un conseiller conjugal sous la pression de son mari ; ou encore, un probationnaire peut aller chez son agent de probation de manière volontaire afin de discuter d'un problème relationnel de nature personnelle.

De ce fait, la distinction entre usagers volontaires et involontaires n'est pas toujours claire. Il est préférable de se la représenter en tant que continuum, avec les usagers sous mandat judiciaire à un extrême, les usagers partiellement volontaires au milieu, et les usagers qui sollicitent le service de manière volontaire à l'autre extrême.

Le présent ouvrage traite des usagers qui se trouvent dans l'extrême involontaire du continuum. Il se focalise plus particulièrement sur les usagers involontaires suivis en milieu ouvert par des agents de probation (ou agents dits correctionnels) ou par des éducateurs de la protection de la jeunesse. Peu d'entre eux sont volontaires ou même partiellement volontaires. Une bonne partie des principes dont nous discuterons est également applicable aux usagers d'institutions telles que les établissements pénitentiaires, les foyers pour enfants, et les hôpitaux psychiatriques. Dans bien des cas, ces principes sont également pertinents pour les usagers qui peuvent être décrits comme étant partiellement volontaires ou même volontaires.

Le double rôle des personnes travaillant avec les usagers involontaires

La plupart des praticiens qui travaillent avec des usagers involontaires le font dans le cadre de l'aide sociale ou du système juridique et ce, pour des services publics ou des institutions financées par l'État. En général, ils exercent ainsi deux rôles : un rôle juridique ou de contrôle ; un rôle d'aide, thérapeutique ou résolutif de problèmes.

Ainsi un agent de probation a-t-il la responsabilité de s'assurer que le condamné respecte les obligations fixées par la juridiction. Cet agent de probation doit agir si l'usager ne vient pas aux entretiens ou ne se soumet pas à l'une des obligations rattachées à la mesure de probation. L'agent de probation aura peut-être l'obligation de dresser un rapport destiné au juge et relatif aux progrès du probationnaire ou encore d'évaluer le niveau de risque, ce qui influera à son tour sur l'intensité du suivi proposé à l'usager. Dans le même temps, l'agent de probation travaille en vue de la réinsertion du condamné en l'aidant à résoudre les problèmes pouvant être liés à son passage à l'acte.

De manière similaire, un éducateur de la protection de la jeunesse a la double tâche : d'une part, d'enquêter sur le degré de maltraitance, d'évaluer le risque de la perpétuation de ces maltraitances, d'agir pour protéger l'enfant et peut avoir à prendre des mesures conduisant à la poursuite de l'auteur des maltraitances ; et, d'autre part, d'aider la famille quant aux problèmes ayant conduit aux maltraitances.

Réconcilier les dimensions de contrôle et d'aide, qui font partie du travail avec les justiciables involontaires, peut représenter une tâche fort difficile. Il est délicat pour un praticien de remplir son rôle d'aide envers un probationnaire lorsqu'il doit également agir pour faire révoquer la mesure de probation. Il peut, de même, être malaisé de remplir les objectifs légaux lorsqu'une relation de proximité et de soutien s'est développée entre le praticien et le justiciable. L'éducateur de la protection de la jeunesse ayant travaillé durant un certain temps avec une famille sur la base du volontariat, trouvera, par exemple, délicat de devoir soudainement agir pour lui retirer un enfant.

Accepter la dualité de rôle représente l'un des plus grands défis du suivi des justiciables involontaires. Les praticiens et les institutions trouvent souvent plus facile de se focaliser sur un rôle à l'exclusion des autres. Certains praticiens se focalisent presque exclusivement sur la dimension de contrôle de leurs usagers involontaires, tandis que d'autres se centrent uniquement sur la dimension d'aide (Thorpe, 1994 ; Trotter, 1996b, 2004). Ce sujet sera traité tout au long du présent ouvrage, avec pour objectif d'aider les praticiens à parvenir à un juste équilibre entre leurs deux types de rôles.

Suivi concret

L'objet de ce livre est le suivi concret des usagers involontaires. Il ne sera renvoyé qu'incidemment au développement local, à l'élaboration de politiques pénales ou à l'encadrement. Par suivi concret, l'on entend le travail au quotidien avec les personnes et les familles, qui est réalisé par les agents de probation et les éducateurs de la protection de la jeunesse.

Comme il a été dit plus haut, les principes du suivi concret qui seront discutés ici sont également pertinents pour d'autres domaines du suivi d'usagers involontaires et, par exemple, pour les praticiens des établissements psychiatriques, les spécialistes de l'addiction, les éducateurs pour mineurs délinquants, les personnels sociaux des écoles, les spécialistes des violences domestiques, les travailleurs familiaux, les conseillers familiaux, et ceux qui travaillent avec les personnes âgées.

La terminologie employée pour décrire le suivi concret dans le domaine du travail social et de la probation a évolué au fur et à mesure des années. Dans les années 1970 et 1980, le terme de « *casework* » (travail sur dossier ou travail social) avait le vent en poupe. Par la suite, des formulations telles que « suivi concret » ou « pratique clinique » ont commencé à être utilisées. Aujourd'hui, les praticiens œuvrant auprès d'usagers involontaires sont couramment désignés en tant que « gestionnaires de cas ». Ces changements reflètent, dans une certaine mesure, des mutations dans la manière dont ce travail est conceptualisé et exécuté. Les gestionnaires de cas tendent à avoir un rôle de type coordination du service plutôt qu'un rôle direct ou thérapeutique ; encore que Gursansky, Harvey et Kennedy (2003) aient fait remarquer qu'il existait un haut degré d'ambigüité autour de cette appellation et qu'en outre, la pratique de la gestion de cas pouvait beaucoup varier selon les lieux.

Certains auteurs (McMahon, 1998 ; Searing, 2003 ; Turner, 2010) estiment qu'il est problématique de caractériser les praticiens intervenant de manière concrète en tant que gestionnaires de cas plutôt qu'en tant que travailleurs sociaux. Ils affirment que les employés du service public sont de plus en plus responsables du management et de la planification des dossiers, tandis que la résolution des problèmes ou la dimension thérapeutique sont abandonnées à des associations sous-financées. Ils affirment que les usagers sont de plus en plus susceptibles d'être managés plutôt que d'être aidés.

L'exemple qui suit, relatif à la protection de l'enfance, illustre comment peut être conçue la différence entre gestion de cas, résolution de problèmes ou travail thérapeutique et planification de cas. Un projet de prise en charge du dossier faisant participer un travailleur social est élaboré, qui spécifie où et avec qui l'enfant maltraité va vivre, combien de fois et dans quel contexte il pourra avoir accès aux membres de sa famille, et quels services sociaux seront offerts à cet enfant ainsi qu'aux membres de sa famille.

L'usager ou l'usager et sa famille sont suivis sur la base du projet de suivi du dossier. Ceci nécessite l'intervention d'un gestionnaire de cas qui coordonne les différents praticiens impliqués et s'assure que le projet de suivi est bien mis en place. La gestion du suivi peut être réalisée par un travailleur social ayant participé à la planification du suivi ou par tout autre travailleur social. La résolution des problèmes individuels de l'usager peut, quant à elle, être réalisée par un autre travailleur social. Cela peut consister, par exemple, à travailler sur les problèmes relationnels entre les membres de la famille ou à aider l'enfant à résoudre des difficultés à l'école.

Chacune de ces fonctions – planification du suivi, gestion du suivi et résolution des problèmes – peut-être conçue comme faisant partie du processus de suivi concret. Le présent ouvrage se focalise sur ces trois fonctions en tant que projet holistique ; il définit l'intervention pratique comme les incluant toutes à la fois. Cependant, le cadre du suivi efficace des usagers involontaires qui est présenté ici peut sans doute aussi être utile à ceux qui ne sont en charge que d'une partie du suivi concret. Il en va ainsi, par exemple, du travailleur social qui jouerait exclusivement le rôle de gestionnaire ou de planificateur de cas, ou qui n'aurait que la responsabilité du traitement ou de la résolution des problèmes, mais point de la coordination ou de la planification.

Sources de connaissances relatives au suivi des usagers involontaires

De nombreuses *théories* exercent une influence sur le travail social auprès des usagers involontaires, et notamment les théories psychanalytiques, la psychologie de l'égo, les théories systémiques, les théories comportementales, les théories du développement humain, la théorie du label, les théories féministes, la théorie critique et les théories de l'association différentielle ou de la modélisation.

Le suivi des usagers involontaires est également influencé par des *modèles pratiques*, qui trouvent à leur tour leur origine dans un ensemble de cadres théoriques, tels que, par exemple, la pratique centrée sur la tâche, les systèmes écologiques, les modèles fondés sur les forces ou sur les solutions, les modèles cognitifs et comportementaux, les modèles émotifs relationnels, encore ou narratifs, l'entretien motivationnel, ainsi que nombre de modèles distincts de thérapies familiales.

Le suivi des usagers involontaires peut encore être influencé par les *résultats de la recherche*. Par exemple, les travailleurs sociaux peuvent être tenus informés des recherches qui suggèrent que l'influence des pairs chez les jeunes délinquants peut avoir un impact sur ceux-ci (Akers, 1994 ; Andrews & Bonta, 2010) ou que la résolution des problèmes de l'usager peut conduire à des résultats positifs (Trotter, 2004, 2013).

Outre ces théories et modèles pratiques, les *valeurs et croyances* des travailleurs sociaux sont de nature à influencer leur pratique quotidienne. Par exemple : l'idée que des frères et sœurs devraient rester ensemble autant que possible ; que les femmes méritent plus qu'elles n'obtiennent dans le contexte familial ; que le cannabis n'est pas dangereux ; que le système juridique est injuste ; que les délinquants devraient être traités plus sévèrement ; ou que la famille nucléaire est le meilleur environnement dans lequel élever des enfants.

Certaines *expériences de vie,* tant professionnelles que personnelles, sont également susceptibles d'influencer la pratique des travailleurs sociaux. En voici un exemple à titre d'illustration. Un agent de probation féminin confronte un condamné à ce qu'elle considère comme étant la réalité de sa situation. Elle lui dit qu'elle pense qu'il gâche sa vie et qu'il devrait rechercher activement du travail. Le condamné tente de se suicider peu de temps après.

Cette expérience a rendu l'agente de probation particulièrement réticente à confronter d'autres usagers.

Les travailleurs sociaux sont également influencés par leur longue histoire personnelle, que l'on appelle parfois *sagesse pratique*. Une travailleuse sociale ayant suivi des jeunes sans domicile durant des années pourra se rendre compte qu'elle échange mieux avec ces jeunes si elle les aide à surmonter une difficulté importante au cours de laquelle ceux-ci sont en détresse, telle que, par exemple, une dispute avec un membre de sa famille. Cette expérience la conduit à tenter de se rendre disponible pour d'autres jeunes dans de telles circonstances de façon à développer une relation avec eux.

Les *attentes institutionnelles et les normes juridiques* peuvent aussi avoir un impact sur les travailleurs sociaux. Une administration peut avoir une culture consistant à exercer des pressions sur eux pour qu'ils se comportent d'une certaine manière. Ainsi, la culture d'une institution dans laquelle j'ai personnellement travaillé, consistait-elle à voir les usagers aussitôt que possible, y compris s'ils venaient sans rendez-vous. Ceci était considéré comme étant respectueux. La culture d'une autre institution consistait, en pareil cas, à attendre que l'usager prenne un rendez-vous pour la fois suivante. Ceci était perçu comme aidant l'usager à prendre ses responsabilités.

Il existe donc de multiples sources de connaissances guidant le suivi d'usagers involontaires. Les travailleurs sociaux peinent souvent à identifier, parmi ces connaissances, celles qui guident leur propre pratique. Depuis bien des années j'organise de nombreux ateliers pour les praticiens de terrain et j'ai toujours été frappé par la difficulté avec laquelle ils identifient les sources de connaissance qui orientent leur travail. Un certain nombre d'études a soulevé des problèmes identiques (Scourfield, 2002 ; Chaffin & Friedrich, 2004 ; Schmuttermaier et al., 2011). Cela n'est pas surprenant au vu de l'accumulation de théories et modèles, de valeurs et de croyances, de résultats de recherche et d'attentes institutionnelles qui influent sur la pratique quotidienne.

Dans le suivi des usagers involontaires, où la différence de valeurs entre praticiens et usagers est susceptible d'être accentuée, où le recours à l'autorité suppose des attentes spécifiques de la part des praticiens, où le niveau de motivation des usagers sera probablement faible et où l'instauration de la relation praticiens-usager peut être problématique, se trouver face à cette accumulation de théories et de pratiques représente une difficulté accrue.

Pratiques fondées sur les données acquises de la science

Dans le but de tenter de clarifier cette accumulation conceptuelle de théories et de pratiques, cet ouvrage présente un cadre de travail fondé sur les données de la recherche relative à ce qui marche vraiment. Il présente donc un modèle fondé sur les données acquises de la science.

Que veut dire l'expression « pratiques fondées sur les données acquises de la science » (également appelées EBP – *evidence-based practices*) ? De nombreuses définitions en ont été proposées. Debbie Plathy (2013 : 26) les définit comme étant « un processus de prise de décision clinique dans lequel le praticien identifie les meilleures connaissances actuelles, tout en en ayant une appréciation critique au vu de ce que l'on sait du contexte particulier de l'usager, puis décide comment répondre au mieux aux questions qui se présentent dans la pratique ».

Mark Chaffin et Bill Friedrich (2004 : 2) définissent la pratique fondée sur les données acquises de la science pour les services de la protection de la jeunesse comme étant « la mise en œuvre compétente et hautement fidèle à ce qui a été démontré comme étant à la fois sûr et efficace, ce, le plus souvent dans des essais randomisés ». C'est là une description pour le moins complexe. Toutefois, ces auteurs proposent aussi une définition plus simple : « pratique fondée sur la connaissance scientifique relative à ce qui marche ».

Aron Schlonsky et Leonard Gibbs (2004 : 137) parlent quant à eux d'un *processus fondé sur les données de la science*, lequel représente « une question pratique bien élaborée, la recherche efficace des meilleures données, et l'appréciation critique de ces données sur la base d'un va-et-vient entre les préférences de l'usager, l'expérience pratique et les meilleures données ».

La définition que je préfère – et celle que j'utilise dans cet ouvrage – analyse les pratiques fondées sur les données acquises de la science comme étant simplement le recours aux *données de la recherche en tant que sources premières de connaissances pour la pratique*. Cela ne veut pas dire que les données de la recherche doivent constituer l'unique source, pas plus que, par exemple, les théories, valeurs ou attentes institutionnelles ne sont pas importantes. Il s'agit seulement d'affirmer que les données de la recherche doivent constituer la source principale de connaissance.

Les pratiques fondées sur les données acquises de la science nécessitent que le travailleur social ait connaissance des données de la science relatives à ses diverses activités dans le domaine en cause. Ainsi, un agent de probation pourra-t-il, par exemple, faire attention à ne pas blâmer ou juger un jeune délinquant, s'il sait que la recherche indique que lorsqu'un agent de probation agit de la sorte ses probationnaires ont plus de risque de récidiver (Trotter, 2013 ; Andrews & Bonta, 2010). Un éducateur de la protection de la jeunesse pourra être informé de la recherche qui indique que les enfants ont moins de risque d'être retirés à leur famille si l'éducateur se focalise sur des objectifs que l'usager peut atteindre (Smokowski & Wodarski, 1996 ; Trotter, 2004). L'éducateur pourra ainsi choisir de travailler avec l'usager afin de trouver une halte-garderie pour la mère, plutôt que de s'attaquer immédiatement à son abus problématique de drogue. Un autre encore pourra préférer orienter un usager vers un traitement cognitif et comportemental plutôt que vers une thérapie non directive de soutien, parce qu'elle est au courant de l'efficacité des interventions cognitives et comportementales (Regehr et al., 2013).

Critique des pratiques fondées sur les données acquises de la science

Les universitaires et praticiens ont beaucoup discuté de la nature et de la valeur des données acquises de la science. Les pratiques fondées sur les données acquises de la science ont leurs fervents partisans et leurs fervents détracteurs (Mullen & Steiner, 2004 ; Van de Luitgaarden, 2009). Les critiques soutiennent, quant à eux, les pratiques fondées sur la sagesse professionnelle, l'intuition ou encore sur des recherches plus qualitatives, lesquelles étudient l'expérience individuelle.

Quelles sont les critiques exactes qui sont ainsi émises contre les données acquises de la science ? Il est avancé que les connaissances scientifiques ne sont pas toujours disponibles ou que lorsqu'elles le sont, les praticiens n'ont ni le temps ni l'expertise pour réunir celles dont ils ont besoin. Même lorsqu'ils en ont le temps, les données applicables pour telle catégorie d'usager ne peuvent être appliquées à chaque individu ; aucune méthode ne pouvant marcher avec tout le monde. D'autres affirment simplement que l'on peut faire dire tout ce que l'on veut à des statistiques et qu'ils sont méfiants vis-à-vis de la recherche.

Il est encore avancé que les pratiques fondées sur les données acquises de la science sont réductionnistes parce qu'elles se focalisent sur des résultats mesurables, tandis que des facteurs qui ne sont pas aisément mesurables sont ignorés. Des objectifs à valeur ajoutée comme l'émancipation personnelle, la justice sociale, ou des objectifs plus individuels tels que l'augmentation de l'estime de soi, ne sont pas poursuivis, simplement parce qu'ils ne sont pas mesurables.

C'est ainsi que, dans le domaine familial, des approches de type résolution de problèmes ou médiation pourront permettre de réduire les conflits familiaux. Toutefois, de telles approches peuvent, dans le même temps, maintenir une structure familiale patriarcale, voire maltraitante. Le travail réalisé avec la famille peut, dès lors, réaliser l'un des objectifs du suivi, qui est de réduire le conflit familial, mais point l'autre objectif plus qualitatif, soit que la famille interagisse de manière plus égalitaire.

Les critiques arguent encore que les pratiques fondées sur les données acquises de la science tendent à considérer que telle solution est la meilleure et à minimiser la diversité. Non seulement ces pratiques ignoreraient les objectifs difficiles à mesurer, mais encore elles méconnaîtraient souvent les objectifs sous-tendus par de nombreux programmes. La complexité des objectifs du suivi d'usagers involontaires représente une difficulté majeure pour la pratique fondée sur la science et, de ce fait, elle nécessite de plus longs développements.

Ainsi, par exemple, l'essentiel du travail fondé sur les données de la science en matière pénale repose-t-il sur le présupposé que l'objectif soit de réduire la récidive ou d'éviter que les condamnés n'aillent en détention. De même, en matière de protection de l'enfance, il sous-entend que le but est d'augmenter la sécurité des enfants et d'aider ceux-ci à demeurer avec leur famille biologique. Le but premier, et distinct, de la santé mentale est d'aider les patients à rester en milieu ouvert.

Cependant, en réalité, les praticiens travaillent avec un ensemble de principes qui entrent souvent en compétition les uns avec les autres. Illustrons ce propos à l'aide d'un exemple issu du domaine de la probation. Pour un agent de probation, l'un des objectifs peut être d'aider son probationnaire à respecter la loi ; en d'autres termes à réinsérer les condamnés. Néanmoins, cet agent de probation a aussi pour but de faire exécuter le mandat judiciaire, ce qui peut, par exemple, l'amener à orienter ses usagers vers le travail d'intérêt général où ceux-ci seront contraints de travailler aux côtés d'autres condamnés. Ceci pourra avoir un impact négatif sur l'objectif de réinsertion, dès lors que l'on connait l'effet potentiellement contaminant de l'association avec d'autres délinquants dans ce type de peine (Trotter, 1995 b).

L'agent de probation peut aussi avoir à mettre en œuvre une sanction. L'usager, le tribunal, la société, et l'agent de probation peuvent considérer que la probation implique une part restrictive de liberté. Ceci peut à nouveau être contraire à l'objectif de réinsertion. Certaines recherches montrent ainsi que les condamnés à bas risque tendent à moins récidiver lorsqu'ils sont soumis à un suivi de faible intensité (Andrews & Bonta, 2010) ; néanmoins, devoir réagir en réponse par un certain niveau de sanction va peut-être nécessiter un suivi plus intensif du condamné.

L'agent de probation peut aussi avoir une série d'autres objectifs et, par exemple, bien travailler en équipe ou obtenir une promotion rapide pour un poste d'encadrement. Le but de réinsertion peut venir en contradiction avec de tels objectifs. L'équipe pourra avoir une orientation plus répressive et il se peut que ses membres soient récompensés sous forme de promotion lorsqu'ils agissent conformément à cette approche répressive.

La recherche indique que les condamnés à haut risque (contrairement aux bas risques) tendent à moins récidiver lorsqu'ils font l'objet d'un suivi intensif (Andrews & Bonta, 2010) ; toutefois, ceci pourra entrer en conflit avec l'objectif des praticiens de contribuer à la justice. Des catégories désavantagées de condamnés reçoivent parfois effectivement des peines plus sévères (notamment des suivis plus intensifs), parce qu'ils présentent des facteurs de risque tels que l'absence de domicile ou l'absence de soutien familial. Ceci peut conduire à ce que des catégories désavantagées sur le plan social subissent des sanctions plus lourdes ; ce qui représente clairement une injustice.

La complexité du suivi des usagers involontaires n'est pas limitée à la justice pénale. Un éducateur de la protection de la jeunesse pourra, par exemple, vouloir garder les enfants dans leur famille, tout en ayant aussi pour objectif d'éviter toute publicité négative. Ce praticien pourra, de ce fait, être réticent à conserver l'enfant dans sa famille biologique au cours de la période d'évaluation, parce qu'il a peur de la publicité négative qui pourrait suivre si l'enfant était victimisé plus avant ; et ce, même s'il est conscient que la recherche montre qu'un placement ne conduit pas nécessairement à de meilleurs résultats à long terme pour les enfants (Gough, 1993).

Outre ce degré de confusion au niveau des praticiens, il existe également souvent une confusion au niveau institutionnel. La recherche montre, par exemple, que les buts réels de certains programmes de probation sont de punir plutôt que de réinsérer les condamnés, ce, en dépit des affirmations publiques en sens contraire (Trotter, 1996b). Il existe aussi des données montrant qu'en matière de protection de la jeunesse, les intentions des services peuvent certes être de réduire les maltraitances, mais que des politiciens, des cadres et des éducateurs peuvent être plus préoccupés par le risque d'exposition médiatique. Ceci peut conduire à une attention plus grande sur l'évaluation du risque, plutôt que sur la réduction des maltraitances (Farmer, 1999). Cette confusion relative aux objectifs poursuivis au niveau institutionnel rend inévitablement plus difficile pour les praticiens d'être au clair quant à leurs propres buts.

En résumé, les praticiens qui œuvrent auprès des usagers involontaires peuvent avoir de multiples objectifs. Ils sont parfois difficiles à mesurer et les praticiens et leurs organisations pourront ne pas pouvoir même les formuler. En revanche, les pratiques fondées sur les données acquises de la science tendent à se centrer sur une liste étroite d'objectifs, et semblent dès lors ignorer une bonne partie des autres. Ce n'est là que l'une des nombreuses critiques faites aux pratiques fondées sur les données de la science. Pourquoi, dans ces conditions, notre ouvrage présente-t-il un modèle fondé sur celles-ci ?

Les avantages des pratiques fondées sur les données acquises de la science

Les partisans des pratiques fondées sur les données acquises de la science avancent que ce sont précisément des problèmes qui conduisent les personnes les moins volontaires à devenir usagers. Ces problèmes peuvent être : la délinquance ; la négligence ou la maltraitance ; des actes auto-agressifs ; de la violence au sein du couple ; et bien d'autres problèmes encore. Les professionnels considèrent qu'il est important de réduire ou d'atténuer chaque problème en cause.

Les recherches portant sur la manière dont de tels problèmes ont été traités dans le passé et quelles approches ont le mieux fonctionné peuvent fournir aux praticiens les connaissances permettant de guider leur pratique. Elles conduisent en même temps à de meilleurs résultats, soit moins d'infractions, moins de maltraitances, moins de violence et moins d'auto-agressions. De meilleurs résultats n'en découlent certes pas à chaque fois ; cependant les praticiens qui s'appuient sur les données de la science sont susceptibles d'avoir de bons résultats.

La recherche relative à la probation nous indique, par exemple, que les suivis uniquement centrés sur le développement d'une relation entre le praticien et l'usager ne conduisent généralement pas à une réduction des taux de récidive (Andrews & Bonta, 2010 ; Trotter, 2013). Se focaliser, en revanche, sur le renforcement des propos et agissements prosociaux de l'usager est bel et bien lié à une réduction de la récidive (Andrews & Bonta, 2010 ; Trotter, 2013).

L'on a plus de chance d'obtenir une réduction de la récidive lorsque l'on met en œuvre un suivi guidé par ce type de recherche. Certes, la probation poursuit aussi des objectifs autres que la seule réduction de la récidive. Cependant, dès lors que la réduction de la récidive en fait partie, il est difficilement défendable de ne pas s'appuyer sur la recherche qui permet le mieux d'y parvenir.

Il est vrai que la science va plus volontiers regarder du côté d'objectifs mesurables déterminés, tels que la satisfaction des usagers par rapport au service, la récidive ou la réduction de la maltraitance ; elle tend à ignorer d'autres objectifs tels que la justice sociale, l'estime de soi ou le bien-être émotionnel. À mon sens, toutefois, cela plaide plutôt pour le développement de *mesures* de la justice sociale, de l'estime de soi ou du bien-être émotionnel (dès lors qu'il s'agit bien là d'objectifs poursuivis par les praticiens) de façon à vérifier dans quelle mesure le suivi réalise de tels objectifs. L'alternative serait purement et simplement d'ignorer si les programmes ou suivis parviennent à réaliser leurs objectifs ; ce qui n'est certes pas une approche optimale.

Est également erroné l'argument selon lequel les pratiques fondées sur les données acquises de la science ne sont pas acceptables au motif qu'elles se focaliseraient uniquement sur des objectifs limités et ne traiteraient pas les objectifs sous-jacents des praticiens. Là encore, cette critique ne milite pas tant pour rejeter les pratiques assises sur les données de la science, qu'en faveur d'une plus grande clarté quant aux objectifs poursuivis par les praticiens et leurs institutions ainsi qu'en faveur d'un appel à ce qu'il y ait plus de recherche permettant de mieux mesurer leurs résultats. Si, par exemple, le véritable objectif des programmes de suivi est de punir ou de satisfaire la population et qu'il est supposé qu'elle souhaite que la justice soit rendue, alors il est nécessaire de mieux clarifier cet objectif afin de mesurer les résultats dudit programme. C'est incontestablement en ce sens que militent les pratiques fondées sur les données de la science.

Il est certain que ces pratiques ne répondent pas à toutes les questions. Dans bien des domaines du suivi d'usagers involontaires, il n'existe pas encore assez de recherches, tandis que dans d'autres domaines, les résultats sont si équivoques qu'ils ne permettent guère d'éclairer la pratique quotidienne. Inversement, dans d'autres domaines, la recherche fournit bel et bien des informations sur ce qui permet d'obtenir de meilleurs résultats chez les usagers. Dans de tels cas, utiliser la recherche peut vraiment conduire à des résultats améliorés, tels que, par exemple, moins d'infractions et moins de maltraitances.

L'argument tenant au temps nécessaire et à l'expertise requise des praticiens est certes raisonnable et il n'est pas douteux que les pratiques fondées sur la science requièrent des efforts de leur part. Il y a toutefois de clairs avantages à ce qu'ils aient des pratiques efficaces. Des praticiens satisfaits tendent à avoir des usagers satisfaits (Trotter, 2004, 2008).

Les pratiques fondées sur les données de la science requièrent que les praticiens aient bien conscience de ce qu'ils veulent réaliser et qu'ils utilisent bien les résultats de la recherche dans leur pratique quotidienne. Il ne s'agit nullement de nier l'existence de valeurs, pas plus que de la diversité ou de la complexité des objectifs. De fait, j'arguerai tout au long du présent ouvrage qu'il est indispensable de prendre en compte de manière consciente les valeurs et objectifs du suivi d'usagers involontaires. Les pratiques fondées sur les données de la science ne nient pas non plus l'importance de la théorie. Bien au contraire, la théorie est indispensable pour guider la recherche et pour expliquer ses résultats. Les pratiques fondées sur la science reconnaissent simplement que la recherche permet d'apprendre des expériences passées et que celle-ci doit constituer un facteur principal guidant nos pratiques.

Objet de ce livre

Cet ouvrage vise à offrir un cadre de travail au suivi d'usagers involontaires fondé sur la recherche relative à ce qui est efficace. Ce cadre permet de donner un sens à la multiplicité de sources de connaissances que les praticiens sont susceptibles d'utiliser au quotidien dans leur travail avec ces usagers.

L'objectif de ce livre est aussi de présenter ces données d'une manière qui soit utilisable par les praticiens. Comme il a été dit, il semble que les praticiens aient tout à la fois des difficultés à formuler leurs objectifs et à s'appuyer sur les sources variées de connaissances pour guider leur suivi d'usagers involontaires, si bien que mon objectif est de présenter ces données afin qu'elles soient transposables dans le cadre professionnel quotidien.

Mon espoir est d'influer sur ceux qui suivent les usagers involontaires, de sorte qu'à leur tour, ils puissent influer sur les résultats de ces derniers. J'ai l'espoir que ce livre contribue à améliorer la vie des condamnés, celle des femmes et des enfants maltraités, ainsi que de toutes personnes nécessitant un service de la part de mes lecteurs.

Il y a eu peu d'ouvrages qui aient traité du suivi des usagers involontaires. *Strategies for Work with Involontary Clients (Stratégies pour le suivi des usagers involontaires)* par Ronald Rooney a été publié en 1992 et une seconde édition est parue en 2009. *Involuntary Clients in Social Work Practice (Le travail social avec les usagers involontaires*) par André Ivanoff, Betty Blythe et Tony Tripodi a été publié en 1994. *The Carrot or the Stick ? (La carotte ou le bâton ?),* dirigé par Martin Calder, qui concerne essentiellement la protection de l'enfance, a été publié en 2008 et *A Practical Guide to Working with Reluctant Clients in Health and Social Care* (*Guide pratique du travail avec les usagers récalcitrants dans la santé et le travail social*) de Maggie Kindred a été publié en 2010.

Le présent ouvrage se distingue de ces derniers de plusieurs manières. Contrairement à ceux-ci, il présente un modèle intégré de suivi des usagers involontaires qui a été élaboré sur la base des données de la recherche ayant montré ce qui marche, ainsi que sur mes propres résultats de recherche. Ce modèle se distingue en particulier par son focus sur la clarification des rôles, la modélisation prosociale, et la résolution des problèmes. Les deux premières éditions de *Working with Involuntary Clients* (*Le Suivi des Usagers Involontaires*) ont certainement montré qu'elles correspondaient bien aux besoins des lecteurs, si l'on en veut pour preuve ses ventes considérables dans le monde entier ainsi que ses traductions en allemand, en japonais et en chinois.

Structure de ce livre

Le Chapitre 2 résume les théories et la recherche relatives à ce qui marche et ne marche pas dans le suivi d'usagers involontaires. Il renvoie à mes propres recherches menées sur des condamnés, des enfants maltraités et des familles, ou encore en matière de thérapies familiales. Le Chapitre 2 jette les bases de la recherche existante qui seront nécessaires pour lire les chapitres suivants ; il représente dès lors un chapitre essentiel du livre. Quoi qu'il en soit, les chapitres suivants offrent un résumé des différents éléments issus de la recherche, de telle sorte que chacun d'entre eux puisse être lu indépendamment. Ceci conduit certes à quelques répétitions. Toutefois, cela évite au lecteur d'avoir à se référer sans cesse au Chapitre 2 pour comprendre le cadre scientifique en cause.

Le Chapitre 3 traite du rôle des praticiens et notamment du double rôle d'aide et de contrôle ainsi que des différentes perceptions de ces rôles du point de vue des cadres, des praticiens de première ligne, et des usagers. Il identifie, par ailleurs, les problèmes liés à ces rôles qui peuvent constituer des enjeux dans la relation entre praticiens et usagers. Des exemples tirés de cas réels servent d'illustrations aux règles pratiques étudiées tant dans ce chapitre que dans les chapitres suivants. Lorsqu'il s'agit de cas réels, certains détails ont été modifiés afin d'empêcher que les usagers puissent être identifiés.

Le Chapitre 4 présente un cadre permettant de traiter de situations dans lesquelles les praticiens et les usagers ont des valeurs et objectifs distincts. Il présente une méthode permettant de favoriser des valeurs plus prosociales. Il considère aussi comment la culture et le genre impactent sur les valeurs et objectifs aussi bien des usagers que des praticiens.

Le Chapitre 5 jette les bases du travail collaboratif et résolutif de problèmes dans le suivi des usagers involontaires. Il fournit aussi un cadre pour la gestion du suivi, la planification du suivi et l'utilisation des ressources de la société civile.

Le Chapitre 6 étudie la relation praticien-usager et la place que peuvent y jouer l'empathie ainsi que d'autres compétences interpersonnelles, telles que l'auto-divulgation et l'humour.

Le Chapitre 7 propose une méthode de travail collaboratif avec le groupe familial lorsque l'un des membres est un usager involontaire.

Le dernier chapitre, le Chapitre 8, questionne comment les praticiens peuvent évaluer leur propre pratique.

Chapitre 2

Ce qui marche et ce qui ne marche pas

Les condamnés récidivent-ils moins en raison du travail réalisé avec leur agent de probation ? Les enfants sont-ils plus en sécurité grâce au suivi mis en œuvre par les éducateurs avec leurs familles ?

Les usagers de drogue consomment-ils moins de drogue du fait du traitement de leur dossier ? Les patients en santé mentale ont-ils moins de risque d'avoir à être réadmis à l'hôpital si un praticien peut les assister ? Les usagers involontaires tirent-ils un bénéfice du suivi, du travail social, ou de la prise en charge de leur dossier ? La recherche tente de donner une réponse à ces questions depuis bien des années. De fait, l'histoire de la recherche sur l'efficacité du suivi des usagers involontaires est empreinte de controverses. Les premières études furent très pessimistes.

L'une des revues de la littérature les plus connues, relative à l'efficacité du travail social, fut réalisée par Joel Fisher en 1973. Cette revue portait sur l'efficacité du travail social mis en œuvre par des travailleurs sociaux qualifiés basés aux États-Unis, ce, dans une variété de domaines, y compris le traitement de la délinquance juvénile, les écoles, les familles et les personnes âgées. Chacune des études avait un groupe de contrôle et incluait des mesures de résultats telles que le fait de venir à son audience de jugement, les évaluations des professeurs sur le comportement des élèves, et le fonctionnement des familles. Quoique cette revue de la littérature ne spécifiât pas lesquelles de ces études portaient spécifiquement sur des usagers involontaires, l'observation de la liste des échantillons d'études suggère que plus de la moitié d'entre eux étaient involontaires. Par exemple, cinq des onze études incluses dans cette revue portaient sur des mineurs délinquants ou « pré-délinquants ».

La conclusion de Fisher fut : « le manque d'efficacité semble constituer la règle plutôt que l'exception » (1973 : 5). Toutefois, bien qu'il ait trouvé que, dans l'ensemble, le travail social ne marchait pas, il devait arguer que ceci dissimulait le fait que certains usagers étaient améliorés par ce service, tandis que d'autres voyaient au contraire leur situation se détériorer en raison même de ce service. En d'autres termes, plutôt qu'une absence d'effet du travail social, plus exactement, celui-ci pouvait tantôt avoir un impact positif, tantôt un impact négatif ; il pouvait être « pour le meilleur et pour le pire ». Par exemple, certains condamnés commettaient plus d'infractions et d'autres en commettaient moins lorsqu'ils avaient fait l'objet du travail social.

Cela a été depuis lors une constante dans la recherche relative à l'efficacité. Des centaines d'études ont montré que certaines choses marchent, tandis que d'autres ne marchent pas. Certaines pratiques de terrain conduisent à de meilleurs résultats pour la plupart des usagers, qu'ils soient volontaires ou involontaires, tandis que d'autres conduisent presque systématiquement à de mauvais résultats (Reid, 1997a ; Trotter, 2004, 2013).

Le suivi direct n'est que l'un des facteurs qui influencent les résultats des usagers. Ces résultats peuvent aussi être affectés par les capacités personnelles de ces derniers, par leur volonté de changement, par le soutien de leur famille ou d'autres personnes, et par la disponibilité des ressources dans la communauté, comme, par exemple, la situation de l'emploi. Quoi qu'il en soit, le suivi direct est l'un des facteurs les plus importants qui impacte sur les personnes.

Il est difficile d'évaluer à quel point les compétences des praticiens ont un impact sur les résultats des usagers. J'ai réalisé, pour ma part, une revue de la littérature qui a examiné l'impact du suivi sur les taux de récidive des probationnaires en milieu ouvert (Trotter, 2013). Cette revue a montré que les usagers suivis par des agents de probation évalués comme ayant de fortes qualités avaient jusqu'à 55% de récidive en moins que les condamnés suivis par des agents dont l'évaluation montrait qu'ils avaient de faibles qualités. Ceci est cohérent avec d'autres revues de la littérature ayant montré qu'en moyenne, un suivi de bonne qualité produit une réduction d'environ 35% (Andrews & Bonta, 2010). Des résultats similaires ont été trouvés dans mon étude sur la protection de la jeunesse, où les usagers avaient deux fois plus de chance d'être satisfaits du suivi et les dossiers avaient 40% de chances d'être clôturés plus tôt, lorsque les éducateurs avaient d'excellentes qualités (Trotter, 2004).

Comme je l'ai déjà dit, identifier « ce qui marche » est controversé. Certaines revues de la littérature continuent à suggérer que rien ne marche ou, du moins, que le travail social de terrain ne marche pas (Andrews & Bonta, 2010 ; McDonald, 2001). De telles affirmations tombent toutefois en disgrâce. Le poids des preuves scientifiques, comme il sera illustré *infra* dans ce chapitre, montre que le suivi direct des condamnés peut avoir de l'influence.

C'est-à-dire qu'il peut conduire à des résultats substantiellement meilleurs ; toutefois, il peut aussi conduire à des résultats plus mauvais.

Ce chapitre présente les formes de suivi et les qualités dont les chercheurs ont révélé qu'elles étaient liées à des résultats positifs. L'efficacité des programmes ou des résultats est cependant présentée différemment selon les études. Dans cet ouvrage, je la définis comme renvoyant à une *amélioration sur des unités de mesure de résultats spécifiques*. Ces unités de mesure de résultat sont liées aux objectifs des programmes ou du suivi. Pour l'essentiel, un programme ou un suivi efficace est celui qui conduit à une manifestation réduite du problème qui était à traiter, telle que la maltraitance des enfants ou la commission d'infractions. Elle peut aussi être celle qui améliore la satisfaction des usagers ou la perception des progrès de ceux-ci par les praticiens. Dans la plupart des études sur l'efficacité dont il sera question dans ce chapitre, les résultats sont comparés à des groupes de contrôle qui ont reçu un type d'intervention distinct, voire point d'intervention du tout.

Ce chapitre est divisé en plusieurs thématiques, soit : les méthodes dont il a été prouvé qu'elles sont efficaces avec les usagers involontaires ; les approches dont il a été montré qu'elles sont efficaces dans certaines situations, ou pour lesquelles la recherche est équivoque ; et les approches pour lesquelles la recherche montre qu'elles sont inefficaces ou peuvent même être nuisibles. S'en dégage ainsi un modèle de pratiques efficaces. Le lien entre ce modèle et d'autres théories et modèles sera également discuté.

Dans bien des cas, il n'est pas clair si les recherches portent sur des usagers volontaires ou sur des usagers involontaires. Dans la protection de l'enfance ou dans la probation, ils sont presque toujours involontaires. Toutefois, comme il a été vu au Chapitre 1, dans des domaines comme la violence domestique, la santé mentale ou le traitement de l'abus de substance, ils sont tantôt volontaires, tantôt involontaires. Ce chapitre se focalisera donc sur les études portant sur les usagers de la protection de l'enfance et de la probation, tout en faisant parfois référence à des études relatives à d'autres types d'usagers, dans des domaines tels que l'abus de substance, la violence domestique et la santé mentale.

Les approches qui marchent

La recherche montre que pour que le travail avec les usagers involontaires soit efficace, le praticien doit : modéliser et encourager l'expression et les actions de nature prosociale chez ceux-ci ; résoudre avec eux les problèmes de manière collaborative, ce, en s'appuyant sur le sens que ces usagers accordent à leurs problèmes et objectifs ; utilise des techniques appropriées, telles que les méthodes cognitives et comportementales ; et discute d'une manière claire, honnête et ouverte des rôles que le travailleur social et l'usager peuvent jouer dans le processus du suivi.

Clarification des rôles

La première compétence dont la recherche indique qu'elle est liée à des résultats positifs est la clarification des rôles. Les résultats sont meilleurs pour les usagers lorsque les praticiens les aident à comprendre quels sont les rôles tant de ces praticiens que des usagers dans le processus de suivi. Ils doivent notamment discuter de sujets tels que : le but du suivi ; le double rôle du praticien en tant qu'aide comme de contrôle ; comment le praticien pourrait faire usage de son autorité ; et ce qui a trait à la confidentialité. En résumé, la clarification des rôles traite de questions telles que « que faisons-nous ici ? »

Bien qu'il y ait une importante littérature scientifique relative à l'utilisation de la clarification des rôles, elle est une compétence difficile à étudier. Dans nos études portant sur la protection de l'enfance (Trotter, 2004), sur la probation de condamnés adultes (Trotter, 1996a), sur la délinquance des mineurs (Trotter, 2012), et relativement au suivi des femmes lors de leur sortie de prison (Trotter, McIvor & Sheehan, 2012), nous avons montré que le fait pour un praticien de se focaliser sur les conséquences potentielles de la violation des obligations particulières du mandat judiciaire produisait souvent de piètres résultats. Inversement, aider la personne à comprendre le but du suivi et ce qui était négociable ou non-négociable produisait de bons résultats. De ce fait, lorsque l'on utilise cette compétence, ce qui est important est d'aider la personne à comprendre la nature du suivi plutôt que de passer trop de temps à l'informer des conditions et de ce qui pourrait se passer si elle ne se soumettait pas.

Beaucoup de recherches ont été menées sur ce point il y a un certain nombre d'années ; il y a eu moins de recherches dans la période plus récente. Dans une étude sur la protection de l'enfance au Canada, Lawrence Shulman (1991) a montré que « clarifier les objectifs et le rôle du praticien » et « solliciter le feedback de l'usager sur ces objectifs » était corrélé à un certain nombre de résultats positifs, y compris l'appréciation portée par l'usager sur l'aide du praticien. Une publication britannique, *Child Protection : Messages from Research (Protection de l'enfance : les messages de la recherche)*, a montré en faisant la revue d'une multitude d'études, que le travail efficace en matière de protection de l'enfance se caractérisait par de l'honnêteté de la part du praticien et le fait d'être clair quant à « ce qui se passe et quelles sont les options possibles » (HMSO, 1995 : 46).

Lynn Videka Sherman (1988) a réalisé une méta-analyse de la littérature portant sur l'efficacité du travail social dans le domaine de la santé mentale (les méta-analyses sont des études quantitatives faisant la revue des preuves empiriques dégagées en littérature). Bien que Videka Sherman n'ait pas spécifié si les usagers étaient volontaires ou involontaires, une partie de son étude portait sur les malades mentaux chroniques, dont bon nombre entrent involontairement dans le système. Videka Sherman a montré que ces usagers avaient de meilleurs résultats si « l'intervention et le rôle du patient étaient clairement décrits et discutés avec lui avant que ne commence le suivi » (1988 : 326).

Dans leur ouvrage *Client Socialisation* : *The Achilles heel of the helping professions* (*La socialisation des usagers : le talon d'Achille des professions des métiers de l'aide*), Jones et Alcabes (1993) ont avancé, sur la base d'une revue de la recherche dans les domaines de la maltraitance des enfants, de l'abus de substance, et de la santé mentale, que la socialisation des usagers constituait un élément clef du travail efficace. Ces auteurs percevaient la socialisation des usagers comme étant le fait d'aider ceux-ci à devenir… des usagers ; soit le fait d'apprendre « à ceux qui ont besoin d'aide à devenir usagers » (Jones & Alcabes, 1993 : xiii). Ce processus requiert que le praticien et l'usager se mettent d'accord sur le problème à traiter et que l'usager apprenne à jouer son rôle d'usager avant de commencer le suivi ou traitement. Le potentiel usager devient usager uniquement lorsqu'il accepte et comprend comment le praticien peut l'aider et ce qui est attendu de lui dans le processus en cause.

Dans une méta-analyse portant sur l'efficacité des pratiques des agents dans les programmes de probation, Dowden et Andrews (2004) ont trouvé que le personnel qui faisait « une utilisation appropriée de l'autorité » avait des usagers avec de plus faibles taux de récidive. Les travailleurs qui utilisent leur autorité de manière adaptée « maintiennent l'objet de leur message sur le comportement et non sur la personne qui l'adopte. De plus, lorsqu'il formule ses demandes, ce type de praticien est direct et spécifique, utilise un ton de voix normal, précise quels sont les choix possibles et leurs conséquences, tient des propos encourageants, agit de manière conforme à ses propos, recourt à une approche ferme, mais juste ou accompagne la personne avec respect afin qu'elle se conforme au suivi » (Dowden & Andrews, 2004 : 208). La clarification des rôles sera traitée plus en détail dans le Chapitre 3.

Renforcement et modélisation de valeurs prosociales

La recherche relative au suivi d'usagers involontaires montre l'importance des approches qui renforcent et promeuvent les valeurs prosociales. Définir ce qui est « prosocial » n'est pas chose aisée. Défini de manière étroite, cela renvoie aux valeurs et actions qui ne sont pas délinquantes. Défini plus largement, cela renvoie à des valeurs ou actions qui peuvent être considérées comme étant à l'opposé des actions délinquantes ; en d'autres termes des valeurs ou actions consistant à soutenir et aider les autres. Ce sera, par exemple, le fait de ne pas interagir de manière violente dans la sphère domestique, d'avoir des relations égalitaires, de prendre soin de ses enfants, d'essayer de se financer soi-même, et de ne pas consommer de substances de manière abusive. « Prosocial » renvoie à des valeurs telles que le non-sexisme, le non-racisme, l'ouverture et la tolérance. Le Chapitre 4 discutera plus en détails du sens de ce terme et traitera de certaines complexités et controverses liées à ce concept, particulièrement le risque que les valeurs prosociales ne soutiennent le *statu quo*.

La modélisation prosociale et le renforcement sont définis, dans le présent ouvrage et chez d'autres (Trotter, 1997a ; Cherry, 2010), comme requérant du praticien qu'il identifie et soit clair concernant les valeurs qu'il veut promouvoir et qu'il promeuve délibérément ces valeurs par des félicitations et autres récompenses. Cela requiert aussi qu'il modélise correctement ces valeurs et qu'il conteste les expressions et actes antisociaux ou pro-criminels.

Depuis bien des années, une quantité considérable de recherches a montré que la modélisation prosociale et le renforcement étaient liés à de meilleurs résultats pour une large palette d'usagers involontaires. Masters, Hollon, Burish et Rimm (1987) ont fait la revue de plus de soixante-dix études portant sur des catégories différentes d'usagers, certains volontaires, d'autres involontaires, et traitant de la modélisation ou du renforcement de comportements positifs. Tous les programmes étudiés ont eu des résultats positifs sur toutes les mesures réalisées. Les auteurs citent ainsi des études où la modélisation et le fait de donner à voir les comportements souhaités modélisaient efficacement le comportement de patients psychiatriques, de personnes ayant des retards intellectuels, ainsi que d'enfants ayant des troubles de la conduite ou rejetant l'école.

David Gough (1993) a fait la revue de vingt-trois études relatives à des programmes de protection de l'enfance qui proposaient des interventions fondées sur la théorie de l'apprentissage social. Ces programmes incluaient « l'identification des interactions inappropriées (entre parents et enfants), le renforcement des interactions positives et le fait d'ignorer les comportements négatifs » (Gough, 1993 : 125). Gough a conclu que ces approches étaient celles qui avaient fait l'objet des études de meilleure qualité citées dans sa revue de la littérature et que de telles approches étaient « efficaces dans le cas des maltraitances physiques » (Gough 1993 : 9). Il a par ailleurs été montré que la modélisation prosociale et le renforcement étaient également efficaces sur l'agressivité des enfants dans le contexte éducatif (Freeman, 2006).

Dans une revue de la littérature portant sur le suivi des usagers de drogue résistant au traitement, Jim Barber (1995) a démontré l'efficacité des interventions consistant à récompenser et renforcer positivement les comportements de non-usage et à confronter les rationalisations. Une méta-analyse relative au traitement de l'abus de substance par Acierno, Donohue et Kogan (1994) a, pour sa part, montré l'efficacité du renforcement de l'abstinence et des comportements qui entrent en concurrence avec la consommation de produits. Une étude relative aux programmes de type *Drug Courts* (juridictions drogue) (Lindquist, Krebs & lattimore, 2006) attribue une bonne part de leur efficacité au recours par le tribunal et les praticiens à une palette de récompenses, telles que les félicitations, le fait de passer d'une étape à une autre du programme, de le terminer plus tôt, de fournir une aide financière, de réduire la fréquence des analyses d'urine, de délivrer un certificat de réussite du programme, ou encore de réduire la fréquence des entretiens.

Dans une revue plus récente de la littérature sur l'efficacité du traitement de l'abus de substance, Bahr, Masters et Taylor (2012 : 158) ont fait le commentaire suivant : « un traitement fréquemment utilisé en matière de traitement de l'addiction est la gestion contingente (*contingency management* – CM) dans laquelle divers types de récompenses sont fournies pour renforcer le comportement positif. Une récompense est donnée à l'usager s'il a des analyses d'urines propres, participe au traitement et remplit ses obligations. La récompense peut consister en une multitude de choses, mais le plus souvent il s'agit de coupons d'achat, de prix et de médicaments. »

J'ai mené ma propre étude en Australie (Trotter, 1990) et celle-ci a montré que les agents de probation volontaires qui étaient les plus prosociaux avaient les usagers qui récidivaient significativement le moins en comparaison des ceux des agents de probation qui étaient le moins prosociaux. C'était le cas quel que fût le niveau d'empathie des agents de probation. Dans cette étude, la mesure de la qualité prosociale était faite sur la base de l'Inventaire de Personnalité – échelle de socialisation de Californie (*California Personality Inventory socialisation scale*), connue antérieurement sous l'appellation « échelle de délinquance » (Gough, 1960).

Ces résultats ont été largement répliqués dans mes études ultérieures (Trotter, 1993, 1996a, 2012) qui ont montré que les praticiens prosociaux étaient les plus efficaces. Les détails de ces études, y compris de celle relative à la modélisation prosociale dans la protection de l'enfance, sont présentés *infra* dans ce chapitre.

Dans une étude britannique, la modélisation prosociale et le renforcement étaient mis en œuvre parmi des praticiens de plusieurs sites en milieu ouvert. Cette étude a montré une réduction significative des attitudes pro-criminelles et des problèmes que les usagers estimaient avoir, du moins chez ceux qui avaient suivi le programme en cause jusqu'au bout (Rex & Gelsthorpe, 2002). Une méta-analyse par Craig Dowden et Don Andrews (2004) a également montré que dans toute une série de situations, la modélisation efficace par le personnel de probation était fortement et significativement corrélée à une réduction des taux de récidive des usagers.

Enfin, ma revue de la littérature relative au suivi des condamnés en milieu ouvert (Trotter, 2013) a montré que dans toutes les études qui considéraient que la modélisation prosociale et le renforcement étaient les signes d'un suivi de bonne facture, dès lors que ces qualités étaient vérifiées indépendamment des autres qualités, celles-ci étaient bien liées à une réduction de la récidive.

Résolution collaborative des problèmes

La recherche portant sur le suivi, tant des usagers volontaires que des usagers involontaires, souligne la nécessité d'adopter des approches collaboratives de résolution de problèmes. Au demeurant, les approches résolutives de problèmes sont désormais largement acceptées dans l'aide sociale, et de nombreuses publications récentes dans les domaines du travail social et de l'aide sociale mettent en avant les approches collaboratives de résolution de problèmes (par ex. Hepworth et al., 2010 ; Compton & Galaway, 2012).

La résolution des problèmes requiert de travailler sur la base du sens qu'en donne l'usager lui-même et de définir des objectifs modestes et atteignables, qui sont ceux de l'usager et non ceux du praticien (ou à tout le moins sont développés collaborativement entre eux) et d'identifier avec l'usager des stratégies qui permettent de les atteindre. Les données scientifiques validant les approches de type résolution des problèmes sont désormais assez anciennes (par ex. Reid & Hanrahan, 1982 ; Rubin, 1985 ; Sheldon, 1987). Des méta-analyses plus récentes portant sur de multiples études sont par la suite venues renforcer fortement le soutien à de telles approches (Cuijpers, Van Straten & Warmerda, 2007 ; Malouff, Thorsteinsson & Shutte, 2007 ; Trotter, 2013).

Il a été montré que la résolution des problèmes était efficace dans de nombreuses situations. Il s'agit notamment : des contextes de traitement en santé mentale et physique, que ce soit les thérapies de groupe ou en individuel (Reid, 1997b ; Malouff, Thorsteinsson & Shutte, 2007) ; du domaine du vieillissement (Aeran et al., 2008) ; de l'aide sociale à l'enfance (Smokowski & Wodarski, 1996) ; de la protection de l'enfance Schulman, 1991 ; Trotter, 2004) ; de la formation à la parentalité (Letarte, Normandeau & Llard, 2010) ; des écoles (Nash et al., 2003) ; avec les mineurs incarcérés (Biggam & Power, 2002) ; dans les programmes de traitement de l'abus de substance (Espada et al., 2012) ; et avec les jeunes ayant un double diagnostic (Bender, Springer & Kim, 2006).

Lorsque l'on suit des usagers involontaires, il peut être inapproprié de travailler sur la base de la définition que ceux-ci ont de leurs problèmes ainsi que de leurs objectifs. Par exemple, un délinquant sexuel pourra ne pas estimer que ses comportements infractionnels sont un problème et son objectif pourra être d'éviter d'être à l'avenir repéré. Un usager schizophrène, qui doit prendre des médicaments, pourra estimer que ce sont les médicaments qui constituent le problème et non son comportement antisocial qui apparaît lorsqu'il ne les prend pas.

Quoi qu'il en soit, la recherche montre, de manière systématique, qu'il faut bel et bien travailler sur la base de la définition que l'usager donne de ses problèmes et de ses objectifs, qu'il soit volontaire ou involontaire. D'ailleurs, les approches résolutives de problèmes qui consistent à travailler sur la base d'une définition claire par l'usager de ses propres problèmes et sur des objectifs clairs et réalisables, a reçu un tel soutien dans la recherche depuis de nombreuses années, qu'elles doivent être considérées comme constituant *la* méthode du travail social et de l'aide sociale.

La résolution des problèmes sera traitée plus en détail dans le Chapitre 5, lequel considère qu'une approche collaborative résolutive de problèmes peut être mise en œuvre dans le suivi des usagers involontaires, qui sont souvent résistants et ont fréquemment des objectifs différents des praticiens. Le Chapitre 5 traite aussi de quelques-unes des critiques formulées contre la résolution des problèmes.

Les stratégies cognitives et comportementales

Les thérapies ou stratégies [NDLT : en français également : interventions] cognitives et comportementales (souvent désignées par CBT – pour *cognitive behavioural therapies* – NDLT : en français TCC pour thérapies cognitives et comportementales) ont été fortement validées par la littérature scientifique. Il a notamment été montré qu'elles étaient efficaces dans les contextes scolaires (Beehler, Birman & Campbell, 2012), pénitentiaire et de probation (Bonta et al., 2011), du traitement de l'abus de substance (Barh, Masters & Taylor, 2012), de l'aide sociale à l'enfance (Kolko et al., 2012) et de la santé mentale (Kuller et al., 2010).

Il demeure, toutefois, une incertitude quant à la définition même des TCC. L'Association Nationale des Thérapeutes Cognitivistes et Comportementalistes des USA (*USA National Association for Cognitive Behavioural*

Therapists) estime (« What is CBT ? », 2013) que les TCC ne sont pas une technique thérapeutique, mais plutôt un label, qui renvoie à une variété de techniques, telles que, par exemple, la thérapie rationnelle-émotive, la thérapie cognitive, les techniques cognitives, ou encore la thérapie comportementale-rationnelle. Ils avancent que ces diverses thérapies partagent certaines caractéristiques : elles sont fondées sur le présupposé selon lequel les pensées conduisent à des sentiments et à des comportements et qu'en changeant lesdites pensées il sera également possible de modifier les émotions et les comportements. Elles sont généralement limitées dans le temps, avec un nombre moyen de séances situé autour de seize ; et quoiqu'elles acceptent l'idée que la relation avec le praticien est importante, l'élément clef des TCC est bien de changer les pensées ou schémas de pensée plutôt que cette relation.

La mise en œuvre des TCC inclut souvent des éléments de type résolution de problèmes, ainsi que des stratégies permettant de traiter des distorsions de pensée ou des pensées contre-productives (Bourgeon et al., 2010). La pratique TCC inclut parfois aussi des techniques de modélisation prosociale (Bourgeon et al., 2010), ce qui, comme il a été montré *supra*, suppose d'encourager l'usager à se focaliser sur les pensées et sentiments positifs et prosociaux et à contester les pensées et sentiments pro-délinquants ou antisociaux.

Dans cet ouvrage, j'ai choisi de traiter de la modélisation prosociale et de la résolution des problèmes en tant que qualité professionnelle distincte et de définir les TCC ou interventions dans lesquelles le praticien cherche délibérément à aider l'usager à modifier ses schémas de pensées dans d'autres paragraphes. Les TCC fournissent des méthodes permettant de réaliser les objectifs qui sont préalablement déterminés au cours du processus de résolution des problèmes. Pour cette raison, elles sont traitées dans le Chapitre 5 relatif à la résolution des problèmes plutôt que dans un chapitre distinct de notre ouvrage.

Une approche intégrée

Nous allons ci-dessous présenter un résumé de trois études que j'ai pu mener, dont deux dans la probation (Trotter, 1996a, 2012, 2013) et une dans la protection de l'enfance (Trotter, 2002, 2004). Ces études ont porté sur l'approche intégrée du suivi des usagers involontaires. Elles incluaient les pratiques efficaces que nous avons présentées *supra*, la clarification des rôles, la modélisation prosociale, la résolution des problèmes et, à un degré moindre, les thérapies cognitives et comportementales. Ces études forment la base d'une bonne partie ce qui est présenté dans le présent ouvrage. Pour plus de détails relativement aux objectifs, méthodes et résultats de ces recherches, v. Trotter (1996 a, 2004, 2012).

La recherche relative à la probation (1996 b) était fondée sur l'hypothèse selon laquelle les agents de probation qui s'appuyaient sur des compétences telles que la clarification des rôles, la modélisation prosociale, et le renforcement, ainsi que la résolution collaborative de problèmes et l'empathie (discutés dans la section suivante) auraient des usagers plus susceptibles de voir leurs problèmes diminuer et moins susceptibles de récidiver, ce, comparés aux usagers qui étaient suivis par des agents qui ne mettaient pas en œuvre ces principes.

Un groupe de trente agents de probation se vit offrir une formation portant sur ces principes. Douze d'entre eux furent d'accord pour utiliser les compétences acquises avec leurs dix usagers suivants. Les dix-huit qui restaient ne donnèrent pas suite au projet pour une variété de raisons pratiques. Par exemple, ils avaient quitté leur emploi ou pris des congés de longue durée. L'échantillon de recherche fut sélectionné sur la base de la méthode de l'échantillonnage arbitraire systématique. Il se composait des 104 usagers suivis par des agents de probation ayant suivi la formation et accepté d'utiliser le modèle. L'échantillon incluait aussi un groupe de contrôle de 157 usagers sélectionnés dans les mêmes services que le groupe expérimental, mais suivis par des agents de probation différents. Un échantillon d'usagers suivis par des agents de probation qui s'étaient retirés du projet, mais avaient continué à être suivis dans le service (105), fit également l'objet de l'étude. Toutefois, les résultats de cet échantillon-ci n'étant pas différents de ceux du groupe de contrôle ne sont donc pas rapportés ici.

Les données furent collectées sur la base d'un questionnaire administré aux usagers et une analyse fut menée sur la base des dossiers de ces derniers ainsi que des fichiers de police. L'étude devait montrer les choses suivantes :

- Les notes portées sur les dossiers révélèrent que les agents de probation qui avaient suivi la formation et accepté de l'utiliser étaient significativement plus susceptibles d'utiliser les compétences, comparés aux agents de probation du groupe de contrôle. En d'autres termes, les agents de probation mettaient plus en œuvre les principes après avoir reçu la formation.
- Les usagers suivis par ces agents de probation ayant suivi la formation et accepté d'utiliser les compétences (soit le groupe expérimental) avaient significativement plus de chances de rapporter que leurs problèmes avaient été réduits durant le suivi que les usagers du groupe de contrôle. De plus, près de la moitié des usagers de ce groupe, comparés à ceux du groupe de contrôle, indiquèrent que leurs problèmes de drogue avaient été réduits.
- Les taux de récidive des usagers du groupe expérimental étaient significativement plus faibles que ceux du groupe de contrôle, ce, à la fois au bout d'une année et au bout de quatre années. Par exemple, le taux d'emprisonnement des usagers du groupe expérimental était au bout d'une

année de presque 50% plus bas que celui du groupe de contrôle. Ceci est illustré dans le tableau 2.1 *infra*.

- Le modèle de traitement était plus efficace encore avec les condamnés jeunes, à hauts risques, violents ou consommateurs de drogue.
- L'application de la modélisation prosociale et du renforcement, telle que visible dans les notes figurant dans les dossiers, était continuellement, fortement et significativement corrélée à des taux de récidive et de réincarcération plus faibles.
- L'application de la résolution des problèmes était corrélée à une moindre récidive, encore que son effet le plus fort portât sur la soumission aux obligations (par ex. aller aux rendez-vous et autres obligations particulières).
- L'application de la clarification des rôles était corrélée à une plus faible récidive, mais pas de manière significative. Ceci s'explique peut-être par la tendance des agents de probation à discuter de questions relatives aux rôles de chacun après que ces agents se soient rendu compte qu'il y a eu récidive.
- L'empathie des agents de probation, telle que mesurée par les tests psychologiques et les commentaires figurant dans les dossiers, n'était pas corrélée aux taux de récidive ou de réincarcération des usagers. Toutefois, les commentaires de type dérogatoire (tels que, par exemple, « sans espoir », « paresseux », ou « menteur ») étaient liés à une plus forte récidive, même après correction des niveaux de risque des usagers. L'empathie des agents n'était pas un facteur lié à la récidive, mais, par contre, un manque extrême d'empathie avait bien un impact négatif.
- Les résultats de l'étude ne pouvaient pas être expliqués par l'intervention de variables telles que la fréquence des contacts entre agents et usagers, les niveaux de risque des usagers, ou encore l'expérience ou éducation des agents de probation.

Tableau 2.1 Etude de Trotter (1996a) des taux de réincarcération après une et quatre années

	Groupe expérimental	**Groupe de contrôle**
Après une année (p = 0.04)	13/104 (12%)	33/157 (21%)
Après quatre années (p = 0.02)	27/104 (26%)	61/157 (39%)

Les résultats de cette étude confirment l'importance de la modélisation par les praticiens, tout comme du renforcement des propos et actions prosociaux de leurs usagers, ainsi que du recours à la résolution collaborative des problèmes. Bien que l'étude soit moins convaincante sur la clarification des rôles, il semble que cela ait été ici dû à une spécificité dans la mise en œuvre de cette variable. L'étude ne valide pas la variable empathie, bien qu'elle montre que les attitudes dépréciatives soient liées à de mauvais résultats.

L'empathie et d'autres facteurs propres à la relation agent-usager seront discutés dans la section suivante. L'étude de 1996 n'a pas traité d'autres qualités dont j'ai pu avancer qu'elles pouvaient avoir un impact positif, telles que les thérapies ou techniques cognitives et comportementales, bien que, comme noté *supra*, de nombreuses pratiques inclues dans la modélisation prosociale renvoient également à des méthodes cognitives et comportementales.

La deuxième étude (Trotter, 2004) a été réalisée en matière de protection de l'enfance dans la région Est de Melbourne. L'objectif de cette étude était, d'une part, de déterminer comment les éducateurs de la protection de l'enfance pouvaient mettre en œuvre les compétences en clarification des rôles, modélisation prosociale et résolution collaborative des problèmes, ainsi que des compétences relationnelles telles que l'empathie, l'humour, l'auto-divulgation et, d'autre part, en quoi l'utilisation de ces compétences était liée à des résultats côté usagers.

Pour collecter de telles données, les assistants de recherche ont étudié cinquante éducateurs de la protection de l'enfance et leurs 282 usagers et observé treize entretiens entre ces éducateurs et leurs usagers. Les mesures prises comprenaient :

- les estimations que faisaient les éducateurs quant aux progrès réalisés par les familles avec lesquelles ils travaillaient ;
- quel était le degré de satisfaction des usagers quant aux résultats du suivi par la protection de l'enfance ;
- combien de temps le dossier demeurait ouvert ;
- si l'enfant ou les enfants avaient fait l'objet d'un placement extra-familial dans le ressort du service (par ex. en famille d'accueil) durant la période de suivi par l'éducateur.

De la première étude, il est clairement ressorti que les éducateurs de la protection de l'enfance ne mettaient pas souvent en œuvre les compétences efficaces ; une tendance également claire dans le domaine de la probation (Dowden & Andrews, 2004). Quoi qu'il en soit, lorsque les éducateurs utilisaient bien ces compétences, les résultats étaient bien meilleurs que lorsqu'ils ne les utilisaient pas. L'on trouve parmi les résultats les plus intéressants de cette recherche :

- le fait qu'elle ait confirmé la valeur de la compétence en clarification des rôles. Par exemple, lorsque les usagers percevaient leur éducateur comme ayant tout à la fois un rôle d'assistance et d'enquête, ces usagers avaient de bons résultats. Les éducateurs qui évoquaient leur double rôle d'assistance et d'enquête et qui étaient clairs quant à leurs attentes avaient aussi les usagers avec les meilleurs résultats ;

- l'étude a encore confirmé la pertinence de la modélisation prosociale et du renforcement. Par exemple, les éducateurs qui donnaient à voir en modèle les règles de la courtoisie élémentaire, comme par exemple, tenir les rendez-vous, être ponctuels, et faire ce qu'ils avaient dit qu'ils feraient, avaient des usagers qui avaient des résultats particulièrement bons. Au demeurant, à lui seul ce facteur faisait souvent la différence entre les bons et les mauvais résultats ;
- l'étude a aussi confirmé l'efficacité de la résolution collaborative de problèmes. Par exemple, les éducateurs qui travaillaient sur la base de la perception qu'avaient leurs usagers de leurs problèmes, et travaillaient avec ceux-ci sur les objectifs de ces derniers, et qui effectuaient eux-mêmes certaines des tâches nécessaires à leur réalisation, avaient des usagers avec de bons résultats ;
- l'étude a également confirmé l'importance des compétences relationnelles. Les éducateurs qui étaient optimistes, qui écoutaient leurs usagers et qui n'avaient pas peur de recourir à l'humour et à l'auto-divulgation obtenaient de bons résultats avec leurs usagers ;
- ici encore l'étude ne devait pas viser spécialement l'utilisation de techniques cognitives et comportementales, bien que comme indiqué précédemment, la modélisation prosociale et la résolution des problèmes incluent sans doute des techniques cognitives visant à modifier les pensées irrationnelles et antisociales des usagers.

La troisième étude portant sur l'utilisation de compétences efficaces eut trait à la justice des mineurs (Trotter, 2012). Les assistants de recherche devaient observer 117 entretiens entre des éducateurs de la protection de la jeunesse et leurs usagers. Les entretiens étaient, pour la plupart, réalisés à domicile, mais certains l'étaient dans les bureaux de la justice des mineurs, en milieu ouvert. Chacun des entretiens devait être enregistré en audio, puis codé relativement à l'utilisation des compétences efficaces, soit : la clarification des rôles, la modélisation prosociale et la résolution des problèmes. La mobilisation de ces compétences avait un impact sur les taux de récidive de ces jeunes. L'étude devait ainsi notamment montrer que :

- il existait un haut niveau d'accord interjuges entre les assistants de recherche ayant codé les entretiens concernant le degré d'utilisation de ces compétences par les éducateurs ;
- les compétences qu'utilisaient le plus souvent les éducateurs étaient la modélisation prosociale et le renforcement, mais ils utilisaient peu les interventions TCC ;
- lorsque des éducateurs étaient notés cinq points et au-delà d'une échelle en dix points, leurs usagers récidivaient moins ; lorsqu'ils étaient notés quatre et en deçà, ils récidivaient plus souvent ;

- sur les jeunes suivis par les éducateurs ayant le plus de compétences (tels que notés cinq ou plus) 38% devaient achever leur suivi sans récidive, comparés à 19% pour ceux suivis par les éducateurs ayant le moins de compétence (tels que notés quatre ou moins) ;
- les niveaux de risque des usagers ne permettaient pas d'expliquer les meilleurs taux d'achèvement des mesures de ceux ayant été suivis par les éducateurs ayant les meilleures compétences ;
- les pratiques les plus fortement associées à de bons résultats étaient celles où l'éducateur n'était pas dans le jugement et recourait à des récompenses.

Ces trois études illustrent l'impact que l'utilisation des compétences clefs peut avoir sur les résultats des usagers involontaires. J'ai mis ces études en lumière parce qu'elles sont liées à mes propres travaux. Il existe toutefois d'autres recherches, particulièrement dans le domaine de la justice pénale, qui ont étudié la mise en œuvre par les praticiens de compétences analogues et obtenu des résultats similaires (Bonta et al., 2011 ; Ugwudike & Vanstone, à paraître ; Robinson et al., 2011 ; Trotter, 2012).

Les approches qui marchent parfois

La présente section traitera de méthodes de suivi des usagers involontaires dont la recherche a montré qu'elles marchent avec certains d'entre eux et pas avec d'autres, ou encore pour lesquels la recherche est équivoque.

La relation praticien-usager

Cette relation est définie par Compton et Galaway (2012) comme renvoyant à sept éléments :

1. Avoir de l'intérêt pour l'usager ;
2. Être impliqué et accepter ses obligations envers l'usager ;
3. Accepter l'usager en tant que personne (en tant qu'elle est distincte de ses actes) ;
4. S'attendre à ou croire que la personne peut changer ;
5. Avoir de l'empathie ou comprendre les sentiments et le point de vue de l'usager ;
6. Être authentique et en harmonie avec soi-même (ou ouvert et cohérent) ;
7. Utiliser l'autorité et son pouvoir de manière appropriée.

D'autres auteurs ont proposé des définitions similaires, cependant, O'Connor et coll. (2008) ont ajouté l'autodétermination, le partenariat et la citoyenneté. En un sens, chacun peut définir la relation de manière individuelle. Dans cet ouvrage, j'entends par relation des compétences interpersonnelles, telles que l'empathie, l'écoute réflexive, l'auto-divulgation, l'humour et l'optimisme. Les questions d'autorité, de pouvoir, de confrontations, d'authenticité et de confidentialité seront traitées dans les Chapitres 3 et 4 en tant qu'elles renvoient à la clarification des rôles et à l'approche prosociale.

Comment ces divers composants de la relation impactent-ils sur les résultats des usagers involontaires ?

L'empathie

L'empathie peut être définie comme le fait de comprendre les sentiments et points de vue de l'usager. De fait, l'écoute réflective constitue une manifestation concrète de l'empathie. Il s'agit là d'une technique thérapeutique qui suppose de répondre de manière spécifique aux sentiments et au contenu de ce que l'usager verbalise.

L'on avance depuis longtemps que l'empathie est l'une des compétences essentielles de toute assistance efficace (Truax, Wargo & Sibler, 1996 ; Carkhuff, 1969). La plupart des publications récentes portant sur le travail de terrain dans le domaine de l'aide sociale traitent de l'empathie en tant que dimension essentielle du conseil ou de l'assistance (par ex. Compton et Galway, 2012 ; Hepworth et al., 2010).

La recherche vient certes au soutien de l'empathie dans le suivi des usagers involontaires ; elle est néanmoins équivoque. Don Andrews et coll. (1979) ont trouvé que les agents de probation qui avaient des résultats élevés aux tests de mesure de l'empathie avaient des usagers qui récidivaient plus souvent que ceux qui étaient suivis par des agents de probation ayant des résultats plus bas à ces tests. De manière similaire, les agents de probation qui utilisaient l'écoute réflective dans les enregistrements audio de leurs entretiens avaient des usagers qui récidivaient plus souvent.

Cependant, comme il a été dit *supra* dans ce chapitre, Andrews et son équipe ont également trouvé que les agents de probation qui avaient des scores élevés d'empathie et pratiquaient l'écoute réflective ou encore la modélisation prosociale et le renforcement, avaient des usagers récidivant moins. En d'autres termes, lorsque les agents de probation étaient prosociaux et avaient de bonnes compétences relationnelles, leurs usagers s'en sortaient bien. Inversement, lorsque les agents de probation étaient moins prosociaux et plus pro-délinquants (sur des tests psychologiques et dans les entretiens) et, dans le même temps, avaient des taux élevés d'empathie et d'écoute réflective, leurs usagers ne s'en sortaient pas bien. Le fait est qu'ils récidivaient presque deux fois plus que ceux des autres usagers de l'étude.

Il semble donc que l'empathie favorise le changement ; toutefois la direction que prend ce changement dépend des attitudes prosociales et des compétences de l'agent de probation. La pratique de l'empathie en réponse à des propos pro-délinquants formulés par les probationnaires fournit, selon les cas, une subtile autorisation ou un renforcement à la poursuite de ce comportement, avec pour résultat de la récidive.

Reste que mon propre travail sur l'efficacité relative de l'empathie et des méthodes prosociales dans la probation australienne est parvenu à une autre conclusion encore. Dans mon étude, les bénévoles et les praticiens travaillant dans la probation qui avaient des taux élevés d'empathie n'avaient des résultats ni pires ni meilleurs que ceux qui avaient de faibles taux d'empathie. De plus, les agents prosociaux qui avaient des taux élevés d'empathie n'avaient pas de meilleurs résultats que ceux qui avaient de faibles niveaux d'empathie. Ces études se sont aussi appuyées sur des tests psychologiques de l'empathie (Trotter, 1990, 1993) ainsi que sur des mesures de l'empathie sur la base des dossiers écrits (Trotter, 1993, 1995a, 1996a).

Cependant, comme il a été dit précédemment, l'étude montrait le poids significatif des propos désobligeants. Lorsque des agents inscrivaient de tels propos dans leurs dossiers (par ex. « paresseux », « sans espoir »), leurs usagers récidivaient plus que les autres, même si l'on tenait compte de leurs niveaux de risque.

Des recherches ont été menées sur l'empathie avec d'autres catégories d'usagers involontaires. Ivanoff, Blythe et Tripodi (1994) citent plusieurs études réalisées avec divers types d'usagers involontaires, et qui ont montré qu'une relation authentique, empathique et soutenante présentait le risque de paraître accablante et même intrusive. William Nugent et Helene Alvorson (1995) ont également trouvé que des simulations d'entretiens avec jeux de rôle, qui paraphrasaient de manière inappropriée les propos des clients, pouvaient causer chez eux de la colère, de l'anxiété et même de la dépression. Ces auteurs préfèrent une méthode qui consiste à proposer des interprétations alternatives à ce qu'expriment les usagers, plutôt que se limiter à répéter ce qu'ils disent. Une autre étude avec des adultes ayant une dépendance à l'alcool a montré qu'une écoute réflective et non-directive ne conduisait pas à une réduction de la consommation d'alcool, comparée à la thérapie de renforcement de la motivation, qui elle, réduisait bien significativement la consommation (Selman et al., 2001).

D'un autre côté, Lawrence Shulman (1991) a montré qu'il y avait un lien positif entre le fait d'aider les usagers de la protection de l'enfance à gérer leurs émotions et à percevoir l'éducateur en tant que soutien. Dans cette recherche, le fait d'aider les usagers à gérer leurs émotions était défini comme « analyser les silences, mettre les sentiments des usagers en mots, manifester que l'on comprend leurs sentiments, et partager les sentiments des praticiens »

(Schulman, 1991 : 44). Les usagers des éducateurs bienveillants avaient, pour leur part, de meilleurs résultats en plusieurs domaines : non seulement ils percevaient leurs éducateurs comme les aidant plus, mais encore les placements loin de leurs parents étaient de durée moindre et ils étaient moins susceptibles de faire l'objet d'une décision de justice. Shulman entend l'aide aux usagers dans la gestion de leurs émotions de manière plus large que la simple empathie ou écoute réflexive ; ceci explique peut-être en partie ses résultats. Incidemment l'étude de Schuman sur la protection de l'enfance est une référence parmi d'autres, qui plus est quelque peu ancienne. Il s'agit de l'une des rares études qui a porté spécifiquement sur le lien entre les compétences particulières des praticiens et les résultats mesurés chez leurs usagers et c'est pour cette raison qu'elle demeure pertinente aujourd'hui.

Dans ma propre étude sur la protection de l'enfance (Trotter, 2004), il y avait étonnamment peu de mise en œuvre de l'écoute dans les entretiens que les assistants de recherche avaient pu observer. Toutefois, lorsque les usagers percevaient que leur éducateur comprenait leur point de vue, les divers résultats mesurés étaient plus positifs ; ces résultats incluant le temps écoulé avant que le dossier ne soit clôturé et le placement des enfants. De manière similaire, lorsque nous demandâmes aux usagers de parler de ce qu'ils appréciaient le plus chez leur éducateur, ce qu'ils évoquaient le plus souvent était « mon éducateur m'écoute ». De plus, tout comme dans mon étude sur la probation, lorsque les usagers percevaient leur éducateur comme étant critique et méprisant, les divers résultats mesurés étaient pour eux négatifs.

J'ai obtenu des résultats similaires dans mon étude sur la justice des mineurs (Trotter, 2012). L'un des facteurs les plus fortement corrélé à de faibles taux de récidive était l'attitude non jugeante des praticiens envers leurs probationnaires. En d'autres termes, comme dans la recherche sur la protection de l'enfance, les usagers avaient des résultats plus mauvais si leur éducateur était critique et désobligeant et avaient de meilleurs résultats s'il n'était ni critique ni dans le jugement.

La recherche portant sur les vertus de l'empathie en matière de suivi d'usagers involontaires apparaît quelque peu confuse. Il n'y a guère de doute que les praticiens travaillant avec de tels usagers doivent être capables d'écouter et de comprendre le point de vue de ces derniers afin de pouvoir travailler sur la base des objectifs desdits usagers et de la définition que ceux-ci ont de leurs problèmes. Être dans le jugement ou blâmer ne semble pas être efficace. Il est sans doute néanmoins important que le praticien recoure aussi à la modélisation prosociale et au renforcement afin que l'impact de l'empathie soit positif plutôt que négatif.

L'Humour

Il est rare que l'humour soit traité dans la littérature relative au travail social de terrain, bien qu'il ait pu être avancé qu'il s'agissait d'une compétence importante pour les professions de l'assistance et pour le travail avec des usagers involontaires.

David Pollio (1995) estime que l'humour peut être adapté aussi bien dans le suivi des usagers volontaires que des usagers involontaires. Il distingue l'humour en tant que technique consciente et l'humour situationnel. Il considère que l'humour qui surgit spontanément dans la pratique quotidienne peut être aussi bien positif que nuisible ; il estime, par ailleurs, que faire des plaisanteries est quasiment toujours inapproprié. Pollio affirme que l'humour peut être utilisé pour surmonter une impasse dans le processus de suivi et pour humaniser la situation. Par contre, il présente le risque d'être humiliant et de générer de la colère chez l'usager. Il encourage donc à utiliser l'humour dans les seuls cas où l'usager est en mesure de le comprendre, lorsque cela convient au style du praticien et lorsque cela est approprié dans la situation donnée.

Alex Gitterman (2003) affirme aussi, pour sa part, que l'humour peut aider à mettre les usagers à l'aise, à faciliter leur implication et à améliorer leurs compétences en résolution de problèmes. Il estime que l'humour peut aider les gens à s'exprimer sur ce qu'ils n'aiment pas et que lorsqu'ils se sentent à l'aise, ils sont plus à même de faire part de leurs émotions. Cela peut aussi réduire leur malaise lorsqu'il s'agit de parler de certaines choses. Gitterman cite le cas d'un homme qui est embarrassé à l'idée de parler de son impuissance, et estime qu'il est possible de le mettre plus à l'aise dès lors que l'on introduit une dose d'humour dans la conversation. Gitterman met toutefois en garde contre l'humour de type sarcastique ou qui dissimule de l'hostilité.

Il existe quelques preuves empiriques venant au soutien de l'humour en tant que compétence utile dans le champ social. Eckstein, Junkins et Mcbrien (2003) ont, par exemple, fait état de recherches qui montrent que, dans le domaine de la thérapie de couple ou familiale, l'humour peut réduire le stress ou la tension, débloquer des situations empêchant la résolution des problèmes et rapprocher les couples. Rachelle Berg et coll. (2009 : 225) a également trouvé que l'humour était utile en matière de thérapies pour enfants pour « former un lien thérapeutique, aider l'enfant à développer des compétences sociales, encourager la catharsis, traiter la résistance, et reformuler des croyances inadaptées ».

Il existe aussi des preuves empiriques de ce que l'humour est une compétence utile dans le suivi d'usagers involontaires. Dans son étude portant sur la protection de l'enfance, Lawrence Shulman (1991) a montré que les éducateurs qui avaient le sens de l'humour (tels qu'évalués par leurs cadres) avaient plus de chance d'être considérés par les usagers comme étant soutenant, compétents et dignes de confiance. Leurs clients avaient moins de risque d'avoir à faire l'objet de traitement ou de décisions de justice. Ma propre étude sur la protection de l'enfance (Trotter, 2004) a montré que lorsque les usagers évaluaient que leur éducateur avait le sens de l'humour, ils étaient deux fois plus satisfaits du suivi, comparés à ceux qui avaient évalué leur éducateur comme n'ayant pas d'humour. La méta-analyse de Dowden et Andrews (2004) a aussi identifié l'humour des praticiens comme faisant partie d'une longue liste de facteurs relationnels qui étaient corrélés à de plus faibles taux de récidive.

Diane Jacobs (2003) évoque de son côté l'humour entre collègues. Elle a montré que les éducateurs de la protection de l'enfance qui faisaient l'objet d'une bonne évaluation par leurs cadres, tendaient à obtenir du soutien de la part de leurs familles, amis et collègues et que le soutien de la part de leurs collègues prenait typiquement la forme d'évacuation des frustrations et d'humour.

Nous avons incontestablement besoin de plus de recherches en ce domaine afin de mieux différencier en quoi consiste l'humour efficace et l'humour inefficace. En attendant, il semble bien que les praticiens qui suivent des usagers involontaires ne doivent pas avoir peur d'utiliser l'humour dans leur pratique quotidienne. Cela peut aider à humaniser leur travail, à réduire les tensions et à faciliter le processus de résolution des problèmes.

Optimisme

L'optimisme renvoie à des notions telles que l'espoir, l'attente, et l'auto-efficacité. Plusieurs auteurs ont discuté des différentes connotations de ces termes et des différents sens que l'on peut attacher au mot « optimisme » (par ex. Gillham & Reivich, 2004). Disons pour l'heure simplement qu'il semble que si le praticien croit que son usager peut changer et si ce dernier croit que le praticien peut l'y aider, les résultats sont meilleurs.

Martin Seligman (1990, 1995) a fait la revue d'une partie de la recherche en ce domaine et a notamment fait état d'une étude réalisée dans une école américaine qui offrait un programme en pensée positive à des enfants dépressifs et qui avait permis de réduire la dépression à long terme. Seligman (1995) s'est aussi référé à un certain nombre d'études s'étant appuyées sur la notion d'optimisme pour faciliter le changement cognitif et comportemental notamment en matière d'agression et de violence chez des garçons.

Bandura (1977) a montré l'importance de l'auto-efficacité (soit la croyance que l'on est capable d'adopter ou de gérer de nouveaux comportements et de réaliser ses objectifs) dans des contextes de psychothérapie ordinaire. L'essentiel du travail de Bandura a été effectué sur des patients volontaires, avec un accent sur les phobies. Néanmoins, ces principes semblent plus largement applicables et Furstenberg et Rounds (1995) ont, pour leur part, évoqué la transférabilité de l'auto-efficacité dans le contexte du travail social.

L'étude de Stuart Kirk et Gary Koeske (1995) et portant sur la santé mentale, a montré que les praticiens récemment recrutés pour travailler avec des patients difficiles obtenaient de meilleurs résultats lorsqu'ils étaient « optimistes » plutôt que « réalistes ». Les praticiens qui avaient, comparés à leurs collègues, de plus fortes attentes et plus d'espoir avaient un plus haut niveau de satisfaction professionnelle et étaient moins à risque de démissionner. L'étude n'a hélas pas vérifié les résultats chez les patients. Cependant, une étude plus ancienne de Gottschalk (1973) a pu établir un lien entre les niveaux d'espoir de patients d'une clinique de traitement psychiatrique et l'amélioration de leur état mental.

D'autres études ont également confirmé toute l'importance de l'optimisme chez les anciens usagers de drogue (Majers et al., 2003), chez les praticiens en charge de jeunes malades mentaux (Gidard, 2011), dans les services pour adolescents en difficulté familiale (Biehal, 2008), et en tant que compétence fondamentale pour le travail social en santé mentale (Ryan et al., 2004).

L'efficacité d'interventions fondées spécifiquement sur l'espoir a également été prouvée. Par exemple, un programme de traitement de l'abus de substance chez des femmes délinquantes de Taiwan, qui s'appuyait sur l'espoir, a trouvé que, comparées à un groupe de contrôle qui était sur liste d'attente, les participantes avaient des capacités améliorées à gérer les situations (Law & Guo, 2012). Le programme s'appuyait sur la théorie dite de l'espoir et se focalisait spécialement sur la promotion de l'espoir et sur la confiance que ces femmes avaient en elles-mêmes.

Les vertus de l'optimisme ont encore été confirmées par une étude portant sur la protection de l'enfance (Trotter, 2004). Celle-ci a trouvé que des praticiens optimistes obtenaient de bons résultats avec leurs usagers. Il ressortait aussi clairement de l'étude que lorsqu'ils pensaient que leur éducateur pouvait les aider, ces usagers avaient de bons résultats. En d'autres termes, il n'est pas seulement utile que le praticien croie en la capacité de l'usager à changer ; il convient encore que ledit usager croie que le praticien ait la capacité de l'aider.

L'on voit souvent apparaître, dans la littérature portant sur l'assistance, les concepts d'espoir, d'attente, d'auto-efficacité et d'optimisme. La modélisation prosociale et le renforcement sont tous deux cohérents avec de tels concepts, dans la mesure où ils s'appuient tant sur ce qui est positif que sur la manière de résoudre les difficultés au moyen de la fixation d'objectifs positifs, modestes, et à court terme. Cependant, la modélisation prosociale suppose de contrebalancer l'optimisme du praticien quant aux capacités de l'usager à changer avec la contestation des propos et actions pro-délinquants et antisociaux.

Auto-divulgation

Dans les ateliers que j'organise pour les agents de probation et les éducateurs de la protection de la jeunesse, les participants expriment des propos contrastés concernant l'auto-divulgation. Certains d'entre eux estiment que quelque niveau d'auto-divulgation que ce soit est inapproprié. Ils indiquent que leur sont souvent posées des questions telles que « quel âge avez-vous ? » ou « avez-vous des enfants ?». Certains répondent que ce ne sont pas les affaires des usagers, tandis que d'autres pensent que fournir quelques informations d'ordre personnel sur leur famille ou leurs intérêts améliore la relation de travail.

Dans son étude sur ce sujet, Carolyn Knight (2012) a montré que les praticiens ne se sentaient pas préparés, dans le cadre de leur formation, à cette question de l'auto-divulgation et pensaient qu'il n'existait pas assez de théories ou de recherches disponibles permettant de guider les praticiens. Dean Hepworth et aliii (2010) ont fait une rapide revue de la littérature sur l'auto-divulgation dans le domaine du travail social. Les résultats en étaient si contrastés que l'on ne pouvait conclure que peu de choses utiles sur ce point. Cependant, les auteurs ont mentionné deux études ayant fait état de symptômes aggravés chez des schizophrènes paranoïdes suite à l'auto-divulgation de praticiens. Ils suggèrent, en outre, que le caractère approprié de l'auto-divulgation varie probablement selon la culture dans laquelle opère le praticien.

En recherchant la littérature disponible, l'on trouve bel et bien de quoi soutenir le recours à l'auto-divulgation. L'étude de Shulman (1991) relative à la protection de l'enfance a montré que l'auto-divulgation, ainsi que le fait pour le travailleur de partager ses émotions, se traduisait chez l'usager par la perception que son éducateur était soutenant ainsi que par de meilleurs résultats.

Schulman traite d'exemples spécifiques permettant de répondre à des questions telles que « quel âge avez-vous ? » ou « avez-vous des enfants ?». Il propose, plutôt que de rejeter l'usager en pareil cas, d'utiliser la question posée afin d'explorer le rôle du praticien et de l'usager. Schulman estime qu'il convient de répondre honnêtement à ces questions et de poursuivre par une exploration de la crainte de l'usager que le praticien ne puisse comprendre ce qu'il ressent.

Ma propre étude sur la protection de l'enfance apporte aussi un éclairage sur cette question (Trotter, 20074). Les usagers ne percevaient généralement pas l'auto-divulgation des praticiens comme étant importante. Reste que lorsqu'ils indiquaient que leur éducateur recourait à l'auto-divulgation, leurs résultats étaient meilleurs.

Il est dès lors difficile de dire jusqu'à quel point l'auto-divulgation auprès d'usagers involontaires est appropriée. Son efficacité semble dépendre très largement du contexte dans lequel se situe le suivi. Je l'évoque ici parce que c'est une question que posent souvent à la fois les étudiants et les praticiens et parce qu'il semble que cela ait un lien avec les résultats du suivi et l'efficacité du praticien. Tout comme s'agissant de l'humour, il apparaît que ceux qui travaillent auprès d'usagers involontaires ne devraient pas avoir peur de l'auto-divulgation lorsque cela est approprié. La question de l'auto-divulgation, ainsi que d'autres facteurs d'ordre relationnel, sera traitée plus en détail au Chapitre 6.

Planification du suivi, gestion du suivi, utilisation des ressources locales

Bien souvent, les usagers involontaires sont pris en charge par une variété d'institutions et de praticiens. Par exemple, une famille concernée par la protection de l'enfance pourra simultanément travailler avec un conseiller familial, un spécialiste en addiction, un conseiller en violence domestique, un travailleur social scolaire, un psychologue pour enfant, un agent de probation, un conseiller logement, un psychiatre, un infirmier psychiatrique, et un conseiller en économie familiale.

Au cours des années 1960 et 1970, de nombreux pays ont progressivement intégré leurs services sociaux afin que les familles reçoivent l'ensemble des services de la part d'un seul, ou au plus d'une poignée de praticiens. Cependant, dans la période plus récente, la spécialisation est devenue la règle et la situation décrite *supra*, dans laquelle les membres de la famille d'un usager peuvent avoir à interagir avec de nombreux praticiens, est devenue courante.

Le praticien en charge d'usagers involontaires doit souvent jouer le rôle de « gestionnaire du suivi ». Concrètement, comme il a été vu au Chapitre 1, ce praticien doit renvoyer l'usager vers d'autres services, s'assurer qu'il s'y rend bien, et continuellement vérifier si ces services traitent bien les besoins de l'intéressé.

Le concept de gestion du suivi a fait l'objet de nombreuses critiques ; toutes autour d'un même thème : les interventions d'institutions et de praticiens spécialisés se focalisent sur des symptômes plutôt que sur la personne. En d'autres termes, les spécialistes traitent qui de l'usage de drogue, qui des relations familiales, qui du logement et qui de la santé mentale de la même personne, au lieu d'adopter une perspective holistique sur l'ensemble des problèmes. En outre, lorsque des spécialistes qui suivent l'intéressé traitent tous en pratique d'un ensemble de problématiques – par exemple, de l'usage de drogue, de la famille et de la santé mentale – il y a toutes chances que cela se traduise par des chevauchements et des doublons ; les spécialistes faisant en grande partie la même chose.

La gestion du suivi est également critiquée, car elle rend difficile la planification et la prise de décisions, dès lors qu'un grand nombre de personnes sont impliquées. Un exemple éloquent de ce problème nous a été fourni suite au dossier très médiatisé d'un usager de la protection de l'enfance qui devait décéder dans des conditions que l'on aurait pu prévenir et malgré l'implication de nombreux praticiens. Il s'agit du dossier de Victoria Climbié au Royaume-Uni. Durant des mois avant qu'elle ne soit assassinée, Victoria avait été « attachée par les pieds et les mains et laissée sans nourriture », ce, en dépit du fait que quatre institutions de travail social, trois services de logement, deux hôpitaux et trois équipes de protection de l'enfance aient été informés de ce dossier (Laming, 2003). Plus récemment, des décès très médiatisés au Royaume-Uni et ailleurs ont à nouveau fait l'objet de critiques publiques relatives à la gestion du suivi (Smith, 2013).

Une autre critique de la gestion du suivi porte sur la difficulté à adopter une approche cohérente de l'usager. Dans ce chapitre, j'ai avancé que pour être efficace avec les usagers involontaires, il convenait que les praticiens recourussent à des compétences essentielles telles que la clarification des rôles, la modélisation prosociale et la résolution des problèmes. Dans les situations où plusieurs praticiens se relayent, il devient inévitablement plus difficile de délimiter le rôle de chacun et de mettre en œuvre les compétences essentielles de manière cohérente.

La recherche apporte un crédit supplémentaire aux critiques de la gestion du suivi. Steib et Blome (2004) ont trouvé, dans une étude portant sur l'aide sociale à l'enfance, que les praticiens n'étant pas habitués aux formes efficaces de suivi tendaient à référer les usagers vers une pléthore d'institutions, ce qui faisait dépenser des millions de dollars sans aucun bénéfice réel. Une autre étude portant sur la santé mentale (Slawinski, 2004) a montré que les praticiens en charge de la gestion du suivi, embauchés pour apporter aux usagers une aide pratique afin de leur permettre d'accéder aux services dont ils avaient besoin, s'étaient en pratique mis à dispenser eux-mêmes des services de nature thérapeutique, en dépit du fait qu'ils étaient astreints à suivre un modèle de gestion de suivi de type administratif limité au référencement.

Ma propre étude sur la protection de l'enfance (Trotter, 2004) apporte elle aussi du crédit aux critiques de la gestion de cas. Les usagers se voyaient envoyer vers trois ou quatre, et parfois même jusqu'à dix, institutions différentes. Toutefois, près de 20% des usagers ne se rendaient pas auprès des institutions en cause. Les usagers émettaient une opinion plus favorable sur leur praticien s'ils le décrivaient comme étant aidant et soutenant, plutôt que comme étant le gestionnaire du suivi. Les praticiens de la protection de l'enfance qui ne travaillaient pas en étroite liaison avec les autres institutions vers lesquelles les usagers étaient envoyés étaient plus ambivalents quant au succès de ces référencements.

Néanmoins, d'une manière générale, il y a eu peu de recherches sur le référencement en tant que compétence spécifique. Une étude de Rachel Zoffness et alii (2009) portant sur des services de traitement de jeunes ayant des troubles de la conduite a cependant révélé que la plupart des praticiens adoptaient le modèle de la gestion de suivi. En d'autres termes, ils orchestraient l'intervention des autres institutions. Zoffness et ses collègues ont néanmoins regretté que les modèles fondés sur les données de la science ne missent pas en valeur la dimension gestion du suivi. Autrement dit, alors que les praticiens ont souvent en pratique un rôle de gestion de suivi, cela n'est généralement pas perçu comme étant une compétence fondée sur les données de la science.

Il est certain qu'au vu de la nature générique des compétences clefs permettant de mieux travailler avec les usagers involontaires, leurs résultats pourraient être maximisés en assurant une continuité de service avec des praticiens uniques plutôt qu'un renvoi à une multitude de services. Il n'empêche qu'il demeurera toujours nécessaire d'employer des praticiens spécialisés pour prendre en charge de tels usagers et qu'il faudra dès lors maintenir un système de gestion de suivi. Comment peut-on dès lors travailler de manière efficace alors que les usagers sont supposés recevoir des services de la part d'une multitude d'institutions et de praticiens ?

Dans une revue de la littérature portant sur l'efficacité du travail social, il est vrai aujourd'hui quelque peu datée, Rubin (1985) avait estimé que beaucoup de programmes efficaces de traitement du handicap physique et mental avaient précisément en commun les principes de gestion de suivi. Les gestionnaires du suivi s'assuraient du bon référencement, planifiaient le suivi, faisaient le lien avec les ressources locales et facilitaient la cohérence de l'ensemble du traitement.

Anne Fortune (1992) a étudié le rôle du gestionnaire de suivi dans un contexte pauvre en ressources et souligné les avantages pour les usagers d'une approche coordonnée. Elle renvoie à un certain nombre d'études qui indiquent que les résultats de la gestion du suivi sont améliorés aussi bien pour les usagers volontaires que pour les usagers involontaires, lorsque les praticiens de terrain vont au-delà des limites « confortables » du référencement et lorsqu'ils comprennent les procédures bureaucratiques.

Gurgansky, Hervey et Kennedy (2003) ont, pour leur part, souligné quels devaient être les principes de gestion du suivi. Il s'agit selon eux de :

- Concevoir le suivi sur la base des besoins de l'usager ;
- Individualiser le suivi et l'orienter vers l'usager ;
- Offrir des choix aux usagers ;
- Contractualiser ;
- Être responsabilisé, et qu'il y ait des mesures qualitatives des résultats ;
- Intervenir au bon moment, de manière rapide, mais limitée dans le temps ;
- Prévoir aussi l'évaluation par les usagers et la défense de ceux-ci.

L'on se reportera à Gurgansky, Hervey et Kennedy (2003) pour plus de détails sur les questions de gestion de suivi.

Comme l'énonce Shelley Turner (2010), il semble certain que les modèles généralistes de gestion du suivi offrent une meilleure continuité et cohérence que les modèles spécialisés de gestion du suivi qui prévalent aujourd'hui presque partout. Lorsque cela ne peut être le cas, une forme rigoureuse de gestion du suivi, telle que proposée par Jack Rothman (1991), où le travail réalisé par les institutions partenaires est monitoré et où celles-ci participent à la planification du suivi, a plus de chance de réussir. Nous discuterons plus avant de cela au Chapitre 5.

Travailler avec les familles

La recherche montre que l'on obtient de bons résultats tant auprès des familles des usagers involontaires qu'auprès de ces derniers, lorsque l'on travaille avec ces familles. Parmi ces bons résultats, l'on compte : moins de récidive ; moins de maltraitance des enfants ; moins d'usage de drogue ; moins de personnes sans logement ; moins d'absentéisme scolaire ; et de meilleures relations familiales. Nous présenterons certaines de ces recherches ci-dessous. Toutefois, pour plus de détails, j'invite le lecteur à se reporter à l'édition 2013 de mon ouvrage *Collaborative Family work : A practical guide to working with families in the human services* (Travail familial collaboratif : Guide pratique du travail avec les familles dans les services sociaux et sanitaires) (Trotter, 2013b).

Dans une revue de la littérature relative aux « recherches portant sur les résultats des thérapies familiales », Eia Asen (2002) a dressé la liste des principales approches systémiques en ce domaine et, notamment : l'approche stratégique ; le modèle systémique de Milan ; le modèle narratif ; le modèle psycho-éducatif ; et le modèle comportemental. Elle reconnaît, toutefois, que les praticiens qui opèrent dans le domaine social recourent très souvent à un mélange d'approches de ce type. Elle fait état d'un certain nombre de méta-analyses qui ont conclu à l'efficacité des modèles systémiques. Elle y a trouvé des résultats positifs relatifs aux troubles de la conduite chez l'enfant, l'abus de drogue et alcool chez l'adolescent et l'adulte, l'asthme de l'enfant, l'énurésie et l'encoprésie, les troubles du comportement, les désordres alimentaires, ainsi que les psychoses et les troubles de l'humeur. Bien que sa revue de la littérature n'ait pas spécifiquement traité des usagers involontaires, il était manifeste que, dans bien des cas, les intéressés suivaient des thérapies familiales sous la pression d'autres personnes et non point de leur propre chef.

Une autre revue de la littérature par Stratton (2005) est parvenue à la même conclusion, soit que les thérapies systémiques familiales sont efficaces pour une série de difficultés, telles que : les troubles de la conduite et les troubles de l'humeur chez l'enfant ; les désordres alimentaires ; l'abus de substance ; la schizophrénie ; la dépression ; et les pathologies physiques chroniques.

En dehors des approches systémiques, énormément de recherches ont montré l'efficacité des interventions cognitives et comportementales avec les familles. Ces méthodes d'intervention visent particulièrement à aider les membres de la famille à modifier leurs distorsions cognitives (Corcoran, 2000). Les méthodes qui consistent à aider la famille à utiliser les méthodes cognitives et comportementales donnent de bons résultats dans le contexte de la justice pénale. Sexton et Turner (2010) ont montré que les jeunes délinquants à qui étaient proposées des Thérapies Fonctionnelles Familiales ayant une dimension cognitive et comportementale récidivaient moins que des jeunes délinquants ne s'étant vu offrir qu'une probation classique. Ils ont trouvé une réduction statistiquement significative de 35% en matière de délits et de 30% en matière de crimes violents, ce, un an après le traitement. Ils n'ont cependant trouvé de résultats positifs que lorsque les praticiens mettaient bien en œuvre la Thérapie Fonctionnelle Familiale, à laquelle s'ajoutait une forme de thérapie comportementale de courte durée comportant de la modélisation prosociale et du renforcement, et si, de plus, le traitement incluait la passation d'un contrat prévoyant la récompense de la réalisation des objectifs, ainsi que le partage des tâches entre membres de la famille.

Sexton et Turner se sont, pour leur part, appuyés sur le travail antérieur d'Alexander et Parsons (1973). Bien que leur recherche ait été faite il y a longtemps, elle illustre très bien le potentiel du travail avec les familles et la différence qu'il peut faire. Leur étude avait porté sur un groupe de mineurs « délinquants ». Ces jeunes (âgés de treize à seize ans) avaient été arrêtés et détenus par un tribunal pour enfants, pour avoir commis des faits tels que des fugues, de l'absentéisme, du vol à l'étalage, ou de la possession de drogues douces. Les familles devaient être réparties au hasard dans quatre groupes mettant en œuvre des approches différentes.

Le groupe expérimental devait recevoir un traitement familial cognitif et comportemental du même type que ce qui devait, des années plus tard, devenir le modèle de la Thérapie Fonctionnelle Familiale. Ce groupe expérimental était comparé à trois groupes de contrôle : le groupe thérapie familiale centré sur l'usager, lequel s'appuyait sur les sentiments de l'usager et de sa famille ; le groupe psychodynamique, en l'espèce sponsorisé par l'Église Mormone, qui se centrait sur l'introspection ; et, enfin, un groupe ne recevant aucun traitement. Six à dix-huit mois plus tard, les taux de récidive étaient de 50% dans le groupe sans traitement, de 47% dans le groupe centré sur l'usager, de 73% pour le groupe psychodynamique, et de 26% dans le groupe cognitif et comportemental à court terme.

Une revue de la littérature sur la Thérapie Fonctionnelle Familiale (Sexton & Alexander, 2002) indique qu'outre un impact positif sur la récidive, elle est également efficace sur les problèmes d'abus de substance, de santé mentale, de maltraitance et négligence, ainsi que sur les victimisations sexuelles des jeunes. De plus, ses bénéfices sont encore présents cinq ans après, et s'étendent à d'autres membres de la famille, notamment les jeunes frères et sœurs.

Des résultats également positifs ont été mis en lumière avec la Thérapie Multi-Systémique Familiale dont le domaine est plus large ; cette approche étant plus souvent utilisée avec les usagers involontaires. Il s'agit d'une intervention plus intensive qui inclut toutes les dimensions de la vie d'une jeune personne et notamment l'éducation des parents, la thérapie familiale, les interactions avec d'autres institutions et les pairs et le soutien de l'école et du quartier. Ici encore, la recherche montre des améliorations significatives sur les problèmes tels que l'absentéisme scolaire, le risque de ré-arrestation, de consommation de drogue et de maltraitance, ainsi que sur les taux d'institutionnalisation (Sexton & Alexander, 2002 ; Perkins-Dock, 2001). Il semble donc que le travail avec les familles soit particulièrement efficace lorsqu'il est combiné à d'autres formes efficaces de traitement ou d'intervention.

Cependant, une revue systématique de la littérature qui s'est spécialement centrée sur l'efficacité du traitement des adolescents ayant un double diagnostic de pathologie mentale et d'abus de substance, n'a que modestement validé la Thérapie Fonctionnelle Familiale (Bender, Springer & Kim, 2006). Elle a montré que les interventions ayant le plus d'impact sur la réduction de l'usage de drogue étaient les thérapies familiales comportementales et les thérapies individuelles cognitives et résolutives de problèmes.

Ceci nous amène à discuter du travail collaboratif avec les familles et du modèle de résolution des problèmes familiaux fondé sur les principes cognitifs et comportementaux. Il s'agit d'un modèle élaboré spécifiquement pour travailler avec les usagers involontaires et leurs familles. Ce modèle est exposé dans le Chapitre 7 ; en outre, une présentation détaillée en est faite dans Trotter (2013). Il est utilisé depuis une vingtaine d'années dans de nombreux contextes de suivi d'usagers involontaires. Durant cette même période, il a été progressivement évalué, puis a été modifié sur la base du feedback qui en a été donné, tant par les familles participant aux sessions, que par les praticiens qui l'ont mis en œuvre.

Bien que des centaines de familles aient suivi une intervention familiale collaborative, nous n'avons à ce stade collecté que trente-six évaluations formelles du programme émanant d'usagers (Trotter, 2010). Ces évaluations proviennent de quatre sources distinctes : des étudiants travaillant dans la justice des mineurs et la protection de l'enfance ainsi que leurs usagers et les membres des familles ; des travailleurs sociaux travaillant dans des écoles avec des élèves et leurs familles ; des travailleurs sociaux fournissant du suivi familial à des jeunes sous mandat judiciaire ; et, enfin, de jeunes travailleurs sociaux offrant un service familial à des jeunes désavantagés et à leurs familles. Les usagers ayant fourni les trente-six évaluations appartenaient à vingt-huit familles. Dans la plupart des cas, les membres des familles avaient réalisé l'évaluation ensemble après la fin de l'intervention et s'étaient mis d'accord sur un score pour chacune des questions. Il a pu toutefois arriver, dans d'autres cas, que les membres de la famille décident d'évaluer individuellement.

Les réponses des membres des familles ont été positives, presque tous indiquant qu'ils avaient tiré un bénéfice de l'intervention. Nous avons demandé à ces membres : « Globalement, comment vous entendez-vous maintenant par rapport à lorsque vous aviez commencé le traitement ici ? » 70% des membres des familles suivies ont indiqué s'entendre beaucoup mieux, tandis que 23% ont dit s'entendre mieux. Un seul membre de l'une des familles a indiqué que les choses avaient fortement empiré après les séances.

Nous avons obtenu des réponses similaires à la question « Prenons le problème que vous souhaitiez le plus voir résolu avec l'aide du conseiller. Où en êtes-vous concernant ce problème par rapport au début du traitement suivi ici ? » 83% des membres des familles ont répondu que le problème était soit nettement amélioré, soit désormais réglé. Aucun ne pensait que le problème était aggravé et seulement 14% ont affirmé qu'il était identique.

Nous avons également obtenu des réponses positives à la question : « Globalement, comment évalueriez-vous le niveau d'aide reçu de la part du service ? » 72% des membres familles ont répondu qu'ils en avaient retiré un bénéfice considérable, tandis que 5% d'entre eux ont répondu qu'ils n'auraient pas pu s'en passer. La totalité du pourcentage restant estimait avoir retiré un bénéfice du traitement familial. Une recherche complémentaire utilisant le même modèle est actuellement en cours dans le domaine de la délinquance juvénile. Pour le moment, elle a conduit à des résultats similaires. Elle sera présentée dans le Chapitre 7.

S'il est clair que le travail avec les familles est une méthode efficace, du moins avec certains usagers involontaires, il est également patent que les qualités et compétences individuelles des praticiens qui le mettent en œuvre sont tout aussi importantes. Comme je l'avance dans le présent ouvrage, certaines compétences essentielles produisent de bons résultats chez les usagers involontaires. Dans leur revue de la littérature sur le travail avec les familles, Blow, Sprenkle et Davis (2007) estiment que certaines compétences essentielles conduisent à de meilleurs résultats, quel que soit le modèle de traitement. Ils renvoient à « l'élaboration d'une alliance, l'implication de l'usager, le fait de susciter l'espoir et l'attente, la conceptualisation des problèmes dans le cadre de la relation, la modification du sens, et le lien fait avec le monde réel et personnel de l'usager » comme étant autant de facteurs communs qui produisent de bons résultats quel que soit le modèle mise en œuvre (2007 : 311).

En général, la recherche montre que lorsque le traitement familial avec des usagers, qu'ils soient volontaires ou volontaires, est mis en œuvre tel qu'il a été prévu, il est efficace ; il en va ainsi particulièrement des traitements utilisant les méthodes cognitives et comportementales et systémiques. Toutefois, ces traitements ont plus de chance de fonctionner lorsque les praticiens appliquent les compétences efficaces qui sont présentées dans le présent ouvrage.

Suivi à court terme ou à long terme ?

Dans la première édition du *Suivi des usagers involontaires*, j'avais fait état d'un certain nombre d'études qui concluaient que le suivi à court terme était souvent plus efficace que le suivi à long terme. Par exemple, William Reid et Ann Shyne (1969) ont publié une étude il y a près de quatre décennies comparant le traitement à court terme et le traitement à long terme dans l'aide sociale à l'enfance. Ils ont conclu que le traitement à court terme se traduisait par plus de satisfaction chez les enfants, par rapport au service. Dans une revue de la littérature relative au travail social efficace, Ray Thomlinson (1984) a, à son tour, affirmé qu'une intervention structurée limitée dans le temps était au moins aussi efficace que des interventions moins structurées de durée illimitée. La méta-analyse de Videka Sherman (1988) devait obtenir des résultats similaires s'agissant de malades mentaux.

Dans une revue de la littérature relative aux services de durée limitée, William Reid (1997b) a mis, de son côté, en avant des études ayant conclu à leur efficacité sur des probationnaires adultes et des malades mentaux chroniques. Il devait, en outre, faire état de recherches ayant montré qu'il était plus efficace d'allonger l'intervention de manière ciblée plutôt que de la proposer sur une durée illimitée.

Il y a eu depuis peu de nouvelles données favorables aux interventions à court terme. Une récente méta-analyse portant sur quarante-trois études a trouvé un fort support pour les thérapies axées sur la recherche de solution et étant de courte durée, soit entre quatre et douze sessions d'une à deux heures chacune. Les études portaient sur les problèmes scolaires et comportementaux des enfants, la santé mentale des adultes, ainsi que le crime et la délinquance. Elles faisaient état de tendances positives sur 97% des échantillons, y compris, dans certains cas, comparées à des interventions de plus longue durée. Bien que la méta-analyse ne distinguât pas entre les usagers volontaires et involontaires, elle incluait quatre études relatives à des condamnés suivis en milieu fermé comme ouvert (Gingerich & Peterson, 2013).

À l'inverse, toutefois, un certain nombre d'études ont montré l'efficacité d'interventions à long terme. Il semble ainsi clair que plus le traitement de l'addiction ou de la drogue perdure et meilleurs sont les résultats pour les usagers (Jones & Alcabes, 1993 ; Lurigio, 2000 ; Zhang, Friedman & Gernstein, 2003 ; Moos & Moss, 2003 ; Longshore, Turner & Fain, 2003). Au demeurant, Arthur Lurigio (2000 : 515) estime que « pour être efficaces, les traitements doivent être à long terme et intensifs, dès lors que la plupart des problèmes de drogue sont chroniques et tendent à récidiver et que la plupart des usagers de drogue ont besoin de temps pour briser la glace du déni et devenir motivés ». Il ajoute que la durée idéale du traitement est située entre trois et neuf mois.

La recherche a montré que des périodes de traitement plus longues peuvent aussi être pertinentes pour le suivi d'autres catégories d'usagers des services sociaux. Par exemple, James Luiselli et coll. (2000) ont trouvé que le temps passé dans un traitement à domicile s'agissant d'enfants ayant des troubles du développement ou autistes était corrélé à une amélioration du fonctionnement des enfants en cause. De la même manière, Shepker, Grabbe et Jahn (2003) ont montré que des durées de séjour plus longues (plus de cinquante-cinq jours) amélioraient les enfants et adolescents hospitalisés en psychiatrie. La durée du suivi a également été isolée comme étant un facteur de succès dans des programmes de préservation de la cellule familiale (Bagdasaryan, 2005).

Dès lors, il semble que les arguments en faveur du traitement à court terme ne soient pas concluants. Certes, les études initiales portant sur les interventions structurées à court terme focalisées sur un objet déterminé ainsi que les récentes études sur les thérapies de courte durée centrées sur les solutions semblent montrer que ces interventions sont efficaces. Cependant, les interventions à plus long terme semblent marcher dans le traitement de l'alcool ou de la drogue ainsi que sur la préservation de la famille.

La littérature est également équivoque concernant le lien entre efficacité et degré d'intensité ou fréquence (par opposition à la durée) du traitement. Comme il sera souligné dans la section suivante, en matière de délinquance, la recherche est favorable aux suivis plus fréquents et plus intensifs pour les usagers à risque élevé. Cependant, une étude par Donna Coviello et coll. (2001) portant sur deux programmes ambulatoires de type psycho-social pour des addictes à la drogue, dont l'un durait douze heures par semaine et l'autre six heures par semaine, n'a pas trouvé de résultats différents. Après le traitement, les deux groupes étaient améliorés en termes de fonctionnement et de consommation de drogue.

Une chose qui paraît, en revanche, claire est que l'arrêt anticipé ou l'attrition des usagers produit de mauvais résultats, ce, quelle que soit la durée du suivi (par ex. Bender, Springer & Kim, 2006). Il est toutefois difficile d'apprécier à ce stade quelles sont les fréquences ou durées du suivi les plus appropriées si l'on ne tient pas compte de la catégorie particulière à laquelle les usagers appartiennent ou de la nature de l'intervention en cause.

Supervision et formation du personnel

La recherche montre que la manière dont les praticiens en charge d'usagers involontaires agissent, est influencée par la supervision dont ils font l'objet dans leur institution. Ceci a, par exemple, été montré dans des revues systématiques de la littérature dans les domaines de l'enfance et de la santé mentale (Novins et al., 2013) ; dans une méta-analyse d'études relatives à l'aide à l'enfance, à la santé mentale et au travail social (Barak et al., 2009) ; ainsi que dans la probation (Bonta, Bourgon & Rugge, 2013). La recherche a également montré que la supervision des compétences efficaces se traduisait par un recours accru à ces compétences de la part des praticiens, ce qui se traduisait à son tour par des résultats améliorés du côté des usagers (Novins et al., 2013).

Une étude réalisée par Jim Bonta et coll. (2013) a montré que les condamnés suivis par des agents de probation ayant accepté de faire l'objet d'une supervision de la mise en œuvre des compétences efficaces, avaient des taux de récidive significativement plus faibles que les personnes suivies par les praticiens qui étaient moins supervisés. Ceux qui ont été le plus supervisés ont obtenu des taux de récidive de 19% alors que ceux qui ont été moins supervisés ont obtenu des taux de récidive de 25%. Il a, par ailleurs, été montré qu'outre la supervision des praticiens, la culture générale d'une institution influence aussi la manière dont ceux-ci travaillent (Novins et al., 2013).

De manière similaire, la formation des praticiens est susceptible d'influer sur la nature des compétences qu'ils utilisent. J'ai récemment réalisé une revue de la littérature portant sur l'impact des compétences et de la formation des praticiens sur les résultats de la probation (Trotter, 2013). La revue a identifié plusieurs études dans lesquelles des formations avaient eu lieu et où les compétences des agents avaient ensuite été vérifiées et comparées à celles d'agents n'ayant pas été formés. Cela a été réalisé sur la base d'enregistrements audio d'entretiens individuels dans les deux groupes : le groupe formé et le groupe non formé. Dans la totalité des cinq études, la formation était corrélée à une augmentation significative des compétences, et dans quatre des cinq études elle était également corrélée à des taux plus faibles de récidive chez les usagers des praticiens formés. Des résultats similaires ont été trouvés dans d'autres disciplines (par ex. Powell, 2011).

Les facteurs liés aux usagers

Le présent ouvrage traite des pratiques professionnelles des praticiens et de leurs caractéristiques ainsi que de leurs liens avec les résultats chez les usagers involontaires. Il a toutefois été vu *supra* qu'un certain nombre d'autres facteurs, tels que les caractéristiques des usagers, pouvaient aussi influer sur les résultats de ces derniers. Intégrer ces facteurs est susceptible de rendre la pratique professionnelle plus efficace. Deux de ces facteurs sont notamment les niveaux de risque et l'influence des groupes de pairs. La question de la motivation des usagers et de son impact sur les résultats sera également traitée dans cette section.

Focus sur les usagers à haut risque

La visibilité de l'évaluation du risque en matière de suivi des usagers involontaires a considérablement augmenté ces dernières années. Selon Gwen Robinson (2003 : 109) « la croissance de l'évaluation du risque dans le domaine de la probation a été rapide – certains diraient météorique ». La banque de données *Social Services Abstracts* (Résumés Services Sociaux) renvoie à plus de 3000 ouvrages et articles publiés dans la dernière décennie portant sur le risque dans l'aide à l'enfance et la protection de la jeunesse. L'évaluation du risque est également prévalente dans la santé mentale, particulièrement dans les établissements fermés pour patients délinquants, ainsi que dans la justice des mineurs ou la violence domestique.

Il est avancé qu'il vaut mieux se focaliser sur les usagers à haut risque qui sont plus susceptibles d'avoir de sérieux problèmes, de faire du mal à autrui et de coûter plus cher. De plus, du moins dans la probation, la recherche montre que les condamnés à moyen et haut risque peuvent s'améliorer avec des suivis ou autres programmes de réinsertion.

Don Andrews et Jim Bonta (2010) ont montré qu'il était important que les praticiens se focalisent sur les probationnaires à haut risque. Les usagers à haut risque sont ceux qui ont été évalués comme ayant un risque élevé de récidive, tandis que les usagers à bas risque sont ceux qui ont été évalués comme présentant des risques peu probables de récidiver. Il est estimé que ceux qui sont à haut risque ont toutes chances de bénéficier d'un suivi, tandis que ceux qui sont à bas risque peuvent être stigmatisés par un tel suivi et devenir délinquants. C'est ce que les auteurs appellent le « principe du risque ».

Andrews et Bonta (2010) renvoient à des études portant sur le lien entre l'intensité du traitement et le niveau de risque des usagers. Dans toutes ces études, les condamnés à bas risque avaient des risques plus élevés de commettre des infractions s'ils avaient subi un suivi intensif, mais un risque réduit s'ils avaient eu un suivi de faible intensité. Inversement, les condamnés à haut risque avaient moins de risque de commettre des infractions s'ils avaient un suivi intensif et plus de risque s'ils avaient un suivi de faible intensité.

Ceci a été confirmé par une étude australienne, menée à l'Université de Monash à Melbourne (Trotter & Sheehan, 2005). Cette étude a montré que les détenues à haut risque avaient un risque réduit de moitié de retour en détention, si elles se voyaient proposer un suivi intensif à leur sortie, dans le cadre d'un aménagement de peine.

Inversement, une récente revue de la littérature sur l'efficacité de la probation en milieu ouvert, a montré que les condamnés à moyen risque, et non point ceux à haut risque, étaient ceux qui étaient le plus susceptibles de bénéficier d'un suivi où les compétences professionnelles fondées sur les données de la science étaient mises en œuvre (Trotter, 2013). Ce que je suggérais dans cet article était que la plupart des gens peuvent bénéficier d'un suivi de bonne qualité, mais qu'il est important que les suivis de faible qualité ou de nature répressive ne soient pas mis en œuvre sur les condamnés à bas risque à qui ils pourraient faire plus de mal que de bien. Il semble dès lors tout à fait clair qu'il est préférable de réserver les suivis intensifs aux condamnés à moyen et haut risque. De même, en matière de protection de l'enfance et de santé mentale il existe de bonnes raisons de centrer l'intervention sur les usagers qui sont à risque immédiat de subir des maltraitances sévères, de se suicider ou d'être hospitalisés.

Parallèlement à cet intérêt croissant pour la notion de risque, les outils actuariels d'évaluation du risque ont également connu un développement considérable. Ils sont répandus dans les domaines de la justice pénale, de la protection de l'enfance et de la santé mentale. Ils requièrent de la part des praticiens qu'ils traitent d'un certain nombre d'items particuliers, généralement en cochant des cases. Ceci permet de calculer un score et de classifier les usagers par niveau de risque. Un grand nombre d'études, dont plusieurs méta-analyses, apportent des preuves de ce que l'évaluation actuarielle mesure plus efficacement le risque que le jugement clinique (Andrews & Bonta, 2010 ; Schlonsky & Wagner, 2005 ; Schwalbe, 2004).

L'évaluation du risque n'est pas sans poser de problèmes, comme nous le verrons dans le Chapitre 5 : les items peuvent ne pas être remplis correctement ; les résultats du calcul peuvent être ignorés ; et les niveaux de risque peuvent être utilisés pour punir plutôt que pour offrir un service social ou un traitement. Bien souvent, le processus d'évaluation du risque identifie des problèmes chez l'usager que celui-ci ne reconnait pas ; par exemple un usage de drogue ou des tendances violentes. Ces questions deviennent alors le focus du suivi, bien que la recherche que nous avons présentée dans ce chapitre montre qu'un suivi efficace est celui qui se focalise sur la perception que l'usager a de ses problèmes. L'évaluation du risque et les suivis focalisés sur le risque seront discutés plus en détail en Chapitre 5.

Associations de groupes de pairs

Chez les usagers involontaires, l'association à un groupe de pairs antisociaux peut conduire à des résultats particulièrement mauvais. Dans une méta-analyse des facteurs de prédiction de la récidive, Gendreau, Little et Goggin (1996) ont montré que les pairs délinquants étaient plus fortement corrélés à la récidive qu'aucun autre facteur, y compris que les antécédents délinquants, que les éléments de socialisation tels que l'éducation ou l'emploi, ou encore que l'usage de drogue.

De nombreuses études ont établi l'importance de l'influence des pairs sur les comportements déviants de toutes sortes, tels que, par exemple, les automutilations (Yip, Ngan & Lam, 2002), la santé mentale des adolescents (Davis, Tang & Co, 2002), l'usage d'héroïne (Eaves, 2004), et l'abus d'autres substances (Chen, Balan & Price, 2012), la prise de risque chez l'adolescent maltraité (Perkins & Jones, 2004), l'échec scolaire (Lee & Mui-Ling, 2003), ainsi que la commission d'actes violents ou la victimisation de tels actes violents (Schlack, Ravens-Sieberer & Petermann, 2013).

Non seulement l'association avec des groupes de pairs est un facteur particulièrement important dans la vie quotidienne de nombreux usagers involontaires, mais encore elle peut les influencer dans le cadre même d'un suivi. Dans l'une de mes recherches (Trotter, 1995b), j'ai étudié le lien entre les taux de récidive des probationnaires et la nature de leur placement en milieu ouvert. Selon les cas, ces placements consistaient à travailler soit seul soit en groupe avec d'autres condamnés dans le cadre de projets associatifs de toutes sortes, consistant à jardiner, à entretenir des écoles, ou à aider le personnel associatif ou les autres usagers d'un atelier protégé.

Très clairement, les condamnés placés en milieu ouvert dans un groupe comprenant d'autres condamnés étaient significativement plus à risque de récidiver. Pour être précis, ceux qui étaient âgés de moins de 21 ans étaient trois fois plus à risque d'aller en prison durant la période de probation, s'ils étaient placés dans un groupe que s'ils faisaient l'objet d'un placement individuel. Les différences entre condamnés ne pouvaient s'expliquer par des niveaux de risque distincts. L'ampleur d'une telle différence pourra certes surprendre ; toutefois, McIvor (1992) a trouvé des résultats similaires dans une étude menée en Écosse.

L'on connait depuis longtemps l'influence des pairs sur le comportement. Ronald Akers (1994 : 104) avait ainsi pu dire concernant les jeunes délinquants que : « Mis à part les antécédents de comportement déviant, le meilleur facteur de prédiction allant du début, à la maintenance, puis à l'arrêt de la délinquance est l'association différentielle, soit avec des pairs respectueux des lois, soit des pairs violant la loi…. presque chaque étude incluant l'association avec des pairs trouve que c'est une variable significative et qui est généralement la plus fortement associée à la délinquance, à l'abus d'alcool et de drogue, à la commission d'infractions à l'âge adulte et à d'autres formes de comportements déviants ».

Il est, bien entendu, probable que ceux qui sont plus sujets à des comportements antisociaux soient plus enclins à fréquenter des pairs antisociaux. Dès lors, qui vient en premier ? Les pairs antisociaux ou le comportement antisocial ? Mon étude précitée sur le travail d'intérêt général (TIG - Trotter, 1995b) indique que les groupes de pairs ont bien une influence négative active et que cette influence négative se manifeste en dépit du fait que les tigistes n'ont pas leur mot à dire quant aux personnes avec lesquelles ils doivent travailler.

Steven Walker (2007) a, pour sa part, étudié l'influence des groupes de pairs sous un autre angle. Dans une recherche qualitative australienne portant sur l'aide à l'enfance, il a montré que les conseils que les éducateurs familiaux donnaient à leurs usagers étaient filtrés par les membres de la famille et les amis. Par exemple, un usager pouvait être encouragé par un travailleur social à recourir à des méthodes de discipline de ses enfants sans recours à la violence corporelle. L'usager pouvait alors en parler à ses amis. L'étude a montré que la manière dont l'ami réagissait à cette information avait un impact sur la manière dont l'usager suivait le conseil de l'éducateur. Si l'ami répondait favorablement, alors l'usager suivait le conseil ; mais si l'ami estimait que c'était sans intérêt, alors l'usager ignorait le conseil. Walker estime donc que le potentiel d'influence de la famille et des amis doit être pris en compte dans l'aide à l'enfance.

L'association à des groupes de pairs constitue certainement un facteur dont le traitement peut aider à faire progresser les usagers involontaires. Comme Don Andrews et Jim Bonta (2010) le font observer, les suivis qui visent ce facteur sont ceux qui ont le plus de chance d'être efficaces.

Travail de groupe

Cela ne veut pas dire que les programmes de travail en groupe avec les usagers involontaires conduisent toujours à des échecs. Il existe ainsi énormément de recherches qui montrent l'efficacité du travail de groupe avec une variété d'usagers involontaires. Il s'agit, par exemple, des détenus et des probationnaires (par ex. Wilson, Bouffard & MacKenzie, 2005 ; Mitchell, Wilson & MacKenzie, 2007), des usagers de drogue (par ex. Tanner-Smith, Wilson & Lipsey, 2013), des patients psychiatriques (par ex. Fontao & Hoffmann, 2011), ainsi que des personnes ayant un double diagnostic de santé mentale et d'usage de drogue (par ex. Sacks, Banks & Sacks, 2010).

Cet ouvrage s'intéresse avant tout au suivi individuel de personnes et de leurs familles plutôt qu'au travail de groupe. En outre, les arguments pour et contre le travail de groupe sont complexes (par ex. Moore et al., 1997 ; Reid, 1997b ; Vanstone, 2004). La recherche montre, certes, que pour être efficace, le travail de groupe doit se caractériser par des pratiques similaires à ce qui est mis en avant dans le présent chapitre. L'on trouve aussi des arguments en faveur du travail de groupe cognitif et comportemental, plutôt qu'au travail de groupe de type psychodynamique (par ex. Andrews & Bonta, 2010).

Il semble donc que si le travail de groupe est souvent efficace, c'est le mélange non structuré d'usagers involontaires qui peut poser problème, comme Tarolla et ses collègues (2002) l'ont montré s'agissant de jeunes délinquants violents. Les attitudes et actes antisociaux qui conduisent les usagers vers le système pénal sont susceptibles d'être renforcés par des programmes qui encouragent différentes personnes ayant des points de vue similaires à s'associer et ce, tout particulièrement, lorsque cette association intervient dans le cadre d'un programme qui ne recoure pas aux principes d'une pratique efficace.

Motivation

Les étudiants et les praticiens de terrain soulèvent souvent la question du niveau de motivation des usagers et énoncent que l'on ne peut changer une personne qui n'a pas envie de changer ou expriment l'idée que les praticiens perdent leur temps à travailler avec des personnes non motivées. La question est toutefois plus complexe que cela.

Les usagers involontaires sont généralement motivés par le mandat judiciaire ou la menace d'une action en justice quelconque. Si on leur en donnait le choix, ils ne souhaiteraient certes pas avoir affaire aux praticiens. Il n'empêche que, lorsqu'ils sont impliqués dans une relation praticien-usager, ils peuvent avoir différents niveaux de motivation. Il est toutefois très difficile de mesurer une telle motivation. Ainsi, l'auteur de faits de violence domestique pourra-t-il dire, par exemple, qu'il souhaite modifier son comportement violent envers sa femme et un usager de drogue pourra dire qu'il veut arrêter de consommer des produits. Reste que le comportement de ces usagers pourra ne pas refléter leurs intentions déclarées.

La complexité de la question de la motivation est soulignée dans les études sur la probation, lesquelles indiquent que les condamnés à moyen et haut risque – sans doute ceux qui sont le moins susceptibles d'être motivés – sont ceux qui ont le plus de chance d'être améliorés par le suivi (Andrews & Bonta, 2010). Lynn Videka Sherman (1988) n'a trouvé aucune différence d'impact sur les résultats des patients malades mentaux selon qu'ils étaient volontaires ou involontaires. Une autre étude a montré que les personnes ayant des problèmes avec l'alcool et la drogue et étaient résistantes au traitement, pouvaient être encouragées à s'impliquer par la confrontation et l'encouragement des membres de leurs familles (Loneck, 1995).

Il est souvent avancé que la motivation à changer des usagers arrive par étapes et que les praticiens doivent les aider à progresser d'une étape à une autre. Le modèle dit des « étapes du changement », développé par Prochaska et DiClemente (1982) dans le domaine de l'addiction, suggère que les personnes changent en passant d'étape en étape allant de la pré-contemplation, à la contemplation, en passant par la préparation, l'action et la maintenance. Il existe des preuves scientifiques solides en faveur de ce modèle en tant que méthode de prédiction des résultats en psychothérapie, notamment en matière d'addiction (Norcross, Krebs & Prochaska, 2011).

La pertinence de ce modèle concernant le suivi des usagers involontaires a toutefois été questionnée. Dans une étude relative à la santé mentale, Thomas O'Hare (1991) s'est focalisé sur le fait d'« être prêt au changement » chez des usagers contraints judiciairement et des usagers volontaires. Il a montré que les usagers volontaires avaient plus de chance d'exprimer leur motivation pour le processus du changement, mais que de nombreux usagers involontaires étaient également intéressés par l'idée de changer. Il a estimé que 28% des usagers involontaires en étaient au moins au stade de la pré-contemplation, comparés à 55% d'usagers volontaires.

La pertinence du modèle des étapes du changement a également été critiquée dans le domaine de l'aide à l'enfance. Julie Littell et Heather Girvin (2004) ont, par exemple, avancé que les preuves empiriques dans ce domaine montraient que les changements n'intervenaient pas de cette manière linéaire et que ces étapes de changement n'étaient pas pertinentes pour ce qui concernait l'aide à l'enfance.

La question de la motivation des usagers est, dès lors, très complexe. Mon étude sur la protection de l'enfance peut la rendre plus claire (Trotter, 2004). Lorsque les praticiens estimaient que les usagers étaient prêts à changer, ces derniers avaient de meilleurs résultats. Cependant, lorsque les usagers disaient qu'ils étaient prêts à changer cela ne faisait aucune différence. Les résultats étaient meilleurs lorsque les usagers disaient qu'ils s'attendaient à ce que le travailleur social les aide ou lorsque leur travailleur social croyait qu'ils pouvaient changer. En d'autres termes, les bons résultats suivaient lorsque le praticien pensait que l'usager avait du potentiel, et lorsque l'usager pensait que le praticien pouvait potentiellement l'aider.

Il est sans doute difficile de séparer le niveau de motivation de l'usager de l'interaction entre celui-ci et le praticien. Comme le disent Beulah Compton et Burt Galaway (2012), les usagers ont bien plus de chance d'être motivés s'ils poursuivent des objectifs importants pour eux, plutôt que ceux de quelqu'un d'autre. Il est certain que l'idée que l'usager involontaire soit généralement amotivé et, dès lors, résistant au changement, constitue une grossière simplification.

Les approches qui ne marchent pas

Si la recherche montre bien que certaines méthodes de travail avec les usagers involontaires sont efficaces, il est également clair que le suivi de ce type d'usagers peut être aussi bien utile que nuisible. Ce qui *ne marche pas* avec les usagers involontaires peut se résumer comme étant le contraire de *ce qui marche*. Produisent presque inévitablement de mauvais résultats : des relations culpabilisantes et répressives ; offrir un modèle de référence antisocial ; renforcer des paroles et actes pro-délinquants ou antisociaux ; le fait pour le praticien de se focaliser sur ses propres objectifs plutôt que sur ceux de l'usager, ou de ne pas du tout identifier les objectifs de ce dernier ; se centrer sur les déficits plutôt que sur les forces de la personne ; et ne pas être clair ou honnête quant à l'objectif du suivi.

Culpabiliser, punir et juger

Les approches consistant à culpabiliser, punir et juger les usagers, dans l'espoir que leur comportement changera, sont vouées à l'échec, quel que soit le type d'usager involontaire, qu'il s'agisse de jeunes délinquants, de parents ayant maltraité leurs enfants, ou encore d'auteurs de violence domestique. Certes, il arrive que l'on doive leur montrer quelles sont les conséquences inévitables de leurs actes ou que les praticiens doivent contester les actions et propos pro-délinquants ou antisociaux. Au demeurant, je plaide fortement en ce sens dans le Chapitre 4. Cependant, culpabiliser et punir, particulièrement lorsque le praticien ne tente pas du tout de traiter les problèmes de l'usager ou de renforcer ce qui est chez lui positif, ne marche pas. Les faibles résultats des programmes de type « un jour en prison », dans lesquels de jeunes délinquants sont envoyés dans une prison pour une journée, ou d'autres programmes similaires tels que « terroriser vers le droit chemin », qui tentaient de faire peur aux jeunes délinquants afin qu'ils arrêtassent de commettre des infractions, en sont de bons exemples (Lipsey, 1991 ; Gendreau, 1996 ; Andrews & Bonta, 2010). Il a, de même, été montré que des programmes de protection de l'enfance qui recourent à la menace de l'incarcération ou du retrait des enfants ne changent pas nécessairement le comportement parental (Gough, 1993).

Suivis qui se focalisent uniquement sur la relation praticien-usager

Les interventions qui, pour travailler avec les usagers involontaires, ne se focalisent que sur la perspicacité ou sur la relation, et n'incluent pas la résolution des problèmes ou une dimension prosociale, ne sont guère validées par la recherche (Trotter, 1990, 1996a ; Gough, 1993 ; Selman et al., 2001). Les suivis qui se focalisent sur les objectifs du praticien plutôt que sur les objectifs atteignables de l'usager ou sur des objectifs sur lesquels le praticien et l'usager se sont mis d'accord ensemble, ne semblent pas plus efficaces (Thomlinson, 1984 ; Rubin, 1985 ; Jones & Alcabes, 1993 ; Trotter, 2004).

Autres approches conduisant à de mauvais résultats

De faibles résultats sont obtenus dans les situations où il existe une incertitude du côté de l'usager ou du praticien concernant l'objectif du suivi, concernant le double rôle du praticien de contrôle et d'aide, ou concernant la manière dont il peut être fait usage de l'autorité (Andrews et al., 1979 ; Videka Sherman, 1988 ; Schulman, 1991 ; Jones & Alcabes, 1993 ; Polkki, Ervast &

Huupponen, 2004 ; Trotter, 2004). Le manque de clarté quant à ce qui est attendu de l'usager, ainsi que sur ce qui est négociable ou ne l'est pas, produit également de mauvais résultats (Dowden & Andrews, 2004 ; Trotter, 2004, 2013).

Sont encore corrélés à de faibles résultats chez les usagers involontaires, le fait d'avoir une opinion pessimiste quant à la capacité de ces derniers à changer, de se focaliser sur ce qu'ils font de mal, ainsi que le fait d'être réticent à encourager et récompenser les attitudes positives (Andrews et al., 1979 ; Masters et al., 1987 ; Shulman, 1991 ; Trotter, 1996a, 2004, 2013). Une mauvaise modélisation de la part du praticien, notamment en n'étant pas fiable, en étant en retard et en ne vérifiant pas que les tâches soient réalisées, a toute chance de conduire à de faibles résultats chez les usagers involontaires (Rubin, 1985 ; Fortune, 1992 ; Trotter, 2004).

Un modèle fondé sur les données acquises de la science

Les chapitres qui suivent dans cet ouvrage présentent un modèle de pratique professionnelle fondé sur la recherche relative à ce qui marche, ainsi que sur l'approche que j'ai développée dans mon propre travail, tant dans la probation que dans la protection de l'enfance (Trotter, 1990, 1996a, 2004, 2012). Il traite particulièrement de la clarification des rôles, du modelage prosocial et du renforcement, de la résolution collaborative des problèmes et de l'établissement de la relation.

Ce modèle pratique est souvent appelé modèle prosocial. Dans un ouvrage sur le modelage prosocial, Sally Cherry (2010) utilise l'expression « pratique prosociale ». Bien qu'elle ne décrive que l'un des aspects du modèle, de nombreux agents de probation et éducateurs de la protection de la jeunesse, qui participent à travers le monde à des séminaires et formations, ont adopté cette terminologie. Pour cette raison, je me réfèrerai dans cet ouvrage au « modèle prosocial » pour traiter dans sa totalité de ce modèle intégré. Lorsque j'utiliserai les expressions « approche prosociale » ou « modelage prosocial et renforcement » je renverrai donc à des pratiques bien précises de modelage prosocial, de renforcement prosocial et de contestation des propos et actes antisociaux.

D'autres principes pratiques qui ont été mis en lumière par la recherche et également efficaces avec les usagers involontaires ont été incorporés à ce modèle, que ce soit directement, ou dans le cadre de la présentation de cas cliniques. Ce modèle inclut en particulier l'auto-divulgation, la confrontation et l'humour, les principes de la gestion du dossier, et le référencement. Bien que cet ouvrage présente un modèle fondé sur les données de la science, il sera également fait référence à d'autres sources de connaissances telles que citées dans le Chapitre 1, et notamment les valeurs et les attentes institutionnelles.

Le présent ouvrage s'attache, en d'autres termes, à inclure une variété de compétences et d'approches pour en faire un modèle pratique intégré. Il existe des preuves méta-analytiques de ce que les suivis incluant de multiples composants de ce type sont plus efficaces (Andrews et al., 1990 ; Reid, 1997a ; Andrews & Bonta, 2010 ; Trotter, 2013). En conséquence, les approches les plus efficaces sont celles qui utilisent un certain nombre d'approches différentes, plutôt que celles qui reposent sur une théorie unique telle que la théorie comportementale ou la théorie psychanalytique.

L'on aura, à ce stade, compris qu'une partie importante de mon propre travail relatif au développement d'un modèle pratique a porté sur les domaines de la probation et de la protection de l'enfance. J'ai néanmoins également dit que les principes qui sous-tendent ce modèle sont applicables à tous les domaines concernés par le suivi d'usagers involontaires.

Les données de la recherche, la théorie et les autres modèles pratiques

Dans le Chapitre 1, j'ai indiqué que les théories peuvent guider la recherche et en expliquer les résultats. Il s'en infère qu'un modèle de traitement efficace doit à la fois être soutenu par les résultats de la recherche et être cohérent avec une, voire plusieurs, perspectives théoriques. En d'autres termes, il ne suffit pas qu'un modèle pratique marche ; *pourquoi* il marche doit aussi être clair.

Cet ouvrage n'a pas pour but d'étudier les théories de manière détaillée. Le modèle pratique présenté ici s'appuie principalement sur les résultats de la recherche. Il est cependant nécessaire de faire brièvement état du lien entre ce modèle et quelques-unes des théories et modèles pratiques les plus populaires.

La théorie des systèmes écologiques

La théorie des systèmes porte sur l'interdépendance entre les êtres et les différents évènements. L'expression « théorie des systèmes écologiques » s'appuie sur une métaphore biologique afin d'illustrer l'impact parfois dramatique que peut avoir sur d'autres systèmes le fait d'intervenir sur l'un d'entre eux.

La théorie des systèmes écologiques révèle l'impact parfois inattendu que peut avoir un suivi. Par exemple, un praticien peut favoriser l'enseignement de la lecture pour les personnes d'âge mûr illettrées, ce qui se traduira pour les épouses de ces usagers ayant fraîchement acquis ces nouvelles compétences en lecture, par le fait de se sentir moins utiles. Ceci pourra à son tour menacer la relation maritale, laquelle avait été jusque-là fondée sur la dépendance. À nouveau, cela pourra impacter les relations de ces usagers avec leurs enfants qui pourront se mêler quelque peu de l'échec de la relation. Ceci pourra alors impacter les petits-enfants qui étaient proches de leurs grands-parents ; et ainsi de suite. La théorie des systèmes reconnait l'importance des rôles qui sont assignés aux individus et aux groupes ; par exemple, le rôle des parents, des enfants, des femmes ou hommes, des praticiens ou usagers. La théorie des systèmes met en lumière la nécessité d'être conscient de ces rôles dans le travail avec les usagers.

Le modèle de méthode pratique présenté dans mon ouvrage est notamment soutenu par la théorie des systèmes. La pratique prosociale intègre bien la nécessité de comprendre la situation de l'usager dans son environnement plus large. Elle requiert d'être clair quant au rôle et aux difficultés que le praticien peut rencontrer lorsque lui-même ou son usager n'est pas au clair par rapport à ce qui est attendu de chacun. Pour une description détaillée d'une pratique fondée sur la méthode des systèmes, l'on renverra le lecteur à Kerson (2002) ainsi qu'à Germain et Bitterman (2008).

La théorie comportementale et les traitements cognitifs et comportementaux

La théorie comportementale, ainsi que la théorie de l'apprentissage social, énoncent, parmi bien d'autres choses, que le comportement antisocial peut se développer en tant que résultat de l'association avec des pairs antisociaux, en étant exposé à des modèles antisociaux, et en étant renforcé et récompensé pour son comportement antisocial. Inversement, le comportement prosocial peut se développer par le biais de l'association avec des pairs prosociaux, en étant exposé à des modèles prosociaux et en étant renforcé et récompensé pour ses comportements prosociaux (Akers, 19994 ; Andrews & Bonta, 2010). La théorie comportementale est dès lors essentielle, car elle explique les résultats positifs de l'approche prosociale dans la recherche. La théorie comportementale sera présentée plus en détails dans le Chapitre 4.

La théorie cognitive, contrairement à la théorie comportementale, reconnaît que les processus d'apprentissage sont influencés par les pensées et les émotions. La théorie cognitive traite des schémas de pensée et vise à changer les distorsions de la pensée, plutôt que les comportements. Tandis que l'approche prosociale est essentiellement comportementale, la résolution des problèmes, la clarification des rôles, et les compétences relationnelles visent aussi bien à modifier les cognitions que les comportements. Le modèle pratique proposé dans cet ouvrage encourage les usagers à modifier tant leurs pensées que leurs comportements antisociaux et a, dès lors, des points communs avec les thérapies cognitives. Pour plus de détails sur les approches cognitives et comportementales, reportez-vous à Hepworth et coll. (2010), Wilson, Bouffard et Mackensie (2005) et Grant (2004).

La théorie féministe

Il existe certes beaucoup d'approches féministes, cependant, des auteures féministes telles que Jan Frook (1993, 2002) et Lena Dominelli (2002) ou encore Vicky White (2006) estiment qu'il y a des thèmes communs dans l'approche féministe du travail social, notamment avec les usagers involontaires. En particulier, la pratique féministe s'appuie sur la manière dont les systèmes patriarcaux désavantagent les femmes au travers de rôles stéréotypés et du dénigrement de l'expérience des femmes. L'approche féministe souligne qu'il est important d'aider les femmes à comprendre leur situation dans le cadre d'une perspective de genre.

Dominelli (2002 : 7) définit le travail social féministe comme étant « une forme de travail social qui prend comme point de départ l'expérience des femmes à travers le monde et établit un lien entre la position des femmes dans la société et leurs difficultés personnelles, puis répond à leurs besoins spécifiques, tout en établissant des relations égalitaires dans l'interaction usager-praticien et traitant des inégalités structurelles ». Bien que son objet soit le travail social, dans son ouvrage, elle se réfère largement au suivi des usagers involontaires tels que les enfants, les familles ou encore les délinquants. Elle avance, par exemple, que pour travailler avec les délinquants dans une perspective féministe, il convient de reconnaître l'importance de la réinsertion, ainsi que la nécessité d'adapter la sanction à l'infraction et le fait « d'éradiquer la discrimination contre les femmes ou les personnes noires » (Dominelli, 2002 : 157). Elle ajoute qu'il est nécessaire de comprendre l'impact de la masculinité et des relations de pouvoir sur la délinquance des hommes et de traiter cette question de manière systématique.

Fook (1986, 1993) propose un certain nombre de stratégies et de techniques pertinentes dans le suivi féministe. Il s'agit de : la tenue des entretiens dans des lieux plus égalitaires (par ex. à domicile) ; la collecte d'informations au cours de la phase d'évaluation ayant trait aux rôles rigides et aux labels attribués aux genres ; le recours à des techniques thérapeutiques telles que l'empathie, et le questionnement critique, afin d'identifier les présupposés socialement conditionnés ; l'appui sur des modèles relationnels égalitaires et non autoritaires ; la fourniture d'informations et la défense des intérêts de l'usager.

Le modèle pratique présenté dans mon ouvrage comporte des éléments communs avec la méthode féministe. Comme celle-ci, il se focalise, par exemple, sur les relations égalitaires et sur les forces et points positifs plutôt que sur les points négatifs et les faiblesses des usagers.

Dès lors qu'elle reconnaît l'importance des valeurs dans le processus du travail de terrain, l'approche prosociale fournit aussi un cadre à la mise en œuvre concrète de l'approche féministe. Le praticien peut identifier et renforcer les propos et actions qui reconnaissent l'interprétation féministe des évènements. Le praticien peut modéliser un comportement compatible avec les valeurs féministes. Dans le cadre du processus de résolution des problèmes, il peut également encourager l'usager à explorer les interprétations féministes du problème.

La théorie critique

La théorie critique a beaucoup de points communs avec la théorie féministe. Elle se fonde sur l'idée de base selon laquelle les problèmes sociaux sont en grande partie socialement construits. Elle fait siennes certaines idées marxistes traditionnelles, selon lesquelles les problèmes des usagers sont souvent liés à des facteurs socio-économiques ou structurels, tels que la classe, les rôles attribués, l'inégalité, la pauvreté, le logement insalubre, le chômage et les systèmes de sécurité sociale inadéquats. Elle encourage la prise de conscience, le militantisme et l'action sociale.

La théorie critique montre aussi du doigt le rôle qu'ont pu jouer certaines activités politiques ou économiques dans l'aggravation des problèmes sociaux et, en particulier, la globalisation, le rationalisme économique, le managérialisme, le corporatisme, la privatisation et l'érosion des services publics qui s'en sont suivis (Morley, 2003, 2008 ; Marte, Hogeveen & Woolford, 2006). La théorie critique souligne que l'oppression de nombreux groupes sociaux, et notamment des usagers involontaires évoqués dans cet ouvrage, est maintenue du fait de l'adhésion au discours économique, rationaliste et corporatiste dominant. La théorie critique s'inquiète de l'oppression de groupes sur le fondement de la race, du genre, de l'âge, du handicap, de la maladie ou de la pauvreté.

La théorie critique reconnaît que la connaissance est un construit social et que toute interprétation est contextuelle ; en d'autres termes que notre compréhension des phénomènes tels que la délinquance ou la maltraitance est enracinée dans des temps et des lieux donnés. La théorie critique accepte la perspective postmoderne du caractère relatif et subjectif du monde et elle affirme que la manière dont nous percevons le monde modèle la manière dont nous y répondons (Spratt & Houston, 1999).

Quelles sont les implications de la théorie critique pour le suivi des usagers involontaires ? Christine Morney (2003) en évoque quelques-unes dans un article qui s'appuie sur des ateliers de réflexion critique qu'elle a menés avec des praticiens de divers services sociaux en Australie. Après avoir suivi l'atelier, les praticiens ont pris conscience du langage qu'ils utilisaient, « ont consciemment décidé de ne pas adhérer à des discours dévalorisants » et de « poser des limites à leur disponibilité sous forme de charges de travail trop élevées, d'heures supplémentaires non rémunérées et de travail pendant les pauses déjeuner » (Morley, 2003 : 302).

Dans un article sur le développement du travail social critique dans la protection de l'enfance, Spratt et Houston (1999) listent un certain nombre de ses conséquences pratiques. Ils montrent que les éducateurs de la protection de l'enfance peuvent percevoir leur activité à l'aune d'un certain nombre d'idéologies et, par exemple : une idéologie pénale qui perçoit la maltraitance comme étant un acte délibéré ; une idéologie de type « levée de parapluie » culpabilisante ; une idéologie médicale qui voit dans la maltraitance une pathologie ; une idéologie bureaucratique ; ou encore une idéologie humaniste. Ils indiquent qu'un praticien critique partirait, pour sa part, de l'idéologie humaniste « selon laquelle des processus structurels produisent des inégalités qui donnent lieu à des réponses (regrettables) à ces situations, lesquelles s'expliquent mieux par le contexte social que par la pathologie individuelle. » (Spratt & Houston, 1999 : 5). En somme, les usagers ont besoin de ressources et non point de thérapie.

Sous l'angle pratique, ceci implique de comprendre la situation de l'usager en termes de besoins et de problèmes, plutôt que de risque et, par exemple, de s'appuyer sur des cercles familiaux plutôt que sur des réunions de suivi impersonnelles, ou encore de fournir une aide et un soutien pratiques plutôt qu'une thérapie. Enfin, plutôt que de s'appuyer sur des procédures, le praticien devrait « réfléchir à la complexité du dossier ».

Le modèle de suivi proposé dans le présent ouvrage n'est pas un modèle de pratique critique. Pour autant, certains aspects de ce modèle sont communs avec le modèle critique. Par exemple, les praticiens y sont encouragés à réfléchir aux sources de connaissances qui orientent leurs pratiques. Ils sont encouragés à réfléchir à ce qui est prosocial et ce qui ne l'est pas, et à songer aux actions et réponses des usagers qu'ils souhaitent favoriser ou décourager. J'y souligne de même la nécessité, pour le praticien, de ne pas imposer à l'usager ses points de vue et ceux de son institution. Ce modèle nécessite de prendre en compte le contexte social des personnes, d'en avoir une approche holistique, et d'encourager les usagers à définir leurs problèmes à partir de leur propre point de vue. Il s'agit donc clairement d'un modèle non culpabilisant.

La « pratique réflective »

Réfléchir à sa pratique semble être un concept simple, mais en réalité, en matière sociale, la pratique réflective est plus complexe qu'il n'y paraît. Il existe une variété de définitions de la pratique réflective. Celle-ci est toutefois comprise comme représentant un processus d'apprentissage et de développement consistant à analyser sa propre pratique et comme impliquant à la fois une pensée et une connaissance critiques de soi. La pratique réflective reconnaît la valeur de « l'expérience personnelle de la pratique » en tant que mode de développement de la connaissance (Knott & Scragg, 2010). Elle constitue aussi un moyen d'intégrer la théorie et la sagesse de l'expérience dans la pratique.

La pratique réflective est souvent, mais point nécessairement, associée à la théorie critique et il arrive que le terme de réflexion critique soit utilisé pour se référer aux praticiens du champ social en tant qu'ils réfléchissent à la manière dont ils peuvent aider les personnes à prendre conscience du processus par lequel les systèmes politiques et sociaux maintiennent les inégalités et les injustices (Brookfield, 2009). La réflexion critique peut aussi s'appuyer sur l'expérience de terrain en tant que méthode permettant de développer des compétences et d'intégrer la connaissance. Elle permet, le cas échéant, de penser de manière critique aux évènements et aux réponses que leur apportent les praticiens, que ce soit pendant ou après qu'ils aient eu lieu. La pratique réflective peut consister, quant à elle, à prendre du temps pour réfléchir, avoir un journal de bord, un blog, organiser une analyse critique des incidents, ou écouter et parler aux autres (Knott & Scragg, 2010).

Le modèle pratique proposé dans mon ouvrage a été développé pour travailler avec les personnes désavantagées, marginalisées et privées d'autonomie. Il s'agit d'un modèle partenarial qui vise à autonomiser les usagers en s'appuyant sur leurs forces, en identifiant leurs problèmes, en partant du point de vue de ces derniers, et en les aidant à développer des compétences en résolution de problèmes à l'aide de la relation établie avec un professionnel. Il n'est pas culpabilisant, est formulé dans un langage accessible et part du point de vue de la personne sur ses problèmes et son contexte social. Il est donc compatible avec un grand nombre de valeurs et dimensions théoriques, à la fois de la pratique critique et de la pratique réflective.

La pratique réflective est parfois perçue comme étant à l'opposé de la pratique fondée sur les données acquises de la science. Or, comme je l'ai indiqué dans le Chapitre 1, mon ouvrage est fondé sur le paradigme de la pratique fondée sur la science. Cependant, Knott et Scragg (2010) ont avancé que la pratique réflective peut coexister avec le modèle scientifique et c'est également ce que je pense dans cet ouvrage. Le modèle pratique présenté ici a bel et bien été développé en utilisant l'expérience réflective des praticiens observés dans le cadre de nombreuses recherches, dans lesquelles ils étaient encouragés à réfléchir à leurs expériences et à analyser comment ils pouvaient utiliser les théories, les résultats de recherche et la sagesse pratique dans leur travail avec leurs usagers.

La pratique « centrée sur la tâche »

William Reid et ses collègues ont commencé à développer le travail social centré sur la tâche il y a bien longtemps (Reid & Epstein, 1972) et beaucoup a été écrit à son sujet depuis lors (par ex. Doel & Marsh, 1992 ; Reid, 1992 ; Marsh, 2004). Le travail social centré sur la tâche est un modèle résolutif de problèmes permettant de travailler aussi bien avec les usagers volontaires qu'avec les usagers involontaires. Il consiste particulièrement à définir les tâches permettant de traiter de ces problèmes.

Rzepnicki, McCrackern et Briggs (2012) expliquent que la pratique centrée sur la tâche peut être considérée comme étant le précurseur des pratiques expérimentales, qui, à leur tour, ont donné les pratiques fondées sur les données de la science, ce, dans la mesure où elle a été un modèle de pratique développé sur la base de données scientifiques portant sur ce qui produit de bons résultats pour les usagers recevant le service en cause.

La pratique centrée sur la tâche présente de nombreuses similarités avec le modèle développé dans mon ouvrage. La résolution des problèmes et la résolution des problèmes familiaux que j'y présente doivent beaucoup au travail de Reid. Toutefois, mon livre adapte le modèle de pratique centrée sur la tâche aux usagers involontaires. Il s'appuie donc plus particulièrement que la pratique centrée sur la tâche, sur la clarification des rôles et l'approche prosociale.

Approches fondées sur les forces, sur les solutions et approche narrative

Le travail fondé sur les forces suppose de se centrer sur les forces des usagers plutôt que sur leurs déficits. Il repose sur l'idée que les personnes apprennent mieux et progressent plus lorsque les praticiens résistent à la tentation de se focaliser sur la pathologie et, en ses lieux et place, s'appuient sur les choses que celles-ci font le mieux et réussissent. Il repose, en outre, sur la croyance que même les personnes écrasées de problèmes possèdent les ressources internes qui peuvent les aider à se développer (Saleebey, 2013).

Le travail fondé sur les forces est un élément clef de la psychologie axée sur la recherche de solutions. La psychologie axée sur les solutions propose des techniques particulières permettant de s'appuyer sur les forces de l'intéressé. Elle demande, par exemple, au praticien de se centrer sur les moments où le problème n'était pas présent, afin de détecter des exceptions à la règle. Elle renvoie à la notion « si ça marche, faites-le plus » ; elle encourage en outre les personnes à imaginer comment les choses pourraient être et non comment elles sont (Baker & Steiner, 1995).

Le travail fondé sur les forces est aussi un élément essentiel de la thérapie narrative, laquelle vise à aider la personne à réécrire l'histoire de sa vie faite d'échecs, ce, sous forme de récits plus productifs et empreints de force (White & Epston, 1989).

Le modèle de suivi présenté dans mon livre a beaucoup de points communs avec les approches fondées sur les forces. La pratique prosociale est une méthode fondée sur les forces qui est centrée sur l'optimisme, ainsi que sur les objectifs et solutions des usagers eux-mêmes. Toutefois, contrairement à la pratique fondée sur les forces, elle s'appuie sur les données de la recherche et vise à identifier et à explorer les problèmes, à promouvoir spécifiquement les actes et propos prosociaux, et à contester ceux qui sont antisociaux.

Le modèle que j'ai développé dans cet ouvrage a également beaucoup en commun avec le travail narratif. La résolution des problèmes consiste à étudier les « vraies » histoires des usagers, de leur propre point de vue, et à les aider à envisager d'autres possibilités. Mon modèle se distingue néanmoins de l'approche narrative en ce qu'il encourage à se centrer sur les questions et problèmes liés au risque et à utiliser une structure spécifique pour traiter ceux-ci.

L'entretien motivationnel

L'entretien motivationnel a initialement été développé en tant qu'approche thérapeutique des conduites addictives. Il vise à comprendre le point de vue de l'usager, à développer ses objectifs, à accepter l'autonomie de celui-ci, à travailler sur la base de sa définition de ses propres problèmes, tout en le persuadant simultanément de changer. Il vise aussi à développer chez l'intéressé la confiance en la possibilité de changer et s'appuie sur le renforcement différentiel des propos de celui-ci (Hohman, 1998 ; Moyers & Rollnick, 2002).

Le modèle développé dans mon ouvrage a beaucoup en commun avec l'entretien motivationnel. Il s'en distingue toutefois en ce qu'il vise plus spécifiquement les usagers involontaires, en ce qu'il concerne plus volontiers les situations où le point de vue du praticien et de l'usager concernant les buts du suivi a toutes chances d'être opposé et dans la mesure où il se centre plus sur le développement de stratégies d'intervention plutôt qu'uniquement sur le fait de favoriser la motivation.

La désistance

La littérature criminologique utilise de plus en plus le terme « désistance » (Maruna & Lebel, 2010 ; McIvor, Jamieson & Murray, 2004 ; McNeill, 2006). Ce terme renvoie à l'étude des personnes qui cessent de commettre des infractions, plutôt qu'à l'étude de celles qui en commettent toujours. Les études sur la désistance traitent des facteurs associés aux processus de cessation des modes de vie délinquants, tels que la maturation naturelle liée à l'âge, le développement de relations personnelles significatives, l'obtention d'un travail et d'argent, et le développement d'une image de soi comme étant non-délinquante et prosociale. Pour le dire simplement, le chemin le plus classique vers le mode de vie non-délinquant comprend l'anniversaire des trente ans ainsi que l'obtention d'un travail régulier et d'un conjoint. Bien que le concept de désistance ne s'accompagne pas d'un modèle de traitement intégré, ceux qui travaillent dans le cadre du paradigme de la désistance souhaitent aider les délinquants à parvenir à mettre en œuvre leurs objectifs de vie et à donner du sens à leur vie autrement que par le biais de leur activité et pensées délinquantes.

Le concept de désistance va de pair avec celui de *Good Life Model* (Modèle de « bonne vie ») développé par Tony Ward et ses collègues (Ward, 2010 ; Purvis, Ward & Shaw, 2014), en vertu duquel les condamnés changent lorsqu'ils obtiennent des « biens » compatibles avec une bonne vie. Lorsque l'on aide des délinquants à changer, il est important de faciliter leur progression vers une vie heureuse et satisfaisante. Le modèle de suivi que je propose dans cet ouvrage a beaucoup en commun avec le paradigme de la désistance et avec le *Good Life Model*.

La résilience

Le concept de résilience est en bien des points similaires à celui de désistance : ils trouvent tous les deux leur origine dans une approche fondée sur les forces. Le terme de « résilience » est couramment utilisé dans les domaines de l'aide à l'enfance et de la santé mentale (par ex. Maggi et al., 2011 ; Cohen et al., 2011). Il renvoie à la capacité à s'épanouir en dépit de l'existence de niveaux élevés de stress et d'un environnement défavorable. Il suggère de favoriser la capacité des usagers à gérer des expériences négatives en s'appuyant sur leurs ressources propres et en puisant dans le soutien de leurs familles ou de leurs réseaux plus larges (Gilligan, 2001 ; Allison et al., 2003).

Le « processus de rétablissement »

Le concept de « processus de rétablissement » [NDLT : l'auteur utilise le terme plus exact en anglais de « *recovery* » qui est hélas intraduisible en français et a de multiples connotations, lesquelles renvoient à un processus de longue durée, à une rémission fragile et précieuse, à des efforts durables toute la vie durant chez l'usager, à des soutiens de réseaux, institutions et proches, et à une forme d'autonomie retrouvée] est souvent utilisé dans les domaines de la santé mentale et présente des similarités avec ceux de désistance et de résilience. L'expression « processus de rétablissement » souligne que l'usager a des forces plutôt que des vulnérabilités et se centre sur l'augmentation du sens et de la détermination dans la vie des personnes (Leamy et al., 2011). Sont essentiels dans l'approche « processus de rétablissement » des facteurs tels que l'amitié, le sentiment d'être un humain digne d'intérêt, ce, dans le cadre d'activités constructives que proposent le service et l'entourage social (Davidson et al., 2001). Cette approche part de l'idée que les personnes ayant des pathologies mentales ont aussi des compétences et de l'espoir en l'avenir. Les praticiens peuvent aussi les motiver à les mettre en application.

Autres approches

Il y a bien d'autres théories et modèles qui influencent la pratique de terrain avec les usagers involontaires. J'ai simplement tenté de souligner quelques-unes des similarités et différences entre les modèles fondés sur les données de la science, que je présente dans cet ouvrage et quelques-unes des théories et modèles les plus populaires, qui sont souvent mis en œuvre avec ce type d'usagers.

Résumé

La recherche portant sur les usagers involontaires montre que certaines approches marchent mieux que d'autres. Quelques principes de base semblent être efficaces avec la plupart, voire avec toutes, les catégories d'usagers involontaires. Il s'agit de : la clarification des rôles ; du fait de travailler à partir des problèmes et objectifs tels que définis par les usagers ; de la modélisation et du renforcement de valeurs prosociales.

Un certain nombre d'autres approches ou de compétences pratiques semblent produire des résultats positifs. Toutefois, dans certains cas, la recherche qui les concerne est équivoque et, dans d'autres cas, ces approches ne semblent efficaces que pour certaines catégories d'usagers. Il s'agit : de la relation praticien-usager ; de la planification du suivi ; de la gestion du suivi ; de l'utilisation des ressources locales ; du travail avec les familles ; et des interventions à court terme. Un certain nombre de facteurs propres aux usagers eux-mêmes ont également un impact sur les résultats et notamment : les niveaux de risque ; la fréquentation de groupes de pairs ; et la motivation des intéressés.

La recherche montre que certaines approches ont en général un impact réduit, voire négatif. Il s'agit notamment de celles qui : se bornent à culpabiliser ou punir les personnes ; à ne s'appuyer que sur l'introspection ou sur la relation praticien-usager ; à travailler sur la base des problèmes et objectifs tels que définis par le seul praticien ; à s'appuyer sur la confusion des rôles ou l'absence d'honnêteté du praticien quant à son rôle ou sur la manière d'utiliser l'autorité ; à être pessimiste et négatif ; ou celles qui ne parviennent pas à situer l'usager dans son contexte familial et social.

Dans ce chapitre, j'ai proposé un modèle de pratique professionnelle auprès des usagers involontaires et j'ai montré en quoi ce modèle pouvait être lié à d'autres théories et modèles. Dans les chapitres qui vont suivre, mon modèle sera présenté plus en détail.

Chapitre 3

Clarification des rôles

Que faisons-nous ici ? Qu'espérons-nous en retirer ? Que devons-nous faire ? Avons-nous le choix sur quoi que ce soit et si oui, sur quoi ? Les recherches auxquelles il a été fait référence dans le Chapitre 2 montrent qu'être clair sur cet ensemble de questions, que ce soit du côté du praticien ou de l'usager involontaire, peut contribuer à améliorer les résultats chez ce dernier. La recherche montre que la clarification des rôles devrait être considérée comme étant l'une des compétences clefs du suivi de ces usagers (Schulman, 1991 ; Jones & Alcabes, 1993 ; Andrews & Bonta, 2010 ; trotter, 2013).

La clarification des rôles implique que le praticien aide l'usager à comprendre la nature du processus de suivi. Elle va au-delà du simple fait d'expliquer les conditions de la décision ou du mandat judiciaire dans le cadre duquel le praticien agit. Il s'agit d'explorer avec l'usager quels sont les objectifs du suivi que tant le praticien que l'usager cherchent à réaliser.

Le processus de clarification des rôles s'étend dans le temps. Il commence en début de prise en charge de l'usager involontaire et consiste généralement en un échange relatif aux détails essentiels des contraintes légales. Il se poursuit ensuite tout au long du processus de suivi au cours duquel le praticien et l'usager explorent les objectifs attachés au sens du temps qu'ils devront passer ensemble. Expliquer le rôle de chacun peut prendre quelques minutes, mais l'exploration continue de ces rôles et les efforts du praticien pour aider l'usager à les comprendre pourront prendre de nombreuses heures étalées sur un certain nombre d'entretiens.

La clarification des rôles est mise en œuvre parallèlement à d'autres dimensions du suivi. Tout en explorant quelles sont les perceptions de l'usager quant au rôle du praticien envers lui, ce dernier peut en même temps renforcer les propos prosociaux, travailler au processus de résolution des problèmes et utiliser des compétences relationnelles telles que l'empathie et l'optimisme.

Dans les ateliers que j'ai organisés avec des praticiens de la protection de l'enfance, des agents de probation, des travailleurs sociaux scolaires et d'autres personnes suivant des usagers involontaires, les praticiens ont systématiquement fait état de certains problèmes relatifs aux rôles de chacun qu'ils souhaitaient voir évoqués et explorés avec les usagers, soit :

- le double rôle (contrôle social et aide sociale) du praticien ;
- ce qui est négociable et ce qui ne l'est pas ;
- comment l'autorité du praticien peut être utilisée ;
- ce que l'usager attend du praticien ;
- la confidentialité et qui a droit à l'information ;
- la nature de la relation professionnelle et l'impact qu'elle peut avoir sur la manière dont le praticien et l'usager interagissent ;
- le rôle du praticien, soit en tant que gestionnaire et planificateur du suivi, soit en tant que personne en charge de sa mise en œuvre ;
- les attentes de l'institution qui emploie le praticien envers ce dernier et envers les usagers ;
- l'approche théorique qui sert de fondement à l'action du praticien.

La clarification des rôles nécessite que le praticien soit au clair sur ces questions et aide l'usager à être également au clair avec celles-ci. Le praticien aura souvent des incertitudes à leur sujet et son point de vue pourra souvent changer du fait de son expérience. Un praticien efficace doit toutefois penser à ces questions et consacrer du temps à échanger avec les usagers sur celles-ci.

Quelle est la nature des questions relatives aux rôles de chacun et qui pourraient être explorées avec les usagers involontaires ?

Double rôle : contrôle social et soutien

Le Chapitre 1 avait souligné l'incertitude que ressentent souvent les praticiens quant à la dimension travail social opposée à la dimension contrôle social (plus juridique). Le premier objectif du travail avec les usagers involontaires est-il de mettre en œuvre un mandat judiciaire et d'enquêter sur le comportement antisocial ou est-il de les aider avec leurs problèmes ? La réponse à une telle question est rarement tranchée. Au demeurant, les praticiens passent généralement d'un rôle d'aide à un rôle de contrôle au cours des différentes étapes du suivi et parfois même au cours des différentes étapes d'un même entretien.

Il arrive qu'un praticien suivant un usager involontaire adopte un focus fortement juridique. Tel est, par exemple, le cas lorsqu'il a un entretien avec un père ayant maltraité son enfant et alors qu'il est question de placer l'enfant qui semble courir le risque d'être à nouveau blessé. Le praticien doit collecter des informations détaillées relatives au contexte du père et de l'enfant afin d'évaluer la sécurité immédiate de ce dernier.

Dans un tel cas, l'éducateur peut estimer que ce serait tromper l'usager que de lui suggérer qu'il pourrait avoir un rôle d'aide ou de résolution des problèmes. Le praticien peut en effet penser que le fait de tenter de résoudre ses problèmes pourrait conduire l'usager à divulguer des informations susceptibles de conduire au placement de l'enfant. Il pourra alors estimer que la position d'aide ou de résolution des problèmes risque de donner à l'usager l'impression qu'il a été manipulé ou piégé.

Dans d'autres situations, le praticien va adopter une position moins juridique et plus orientée vers l'aide sociale ou la résolution des problèmes. Dans de telles situations, la dimension juridique du travail peut se présenter sous une autre forme. Après un certain nombre de visites, une éducatrice de la protection de l'enfance peut avoir l'impression qu'elle progresse bien avec la mère qui a négligé ses enfants. Elle peut avoir travaillé à la résolution d'un certain nombre de problèmes et développé une relation très proche avec la mère et son enfant, bien qu'elle continue à avoir de sérieuses inquiétudes quant aux méthodes éducatives de la mère. L'éducatrice peut, à ce stade, considérer que discuter des questions plus juridiques, telles que l'éventualité d'un nouveau passage devant le juge, pourrait interférer avec la relation de travail.

Ce dilemme existe avec tous les usagers involontaires. Par exemple, un éducateur intervenant auprès de mineurs pourra nouer une amitié avec un jeune sans domicile. Ce praticien pourra être inquiet au sujet de la consommation excessive de drogue du jeune et penser qu'il est nécessaire d'en informer les autorités policières ou la protection de l'enfance. Il pourra ainsi se centrer immédiatement sur son rôle juridique et penser que présenter son rôle comme consister à aider serait trompeur. Inversement, dans d'autres situations, les éducateurs de la jeunesse pourront se sentir contraints de se centrer uniquement sur leur rôle d'assistance, parce qu'ils ont peur que de nombreux jeunes ne veuillent pas avoir affaire à eux s'ils pensent que ce qu'ils leur confient pourrait être rapporté à la police ou à d'autres autorités.

Il s'agit là d'authentiques dilemmes pour les praticiens du champ social. Il semble, cependant, que les praticiens les plus efficaces soient ceux qui sont capables d'équilibrer leurs fonctions de contrôle et d'assistance. La recherche semble bien montrer que l'approche pratique parvenant à un tel équilibre est celle qui a le plus de chances de réussir auprès d'usagers involontaires. Il y a, par exemple, quelques années, j'ai fait la revue d'un ouvrage portant sur les programmes de probation à travers le monde (Trotter, 1996b). Cet ouvrage suggérait que de nombreux programmes étaient centrés soit sur l'assistance, soit sur la sanction, plutôt que sur une combinaison des deux. L'ouvrage évoquait que l'équilibre entre les deux était nécessaire pour qu'un programme fût efficace. Une étude portant sur la protection de l'enfance dans le Nord de l'Angleterre était parvenue à la même conclusion concernant les relations entre les éducateurs de la protection de l'enfance (Peters, 2012).

D'autres études relatives à la protection de l'enfance ont également indiqué que bien équilibrer l'assistance et le contrôle social était important. Lawrence Shulman (1991) a montré que pour être efficaces, les éducateurs devaient se centrer sur leur double rôle et bien insister sur ce point lors de leurs échanges avec les usagers. Ceci a également été validé par mon étude sur la protection de l'enfance. Les usagers avaient tendance à percevoir leur éducateur, selon les cas, comme étant un soutien, un enquêteur, un ami, ou un ennemi. Cependant, lorsqu'ils les percevaient à la fois en tant qu'assistants et en tant qu'enquêteurs, ces usagers avaient de meilleurs résultats. De même, lorsque les éducateurs de la protection de l'enfance évoquaient avec leurs clients leur double rôle d'assistance et d'enquête, ces usagers avaient de meilleurs résultats.

Il y aura toujours des moments dans le travail avec les usagers involontaires où tantôt la dimension d'assistance, tantôt la dimension de contrôle, prédomineront en partie, voire domineront durant la totalité du suivi de tel usager en particulier. Toutefois, même dans les situations où il convient de se focaliser sur les questions de sécurité, comme, par exemple, dans le cas d'une première visite en matière de protection de l'enfance, il est important que l'usager comprenne que le praticien a également un rôle d'assistance. Les premiers entretiens de protection de l'enfance peuvent commencer à préparer l'usager au processus de résolution des problèmes qui pourra suivre.

Dans son ouvrage sur la protection de l'enfance au Canada, Lawrence Shulman fournit une illustration du type de propos qu'un praticien peut tenir concernant son double rôle lors d'une première visite : « Je suis là parce que nous avons reçu un appel de la part d'une personne qui pensait que vous négligiez peut-être votre enfant. J'ai l'obligation d'enquêter sur de tels appels pour voir s'ils ont une part de vérité. Je dois aussi voir si je suis susceptible de vous aider. » (1991 : 27). Le praticien peut alors continuer en échangeant avec l'intéressé sur ce qu'il peut faire pour aider et expliquer ce qu'« enquêter » veut exactement dire.

Des propos similaires peuvent être tenus à d'autres usagers involontaires. Par exemple, un agent de probation peut dire : « mon travail consiste à m'assurer que vous respectiez les obligations fixées par le juge. Une partie aussi importante de mon travail consiste à vous aider avec les problèmes qui vous ont peut-être conduit à être sous probation ».

Pour résumer, les praticiens qui travaillent avec des usagers involontaires auront plus de chances d'être efficaces s'ils reconnaissent la difficulté inhérente à leur double rôle de contrôle et d'assistance et s'ils aident leurs usagers à en comprendre la nature. Des discussions fréquentes et régulières avec les usagers sur ce sujet et d'autres questions liées au rôle du praticien seront traitées *infra* afin d'améliorer les résultats des personnes suivies.

Ce qui est négociable et ce qui ne l'est pas

Lorsqu'il aide l'usager à comprendre la nature du double rôle qui est le sien, le praticien discute souvent avec celui-ci de ce qui est négociable dans le suivi et de ce qui ne l'est pas. Les usagers involontaires doivent savoir clairement ce qui est exigé d'eux et quelles sont les conséquences probables qui s'ensuivront s'ils ne respectent pas ces exigences. Ils doivent bien comprendre quelles sont les exigences légales, les exigences institutionnelles et celles du praticien.

Par exemple, un éducateur de la protection de l'enfance qui travaille avec une famille sur la base d'un mandat judiciaire a le pouvoir, dans certaines circonstances, de placer l'enfant. Dans quel cas cela peut-il se produire ? Un nouvel incident de violence physique se traduira-t-il automatiquement par un placement ? Y a-t-il d'autres cas où une telle limite à ne pas dépasser pourra exister pour que le parent puisse garder l'enfant ? Les parents peuvent-ils utiliser d'autres formes de discipline envers leur enfant ? Lui donner une gifle est-il, par exemple, acceptable ?

Des questions similaires sont soulevées dans la probation. Le condamné doit régulièrement se rendre aux entretiens avec son agent de probation. Que se passe-t-il s'il ne se rend pas au rendez-vous ? Que se passe-t-il s'il manque un, deux, ou trois rendez-vous ? Quid s'il a une bonne raison de ne pas pouvoir être là ? Qu'attend-on de lui lorsqu'il vient bien au rendez-vous ? La participation au processus de résolution de problèmes est-elle volontaire ou involontaire ? Et si le condamné choisit de venir, mais ne donne que des informations basiques et refuse de discuter de sujets personnels ? En d'autres termes, a-t-il le droit de refuser le traitement ? Que se passe-t-il s'il décide de partir en vacances ? Peut-il remplacer un rendez-vous en venant deux fois en une semaine au lieu d'une fois par semaine ?

Ces questions peuvent aussi se poser avec les usagers que l'on pourrait considérer comme étant volontaires. Par exemple, un travail social scolaire ou un conseiller d'éducation peut avoir à travailler avec un élève qui a des problèmes comportementaux en classe suite à la séparation de ses parents. L'élève a-t-il l'obligation de voir le conseiller ? Que se passe-t-il s'il ne le fait pas ? Quelles seront les conséquences s'il voit le conseiller, mais refuse de discuter de ses problèmes avec lui ? L'élève a-t-il le droit d'interdire au conseiller de parler à ses parents ?

Il est également important que l'usager comprenne si les choses qui ne sont pas négociables s'appuient sur le mandat judiciaire, proviennent des attentes institutionnelles ou seulement de celles du praticien. Par exemple, une agente de probation aura probablement le mandat judiciaire de s'assurer que le condamné vienne régulièrement au service ; par contre elle pourra être contrainte institutionnellement de travailler avec lui sur le comportement infractionnel. Le fait, par exemple, de ne pas parler des problèmes de drogue ne sera pas, dans un tel cas, une question qui se traduira par un renvoi devant le juge, mais elle pourra conduire à une augmentation de la fréquence des rendez-vous imposés par le service de probation.

Le suivi d'usagers involontaires suppose d'être au clair avec ses aspects négociables et ses aspects non négociables. Dans bien des cas, ces usagers seront inquiets quant à ces questions, mais pourront ne pas en être suffisamment conscients ou ne pas être suffisamment en confiance pour oser en parler. Dans la plupart des cas, il appartient donc au praticien de les évoquer et d'aider l'usager à les comprendre. Mes recherches dans les champs de la protection de l'enfance (Trotter, 2004), dans la probation ou encore dans la délinquance des mineurs (Trotter, 1996a, 2012 ; Trotter & Sheehan, 2012) ont montré que les résultats des usagers étaient meilleurs lorsqu'ils avaient bien compris ce qui était négociable et ce qui ne l'était pas.

Confidentialité

Dans le travail avec les usagers involontaires, la confidentialité est probablement un terme trompeur. Il est plus pertinent d'évoquer qui peut avoir accès et qui ne peut pas avoir accès aux informations qui circulent entre le praticien et l'usager.

Dans ce travail, les informations que l'usager donne au praticien sont souvent transmises à d'autres. Elles pourront, par exemple, être utilisées dans des rapports destinés au juge ; elles pourront être discutées entre le praticien et le cadre du service ; elles pourront encore être utilisées lors de réunions de planification au sein de l'institution du praticien ; ou elles pourront également être transmises à d'autres institutions, telles que celles qui sont en charge du traitement de l'addiction ou de la psychiatrie.

Certaines des questions évoquées par le praticien et l'usager pourront être confidentielles. En d'autres termes, aucune information sur ce qui aura été échangé ne sera alors transmise à quiconque. Par exemple, un usager en santé mentale pourra confier à son praticien son état dépressif et son impression de ne rien valoir, ou encore son incapacité à être proche des femmes. Le praticien pourra travailler avec cette personne pour traiter de ses difficultés, et cette dernière avoir compris que cela était confidentiel ou, du moins, que toute discussion sur ces sujets avec un autre praticien ne pourra avoir lieu que si elle en est d'accord et après échange avec elle.

Il est important de traiter en détail de ce que l'on doit discuter. Une exploration honnête de ces questions constitue une part importante de l'efficacité du travail avec les usagers involontaires et est cohérente. Dans mes études sur la protection de l'enfance, la probation et la délinquance des mineurs, cela se traduisait par de bons résultats.

Les notes du dossier

Les usagers involontaires peuvent nourrir des inquiétudes quant aux notes prises dans les dossiers. Le point de savoir si l'usager lui-même peut accéder à ces notes n'est parfois pas clair. Dans de nombreuses institutions de l'aide sociale, les usagers et les familles des usagers peuvent avoir de volumineux dossiers ; ils font parfois deux ou trois tomes. Dans certains cas, ils peuvent contenir plus de mots qu'un livre de taille moyenne. Il arrive, en pratique, que les travailleurs sociaux apportent ces documents papier dans le lieu où se tient l'entretien avec les usagers. Il serait pour le moins surprenant que l'usager ne nourrisse point de curiosité ou même d'inquiétude concernant les informations contenues par ces dossiers.

Il n'est parfois pas approprié de laisser l'usager lire son dossier. Tel est le cas lorsqu'il comporte un rapport écrit par un autre praticien que celui en charge du suivi. Une observation en passant faisant état de ce que l'usager a été adopté ou que son père, qu'il n'a pas vu depuis longtemps, est incarcéré, pourrait avoir des conséquences désastreuses pour un jeune qui n'en aurait pas été informé. Il convient donc, bien entendu, de prendre des précautions dans ce type de situation.

Un principe général est, toutefois, qu'il est recommandé de présenter à l'usager les notes du dossier ; ceci constituant l'un des principes de toute pratique professionnelle efficace. Dans le Chapitre 5, je défendrai l'idée que communiquer les notes du dossier peut contribuer au processus de résolution de problèmes.

Les usagers peuvent aussi vouloir savoir qui d'autre peut lire leur dossier. Il est courant que, lors du suivi d'usagers involontaires, les pièces du dossier puissent être requises par la juridiction et que les praticiens en charge du suivi puissent être convoqués par le tribunal pour être interrogés sur le contenu de ces dossiers. Les cadres des praticiens de première ligne peuvent aussi avoir accès aux dossiers, tout comme les autres praticiens de terrain, y compris les greffiers. Dans de nombreuses institutions, les dossiers sont considérés comme étant la propriété de tout le service, et presque tout, sinon la totalité du personnel, y a accès.

Révéler à l'usager quelles sont toutes les personnes pouvant avoir accès au dossier pourra susciter chez lui de l'inquiétude. Il n'est certes pas recommandé que le praticien détaille la totalité des personnes qui pourraient éventuellement avoir accès au dossier. Reste qu'il faut être honnête sur ce point, car c'est un élément essentiel de l'efficacité du suivi.

Le fait d'échanger en termes généraux sur les limites exactes de la confidentialité concernant le dossier et toutes autres informations, doit faire partie de la routine du travail avec les usagers involontaires. Si, par exemple, des extraits du dossier sont lus au cours d'une audience judiciaire, ceci ne doit pas surprendre l'usager. Le praticien devra avoir discuté d'une telle éventualité avec ce dernier à un moment donné du suivi.

La recherche dont il a été fait état au Chapitre 2 montre que des discussions ouvertes, honnêtes, et fréquentes sur des questions de ce type sont des dimensions importantes de tout travail efficace. Une bonne pratique professionnelle auprès des usagers involontaires consiste à être sensible aux inquiétudes de ceux-ci et d'échanger régulièrement sur les questions touchant à la confidentialité.

Gestionnaire du suivi, planificateur du suivi ou résolutif de problèmes ?

Une autre question qui doit être traitée avec les usagers porte sur le rôle du praticien en tant que gestionnaire du suivi, de planificateur du suivi ou encore de solutionneur de problèmes. Dans le Chapitre 1, j'ai défini le travail social comme étant le fait de fournir aux usagers une résolution des problèmes ou un conseil de manière directe, mais aussi comme étant un travail de planification, de supervision et de référencement. En revanche, la gestion de suivi a été définie comme renvoyant plutôt à la supervision et au référencement.

Dans mes recherches, les praticiens les plus efficaces étaient ceux qui étaient au clair sur leurs rôles de planification du suivi, de gestion du suivi, et de résolution de problèmes. Ils aidaient les usagers à comprendre le rôle des autres praticiens dans le processus d'aide. De plus, ils exploraient, avec les usagers, les perceptions que ceux-ci avaient quant au rôle des praticiens et les aidaient à en comprendre les différentes dimensions.

Ceci incluait le fait d'aider l'usager à comprendre quelles étaient les tâches spécifiques dont le praticien était responsable. Si le praticien avait un rôle de gestion et de planification du suivi et que l'essentiel de la dimension résolution de problèmes était prise en charge par d'autres institutions ou praticiens, il fallait le clarifier à l'usager. Le praticien doit aider l'usager à comprendre comment l'aide lui sera fournie pour traiter de ses différents problèmes, comment les services se coordonnent et quelle est la responsabilité du praticien à cet égard, ce que l'usager peut faire si les services ne sont pas satisfaisants et ce qui se passe si l'usager ne se rend pas auprès de ces services comme prévu.

La manière dont l'usager peut participer aux processus de gestion, de planification du suivi et de résolution des problèmes, doit aussi lui être clairement indiquée. Il convient de l'aider à comprendre son rôle dans chaque étape du processus de suivi.

Les attentes de l'usager

Il est possible que l'usager ait déjà une expérience antérieure du travail social. Il pourra avoir déjà été pris en charge par un certain nombre de praticiens œuvrant dans différents services sociaux publics. Il pourra avoir ainsi développé des attentes, réalistes ou irréalistes, concernant la nature du rôle du praticien. De telles attentes peuvent trouver leur source dans une culture différente de celle du praticien. La notion de pratique sociale de terrain ayant un rôle d'assistance pourra être étrangère à un usager provenant de telle ou telle culture. Explorer ces attentes aidera l'usager et le praticien à clarifier la nature du rôle de ce dernier.

Il y aura ainsi des moments où l'usager pourra faire référence à un précédent praticien. Un probationnaire pourra, par exemple, dire : « mon dernier agent n'avait pas l'air d'avoir très envie de parler de mes problèmes. Tout ce qui l'intéressait était de savoir si je venais aux rendez-vous. » Le praticien pourra s'appuyer sur ces propos pour explorer les attentes de l'usager quant au rôle de l'agent de probation.

Il pourra ainsi répondre : « Moi aussi je pense qu'il est absolument indispensable que vous veniez aux rendez-vous. Par contre, je m'intéresse également aux autres choses que vous faites. D'ailleurs, comme je vous l'ai expliqué, j'espère que nous pourrons travailler sur certaines des autres questions qui semblent vous avoir amené à devoir suivre une probation. Avez-vous déjà eu un agent de probation qui vous a aidé à résoudre vos problèmes ? »

Un probationnaire pourra être en contact avec d'autres délinquants et avoir développé une perception de ce qu'est un suivi sous probation fondé sur ce que ces autres personnes lui ont dit. Le probationnaire pourra avoir entendu qu'il est, par exemple, possible de s'en sortir en manquant un rendez-vous sur deux, à condition d'appeler à chaque fois et de donner une excuse. Pour évoquer cette question, l'agent de probation pourra demander à l'usager ce qu'il sait de la probation et à quelle fréquence il s'attend à devoir venir au service, etc. Il pourra aussi demander au condamné s'il a des amis qui ont fait l'objet d'une probation et, si tel est le cas, comment ils l'ont vécue.

S'il existe des malentendus du côté de l'usager concernant la nature du rôle du praticien, il est important de les évoquer. Lorsque j'avais commencé à travailler dans la probation, j'avais été surpris du nombre de condamnés qui ne venaient tout simplement pas aux rendez-vous et négligeaient de notifier leur changement d'adresse. Inévitablement, ils étaient réarrêtés et j'allais leur rendre visite en détention. Dans bien des cas, ils disaient simplement qu'ils voulaient juste déménager et n'avaient pas réalisé qu'un suivi probatoire pouvait être transféré. Dans d'autres cas, ils avaient manqué un rendez-vous et pensé que cela se traduirait automatiquement par une révocation de la mesure. Leur erreur d'interprétation les avait alors conduits à la révocation de leur mesure et à leur réincarcération.

Illustrons à l'aide d'un autre exemple, cette fois tiré du placement en famille d'accueil. Une jeune fille de treize ans avait été placée dans un grand nombre de foyers pour enfants et familles d'accueil. Dans l'une d'elles, elle fut maltraitée par ses parents d'accueil. Elle ne parvint pas, à ce moment-là, à convaincre son éducateur que le placement n'était pas adéquat, si bien qu'elle avait fugué. Lorsqu'elle devait échanger avec son nouvel éducateur sur ce qui était attendu d'elle, elle devait faire état de son insatisfaction avec le précédent. Le nouveau praticien fut, quant à lui, capable de traiter de ses inquiétudes et de rassurer la jeune personne sur le fait qu'il faisait bien partie de son travail de répondre et de suivre des situations telles que celle-ci. Le praticien fut également en mesure de souligner que si une telle situation devait se répéter, la jeune fille devrait le contacter immédiatement au lieu de juste s'enfuir.

Travailler efficacement avec les usagers involontaires exige de comprendre ce qu'ils attendent du suivi et de lever les malentendus. Cela nécessite parfois d'évoquer leurs expériences antérieures.

Aider l'usager à comprendre la nature de la relation professionnelle

Les usagers et praticiens ont souvent des points de vue différents concernant le degré d'amitié qui les lie et à quel point le praticien doit défendre les intérêts de l'usager. Un usager qui, à propos de son praticien, affirme « Vous êtes mon ami et je peux compter sur vous pour être de mon côté », pourra être déçu si le praticien est contraint de prendre une décision avec laquelle il est en désaccord.

Dans mon étude sur la probation pour adultes (Trotter, 1993), les usagers s'étaient vus demander de décrire le rôle de leur agent de probation. Une série d'options leur avait été donnée, parmi lesquelles ils pouvaient choisir. Il s'agissait de : superviseur ; ami ; défenseur ; thérapeute ; conseiller ; agent de police ; ou surveillant. 47% devaient décrire leur agent de probation en tant qu'ami, après superviseur (61%) et thérapeute (51%). J'ai obtenu des résultats très similaires dans mon étude sur la protection de l'enfance (Trotter, 2004). D'ailleurs, plus de la moitié des adolescents suivis par la protection de l'enfance décrivaient leur éducateur comme étant leur ami. Nous avons obtenu des résultats semblables dans l'étude sur la justice des mineurs (Trotter & Evans, 2012). Il est probable qu'il y aurait peu de concordance entre praticiens et usagers sur ce point-ci. Peu de praticiens décriraient les usagers comme étant leurs amis.

S'agissant d'adolescents qui ont peu de modèles identitaires, avec des usagers souffrant de dépression ou d'autres problèmes de santé mentale, avec les parents isolés ou les victimes de violence domestique, l'éventualité que l'usager attende plus de la relation praticien-usager que ce que souhaite le praticien est toujours présente.

À quel point le praticien est un ami ou bien un professionnel peut générer de la confusion et des problèmes pour les usagers au long court et dépendants. La question de la dépendance peut poser autant de difficulté avec les usagers involontaires que leur éventuelle résistance. Ceci provient en partie du fait que le travail avec de tels usagers est souvent au long cours. Il est fréquent que des enfants soient suivis par la protection de l'enfance durant la majeure partie de leur enfance et adolescence. Les praticiens qui suivent ces familles et personnes durant de longues périodes, particulièrement lorsque ces familles et personnes ont des vies isolées, doivent fréquemment affronter la question de la dépendance.

Une clarification appropriée des rôles nécessite que le praticien évoque avec l'usager la question de l'amitié et des attentes de ce dernier en la matière.

Avant de le faire, les praticiens doivent d'abord être au clair dans leur propre esprit sur les limites de la relation. Il est, par exemple, en général approprié de discuter du fait que le praticien est employé par une institution qui a un but déterminé ; de ce fait, le praticien suit un certain nombre d'autres usagers et le temps dont il dispose est limité. Le praticien doit clarifier à quel point il est disponible pour parler à l'intéressé ou lui rendre visite en dehors des rendez-vous déjà prévus.

Échanger sur la nature même du processus de suivi, ainsi que sur ses objectifs aide aussi l'usager à comprendre les limites de la relation. Le suivi doit, quant à lui, suivre un plan bien clair et comporter des stratégies spécifiques ainsi qu'une date de fin de mesure déterminée. Même les suivis de longue durée doivent être répartis en étapes. Le praticien pourra, par exemple, travailler avec la mère addicte aux stupéfiants, en vue d'une série d'objectifs, ce, sur une période de trois mois. Après la période de trois mois, une évaluation des progrès accomplis pourra alors avoir lieu et un nouvel accord porter sur de nouveaux objectifs à accomplir durant les trois mois suivants. Ceci relève des principes d'une pratique efficace, tels que présentés au Chapitre 2, et évite d'avoir un suivi non structuré où le praticien aide l'usager, ce qui tend à nourrir la dépendance de ce dernier.

Lorsque l'on travaille avec des usagers isolés, il est important de traiter directement de la question de l'isolement. Il est préférable que l'usager développe de nouveaux réseaux sociaux avec l'aide du praticien, plutôt que de s'attendre à ce que le praticien satisfasse ce besoin.

La meilleure protection contre la dépendance inappropriée de l'usager (et, au demeurant, contre la dépendance du praticien) est de discuter régulièrement et fréquemment des questions liées au rôle du praticien qui ont été traitées dans ce chapitre et d'avoir une approche résolutive de problèmes structurée, telle que celle qui est proposée au Chapitre 5.

Attentes institutionnelles

Il peut être difficile pour les praticiens d'accepter leur rôle au sein de l'institution. Certaines structures leur renvoient des messages clairs quant à leur rôle. Ils peuvent alors négocier avec cette institution sur les questions relatives à leur rôle. Par exemple, les membres du personnel peuvent régulièrement discuter, que ce soit entre eux ou avec les cadres, des dimensions d'assistance et de contrôle de leur travail. Dans d'autres institutions, les praticiens reçoivent, en revanche, des messages confus sur leur rôle et peuvent se sentir impuissants à influencer l'orientation prise par l'organisation.

Un cadre de travail qui aide les praticiens à étudier les questions relatives à leur rôle a plus de chance de se traduire par des praticiens qui aident les usagers à explorer eux aussi les questions relatives au rôle des professionnels, ce qui à son tour se traduit par un suivi plus efficace. Deux études portant sur la protection de l'enfance viennent au soutien de ce point de vue (Shulman, 1991 ; Trotter, 2004). Elles ont toutes les deux montré que lorsque les cadres discutaient avec les subordonnés de leur service du rôle de ces derniers, ces praticiens de première ligne étaient plus enclins à en parler à leurs usagers.

Voici quelques-uns des problèmes institutionnels que les praticiens peuvent avoir à traiter avec leurs usagers :

- Quelle relation a le praticien avec l'institution qui l'emploie ?
- L'institution qui l'emploie limite-t-elle les fonctions du praticien ? Par exemple, est-il supervisé et cette supervision influe-t-elle sur les décisions qu'il prend ?
- L'institution a-t-elle mis en place des politiques particulières et, notamment, par exemple, concernant le droit des usagers de changer de praticien ?
- L'institution demande-t-elle à ses praticiens de réaliser une évaluation du niveau de risque des usagers ?
- L'institution a-t-elle pour principe d'exclure du travail de groupe [NDLT : en français le terme « groupe de parole » est souvent utilisé. Toutefois il renvoie à une approche psychanalytique ou psychodynamique de cette forme de thérapie ou suivi alors que le travail de groupe renvoie dans la littérature anglophone au contraire à un travail en groupe s'appuyant sur les TCC. Aussi optons-nous ici pour une traduction littérale de l'anglais] les usagers qui profèrent des menaces de violence physique au sein de ces groupes ?
- L'échange sur les principes adoptés par l'organisation, et comment ces principes peuvent impacter les praticiens et l'usager, fait-il partie du processus de clarification des rôles ?

Approche théorique du travail

S'ils avaient besoin des services d'un thérapeute professionnel, la plupart des lecteurs de cet ouvrage voudraient absolument savoir quelles sont la formation et l'approche théorique du praticien. Ils auraient sans doute envie de savoir quelles sont les qualifications du thérapeute, quelle est son approche théorique, quelle expérience a-t-il du problème en cause, et s'il a pu aider d'autres patients.

Les usagers involontaires ne sont sans doute pas aussi articulés ou exigeants, mais ils peuvent néanmoins avoir envie de savoir quelle est l'approche du praticien. Dans leur livre portant sur ce type d'usagers, Ivanoff, Blythe et Trippodi avancent qu'ils ont « le droit de comprendre quelles sont les bases théoriques qui guident les choix que fait le praticien au cours du suivi » (1994 : 58).

Lorsqu'ils clarifient leur rôle, les praticiens doivent être ouverts quant à leurs approches théoriques particulières et fournir aux usagers l'opportunité de poser des questions à ce sujet. Si, par exemple, le praticien a une approche résolutive de problèmes, il est souhaitable qu'il l'explique à la personne. Au cours du premier entretien, il suffira d'y faire allusion, mais cela devra faire l'objet d'explications plus détaillées au cours d'entretiens suivants.

Après avoir suivi avec moi des ateliers, certains praticiens en charge d'usagers involontaires ont affiché dans leur bureau une liste des différentes étapes du modèle de travail collaboratif et résolutif de problèmes qui sera traité dans le Chapitre 5. D'autres ont parfois apporté au domicile des usagers un poster représentant ces différentes étapes et s'en sont servis pour expliquer à ces derniers quelle était la structure de leurs entretiens. Je suis très favorable à une telle approche, parce qu'elle est cohérente avec les principes consistant à donner un maximum d'informations aux usagers concernant le suivi et le rôle qu'ils y jouent.

Dossiers-Illustrations

Les exemples qui suivent sont tirés d'entretiens ou de conversations entre des praticiens et des usagers involontaires et permettent d'illustrer ce qu'est une clarification des rôles conforme aux principes d'un suivi efficace. Ces conversations sont simples et certains lecteurs pourront penser « c'est ce que je fais déjà » avec ou sans cadre scientifique. Ce que je pense cependant, pour avoir observé de nombreux entretiens menés par des praticiens expérimentés, est que ces compétences sont plus difficiles à mettre en œuvre qu'il peut apparaître de prime abord. Les entretiens qui figurent dans ce chapitre, ainsi que dans les chapitres ultérieurs, sont parfois fondés sur des cas réels, certains détails en ayant toutefois été modifiés pour protéger leur anonymat. Dans d'autres cas, il s'agit d'entretiens élaborés par des praticiens dans le cadre de jeux de rôle et de collaboration avec moi.

Un premier entretien entre un praticien de la protection de l'enfance et un père qui a laissé ses enfants sans surveillance

Dans cet exemple, le praticien a reçu un signalement indiquant que l'usager, Jake, a laissé, en de nombreuses occasions, à domicile et sans surveillance, ses deux enfants âgés de trois et cinq ans, parfois pour plusieurs heures de suite. Le praticien de la protection de l'enfance lui rend visite, accompagné d'un collègue, afin d'enquêter sur ce signalement. Le praticien tente d'aider l'intéressé à comprendre quel est le rôle d'un éducateur de la protection de l'enfance.

Praticien : Jake, je m'appelle Janet Smith. Merci de nous donner la possibilité de venir vous parler un peu des raisons pour lesquelles je suis ici.

Jake : Ok

Praticien : Comme je vous l'ai dit sur le pas de votre porte, je fais partie de l'équipe de la protection de l'enfance du Conseil Départemental. Avez-vous déjà eu affaire à ce service précédemment ? Savez-vous ce que nous faisons ?

Jake : Ce sont les gens qui prennent les enfants non ?

Praticien : Beaucoup de gens pensent ça : que notre rôle est de venir prendre les enfants. Cependant, cela n'arrive que dans un très petit nombre de cas. L'essentiel de notre travail est d'aider les familles. Lorsque nous recevons un signalement qui indique qu'un enfant est peut-être à risque, nous venons voir ce qui se passe et vérifier si la famille a besoin de quoi que ce soit que nous puissions lui proposer. Donc nous avons deux rôles. Le premier est : les enfants sont-ils en sécurité ? Et le second est : que pouvons-nous faire pour aider les familles ?

Jake : Je connais des gens qui ont eu à faire avec la protection de l'enfance et ils n'ont pas été aidés. Ce qu'ils ont eu c'est plein d'enquêtes et finalement l'enfant leur a été retiré pour une semaine et puis il a été ramené. C'est pas croyable les ennuis qu'ils ont eu ! D'après moi ils n'avaient pourtant rien fait. Il y a quelqu'un qui s'est plaint pour mes enfants ?

Praticien : Et bien quelqu'un a fait état d'inquiétudes concernant vos enfants et, bien entendu, si vous connaissez quelqu'un qui a eu une mauvaise expérience, j'imagine que cela vous rend nerveux de savoir ce que nous allons dire à votre sujet.

Jake : Ouais

Praticien : Ce que nous allons faire est de parler avec vous de ce qui se passe, s'il y a quoi que ce soit qui mette les enfants en danger et s'il y a quoi que ce soit que nous pouvons faire pour vous aider. Il faut aussi que je vous dise que nous travaillons généralement à deux et que nous prenons toujours des notes, parce que dans un très petit nombre de cas nous renvoyons les enfants vers le tribunal, et que les informations que nous collectons lorsque nous parlons avec les familles sont utilisées ensuite dans notre rapport pour le tribunal.

Jake : Alors vous écrivez ces informations.

Praticien : Oui nous notons toujours nos premiers entretiens.

Jake : Et ça peut être utilisé devant un tribunal ?

Praticien : Cela peut arriver.

Jake : Donc vous êtes en train de me dire que je pourrais me retrouver au tribunal ?

Praticien : Ce que je veux dire est que dans un tout petit nombre de cas, peut-être 5% du nombre total d'appels que nous recevons, le dossier peut être renvoyé devant le tribunal si nous pensons que l'enfant est à risque immédiat de danger.

Jake : Ben mes enfants vont bien.

Praticien : Bien, donc si vos enfants ne sont pas à risque immédiat de danger, nous n'avons pas besoin de nous inquiéter. Dans ce cas, notre rôle est de parler avec vous de ce qui a été dit et d'aborder avec vous les difficultés que vous pouvez avoir et comment nous pouvons vous aider à les résoudre. On peut espérer que cela vous aide en tant que parent et que cela aide aussi vos enfants.

Jake : C'est pas ce qui est arrivé à mon ami. Personne n'est venu l'aider.

Praticien : Donc l'expérience de votre ami a été beaucoup d'enquête et pas d'aide ?

Jake : Oui, l'enfant lui a été retiré pour une semaine, et puis il a été ramené et ensuite elle n'en a plus entendu parler pendant deux mois, ni vu qui que ce soit de la protection de l'enfance.

Praticien : Je suis navrée : je ne peux pas porter de jugement sur ce qui est arrivé dans un autre dossier parce que je ne connais pas la famille et je ne connais pas la situation. Tout ce que je peux faire est de m'occuper de vous et de votre situation et vous dire en quoi consiste mon rôle et ce que nous allons faire pour votre famille. Et, autant que possible, nous préférons travailler en collaboration avec les familles.

Jake : Alors vous pouvez m'aider avec des choses du genre babysitting ?

Praticien : Nous pouvons faire beaucoup de choses pour vous mettre en contact avec des services qui peuvent aider pour ce genre de chose. Il y a plein de choses que nous pouvons faire. Une partie de ces choses concerne la sécurité des enfants et une partie de ces choses consiste à vous aider en tant que parent à vous occuper de vos enfants.

Jake : Qui s'est plaint alors ?

Praticien : Je n'ai pas le droit de vous dire qui s'est plaint ; c'est une information protégée. Mais je peux vous dire quelle information nous a été donnée dans le signalement.

Jake : La voisine d'à côté ; ça doit être elle. Elle m'aime pas.

Praticien : Je ne peux pas parler de qui est ou n'est pas à l'origine de la plainte.

Jake : Ben elle est folle, vous savez ça ?

Praticien : Ok, vous pouvez croire que c'est votre voisine qui l'a fait. Je ne peux pas dire qui a fait le signalement. Tout ce que je peux dire est quels sont les sujets d'inquiétude et ensuite apprécier si ces inquiétudes sont fondées ou non et s'il y a un problème, que pouvons-nous faire et comment pouvons-nous les résoudre ensemble.

Jake : Comment vous allez savoir si quelque chose s'est passé ? Qu'est-ce qui s'est soi-disant passé de toute façon ?

Praticien : Et bien la première chose dont nous allons parler avec vous, c'est de vos enfants et nous voudrions aussi parler avec d'autres professionnels qui pourraient intervenir ou d'autres personnes qui pourraient nous aider à mieux savoir ce qui se passe avec vos enfants. Nous parlons souvent avec les écoles. Elles peuvent nous apprendre beaucoup de choses sur les familles.

Jake : Donc vous allez parler de ça à l'école, c'est ça ?

Praticien : Si nous pouvons avoir votre permission pour parler à l'école cela nous sera très utile.

Jake : Vous n'allez pas parler à l'école sans ma permission ?

Praticien : Ce que nous allons d'abord faire est de vous demander la permission de parler à l'école. Lorsqu'il arrive qu'un parent refuse sa permission et que nous pensons que c'est quand même nécessaire, nous avertissons les personnes que nous allons le faire.

Jake : Donc vous pouvez quand même parler à l'école.

Praticien : Pas nécessairement. Cela dépend de la situation. Nous décidons sur chaque situation au cas par cas.

Jake : Vous pouvez me dire ce que dit la plainte ?

Praticien : Oui, on s'inquiète du fait que vous auriez laissé vos enfants qui, si j'ai bien compris ont trois et cinq ans – c'est bien cela ? Que vous les laisseriez seuls à la maison pour de très longues périodes de temps, jusqu'à deux heures.

Jake : Ben, c'est pas vrai.

Praticien : Alors cela arrive des fois ? Que vous les laissiez seuls à la maison ?

Jake : Je ne les laisse à la maison que pour de très courtes périodes, lorsque je dois aller faire les courses. Il faut que je les nourrisse. Ça fait depuis les deux dernières années que je les ai ; depuis qu'ils portaient encore des couches et que leur mère est partie, il y a deux ans. J'ai tout fait pour eux. C'est moi qui ai changé les couches, fait les courses, fait le boulot.

Praticien : Et c'est beaucoup de boulot.

Jake : Vous avez des enfants ?

Praticien : Non, je n'en ai pas. Mais je travaille beaucoup avec des enfants et des familles, et ce que je sais c'est qu'être un parent isolé et s'occuper seul d'enfants est un travail très difficile. Être parent est difficile. Mais le faire tout seul lorsqu'on n'a aucune aide, c'est encore plus dur.

Dans cet entretien, l'éducatrice essaye d'aider l'usager à comprendre son rôle d'assistance et d'enquête. En parlant au départ à l'usager de son expérience antérieure, plutôt qu'en se lançant dans une description de son rôle, elle a été capable d'identifier ses erreurs d'interprétation concernant le rôle d'un éducateur de la protection de l'enfance et de traiter aussi de la peur de l'usager que ses enfants lui soient retirés.

Un second entretien entre un agent de probation et un jeune usager de dix-huit ans

Dans ce cas clinique, l'agent de probation et l'usager discutent des questions relatives aux rendez-vous. L'agent de probation essaye de s'assurer que le probationnaire, Tom, comprend ce que venir régulièrement au rendez-vous veut dire.

Agent de probation (CPIP) : j'aimerais qu'on discute ensemble du mandat judiciaire avant qu'on fasse quoi que soit d'autre.

Tom : OK

CPIP: Comprenez-vous ce que cela veut dire, venir régulièrement aux entretiens du CPIP lorsqu'on est convoqué?

Tom : Oui ça veut dire que je dois venir quand vous me dites de le faire.

CPIP: C'est ça, Tom. Mais si vous ne pouvez pas venir au rendez-vous et que vous m'appelez et me donnez une explication, il se peut que je vous donne un autre rendez-vous.

Tom : Par exemple si je veux aller voir un match de foot le soir je peux vous appeler ?

CPIP : Non, ce serait vraiment inhabituel de changer un rendez-vous pour un match de football. Vous pouvez toujours m'appeler et me demander. Ce pourrait être le genre de chose qui pourrait se faire une fois qu'on aura une bonne routine de rendez-vous réguliers. Peut-être au bout de trois ou quatre mois.

Tom : Je peux manquer quand les rendez-vous alors ?

CPIP : Lorsque c'est quelque chose qui peut vous empêcher d'avoir des ennuis ou une sorte d'urgence. Si on vous demande de faire des heures supplémentaires ou si un membre de votre famille est très malade. Mais il faudra quand même me prévenir et me faire savoir que vous ne viendrez pas.

Tom : Il se passerait quoi si je n'appelais pas ?

CPIP : Vous avez déjà eu un suivi avant. Quelle a été votre expérience à ce moment-là ?

Tom : Le CPIP a dit que je ne pouvais pas rater mes rendez-vous, mais il n'a rien fait quand j'en ai manqué.

CPIP : Et bien moi je suis différent. Si vous ratez un rendez-vous sans m'en parler en premier, et que vous ne pouvez pas me donner une bonne explication, par exemple, vous êtes malade et vous avez un certificat médical, alors je vous enverrai un avertissement formel et cela sera mentionné au dossier. Si vous recevez trois avertissements formels dans les six mois qui suivent, je devrai vous signaler à mon directeur de probation, qui prendra la décision de vous signaler au juge ou pas. Pensez-vous qu'il y aura des difficultés pour que vous veniez aux rendez-vous ?

Tom : Ça se pourrait, parce que je viens en bus et parfois les bus ne viennent pas.

CPIP : Que pourriez-vous faire si cela arrivait ?

Tom : J'pense que je pourrais vous appeler et trouver une autre date.

CPIP : Ce serait bien. Pourriez-vous amener les horaires du bus la prochaine fois pour qu'on voit comment on pourrait fixer vos rendez-vous de manière à ce que ça colle ?

Tom : OK.

CPIP : Pourrait-il y avoir d'autres problèmes concernant les rendez-vous ?

Tom : Non, je pense pas.

Voici là un court extrait qui peut sembler anecdotique. Il pourra être étonnant de dire que le praticien utilise ici des compétences en clarification des rôles. Cependant, la recherche citée dans ce chapitre et dans le Chapitre 2 montre qu'avoir envie de parler de ces questions très concrètes avec les usagers produit de bons résultats.

Le probationnaire peut se méprendre sur les exigences liées aux rendez-vous du fait d'expériences antérieures, de contacts avec d'autres condamnés ou de manque d'information. Ces malentendus peuvent le conduire à ne pas se soumettre à la mesure de probation. S'il comprend ce que venir aux rendez-vous veut dire, et si on lui laisse la possibilité d'évoquer les situations qui pourraient faire que respecter cette obligation devienne difficile pour lui, il y a plus de chance qu'il se soumette à la mesure et moins de chance qu'il ait du ressentiment suite à ces malentendus.

Pour l'essentiel, la capacité à mettre en œuvre la clarification des rôles n'est pas complexe. Ce qui est, par contre, clair est que ceux qui travaillent avec les usagers involontaires et qui y consacrent assez de temps, ont des usagers qui s'en sortent mieux.

Résumé

Le travail social de terrain avec les usagers involontaires implique des échanges continus et fréquents concernant les différents rôles que praticiens et usagers peuvent avoir dans le suivi. Ce chapitre a mis en lumière un certain nombre de questions touchant à ces rôles, qui peuvent être traitées de manière habituelle dans le suivi des usagers involontaires. Il s'agit : du rôle double du praticien entre contrôle et assistance ; de ce qui est négociable et ne l'est pas ; de la manière dont l'autorité du praticien est susceptible d'être utilisée ; des attentes de l'usager par rapport au praticien ; de la confidentialité et de qui a accès à l'information ; de la nature de la relation professionnelle et de ce qu'elle signifie en termes d'interactions entre le praticien et l'usager ; du rôle du praticien en tant que gestionnaire ou planificateur du suivi, ou en tant que solutionneur de problèmes ou thérapeute ; du poids des attentes de l'usager par rapport au processus de suivi ; des attentes de l'institution qui emploie le praticien par rapport à celui-ci et à l'usager ; et de l'approche théorique que le praticien doit avoir dans son travail.

Quelques-unes de ces questions sont plus importantes dans certaines situations que dans d'autres. Par exemple, il ne sera sans doute pas approprié de discuter de toutes ces questions avec les usagers involontaires suivis à court terme. Toutefois, il est clair que les praticiens qui consacrent du temps et de l'énergie à la clarification des rôles sont les plus efficaces.

Chapitre 4

Contribuer à des résultats prosociaux

Le modèle de pratique présenté dans cet ouvrage suppose que les praticiens utilisent les compétences suivantes dans leur travail avec les usagers involontaires : s'assurer que ces derniers comprennent le rôle du praticien, particulièrement le double rôle de contrôle et d'assistance ; utiliser les compétences en modélisation prosociales et en renforcement, afin d'encourager et de promouvoir les valeurs et comportements prosociaux chez les usagers ; s'attacher à travailler avec les usagers sur une base collaborative à la résolution des problèmes, tels que définis par ceux-ci ainsi que sur la base des objectifs desdits usagers ; utiliser des compétences relationnelles telles que l'auto-divulgation, l'empathie, l'optimisme, et l'humour. Ce que je suggère est que les praticiens utilisent ces compétences de manière explicite et ouverte.

Dans le Chapitre 2, j'ai indiqué que l'expression « pratique prosociale » était souvent utilisée pour décrire un modèle de suivi global, qui inclut l'ensemble de ces compétences. Le modelage prosocial et le renforcement, ou encore l'approche prosociale, constituent certains des aspects d'une pratique prosociale. Tout comme les autres approches décrites dans cet ouvrage, le modelage prosocial et le renforcement sont fondés sur la recherche relative aux pratiques qui marchent, laquelle montre qu'il s'agit d'un modèle efficace avec les usagers involontaires (Andrews et al., 1979 ; Andrews & Bonta, 2010 ; Trotter, 1996a, 2004, 2012, 2013). Au demeurant, elle est clairement apparue dans mes propres études portant sur la probation et la protection de l'enfance, comme étant l'élément ayant le plus grand impact, et comme étant l'une des compétences les plus importantes chez les praticiens. Les usagers dont les praticiens utilisaient le plus souvent l'approche prosociale étaient réincarcérés au moins moitié moins que les usagers dont les praticiens ne les utilisaient pas fréquemment. Des résultats positifs similaires ont été trouvés dans mon étude sur la protection de l'enfance (Trotter, 2004).

Ce modèle s'appuie sur la théorie de l'apprentissage. Il est fondé sur l'idée que les personnes sont influencées par les comportements modélisés par les autres et par les renforcements positifs, comme négatifs, de leurs propres comportements. Beaucoup a été écrit sur la théorie de l'apprentissage et ses applications dans le contexte thérapeutique, particulièrement en psychologie (par ex. Andrews & Bonta, 2010 ; Burton & Meezan, 2004 ; Watt, Howells & Delfabbro, 2004). Voici quelques-uns de ses principes comportementaux :

- le comportement a plus de change de se maintenir ou de se développer s'il est récompensé ;
- la promesse d'une récompense ne marche pas aussi bien que le fait de récompenser effectivement l'accomplissement d'un comportement donné ;
- les récompenses sont plus efficaces si elles ne sont pas plus élevées qu'elles ne doivent l'être ;
- les récompenses marchent mieux si elles sont perçues comme étant justes au regard des circonstances particulières ;
- les récompenses intrinsèques (celles qui existent dans l'environnement naturel de la personne) marchent mieux et favorisent la persistance du comportement ainsi récompensé ;
- les récompenses variables qui renforcent le comportement de manière irrégulière sont plus efficaces que les récompenses habituelles selon un quantum prédéterminé.

Bien que ces principes soient pertinents dans le modelage prosocial et le renforcement, pour utiliser cette approche il n'est pas nécessaire que les praticiens aient une connaissance étendue de la théorie de l'apprentissage. Il suffit qu'ils comprennent que les usagers ont toutes chances de répondre à la modélisation, aux récompenses et sanctions et que les praticiens doivent être conscients de la nature des modèles, récompenses et sanctions qu'ils mettent en œuvre.

Le modelage [NDLT : ou modélisation] prosocial et le renforcement tels qu'utilisés dans mes recherches (Trotter, 1996a, 2004, 2012) et dans celle de Don Andrews et alii (1979)] demandent aux praticiens de :

- identifier les propos et comportements positifs ou prosociaux au fur et à mesure qu'ils se produisent dans les interactions avec les usagers ;
- récompenser ces propos et actions chaque fois que possible, généralement sous forme de félicitations ;
- modéliser les propos et actions prosociaux ;
- contester les propos et comportements antisociaux ou pro-délinquants.

Nous discuterons *infra* dans ce chapitre des avantages et désavantages particuliers de cette approche. Nous allons présenter d'abord ci-dessous les étapes de sa mise en œuvre concrète et l'illustrer par des exemples tirés de la protection de l'enfance.

Identifier les propos et comportements prosociaux

Le praticien doit essayer d'identifier les propos et comportement de l'usager au cours des entretiens. Ceci implique, bien entendu, qu'il réfléchisse à ce qu'il souhaite que cet usager pense et fasse.

Dans la plupart des cas, la nature prosociale des propos sera très claire. Tel est, par exemple, le cas des propos et déclarations faits par un usager ayant été un parent maltraitant et qui :

- reconnaît le mal que les maltraitances ont pu causer aux enfants ou le tort qui a été causé par le comportement spécifique que ce parent a adopté ;
- reconnaît que les enfants ont des sentiments et des besoins développementaux. Il s'agira, par exemple, pour ce parent maltraitant de dire que l'enfant était très triste après avoir été frappé ;
- manifeste qu'il est conscient des besoins physiques des enfants, comme, par exemple, le fait pour un bébé d'avoir besoin que ses couches soient souvent changées ;
- indique qu'il aimerait améliorer ses compétences parentales ou émet des idées pour les améliorer effectivement ;
- reconnaît que le praticien peut être inquiet quant au bien-être de l'enfant ;
- soutien un projet de suivi élaboré pour la famille en question.

Dans certains cas, les propos prosociaux pourront aussi inclure un intérêt pour des activités prosociales ou le fait de manifester un intérêt pour une formation.

Le comportement prosocial se manifeste dans des conditions parallèles aux propos prosociaux. Pour un usager qui a été un parent maltraitant ce pourra, par exemple, être les comportements suivants :

- changer régulièrement les couches ;
- recourir à des méthodes non violentes de discipline des enfants ;
- suivre des cours de parentalité ;
- faciliter l'accès aux enfants par l'autre parent dont l'on s'est séparé ;
- parler à l'enfant de ses sentiments ;
- manifester de l'intérêt pour la scolarité de l'enfant ;
- suivre un cours ;
- participer à une réunion de planification du suivi ;
- venir au rendez-vous du praticien.

À d'autres moments, il est plus difficile d'identifier ce qui est prosocial et ce qui ne l'est pas. Prenons le cas d'une mère qui a négligé ses enfants et qui a désormais une nouvelle relation avec un homme. Elle dit au praticien que son nouveau compagnon l'aide à discipliner les enfants et a donné une gifle à l'un d'eux. Il est sans doute positif pour la mère d'avoir un nouveau compagnon et que celui-ci s'intéresse à son enfant. Cependant, le praticien ne peut certes pas encourager le recours à des châtiments corporels, particulièrement de la part d'un nouveau compagnon.

Un autre exemple concerne une jeune fille de treize ans qui avait été placée après avoir quitté le domicile en de multiples occasions. Elle dit au praticien qu'elle souhaite une contraception parce qu'elle est inquiète à l'idée qu'elle pourrait être enceinte. L'inquiétude quant à une éventuelle grossesse est certes prosociale, mais avoir des relations sexuelles aussi jeune ne l'est pas.

Il en va de même des propos d'une jeune personne à son éducateur indiquant qu'il se tient à distance de l'héroïne, mais qu'elle consomme du cannabis. Ne pas consommer de l'héroïne est certes prosocial, mais à quel point le cannabis est prosocial est sujet à discussion.

Les praticiens eux-mêmes peuvent avoir des vues divergentes concernant différentes questions éthiques. Il nous est incontestablement tous arrivé de travailler ou d'interagir avec des personnes avec lesquelles nous sommes en profond désaccord sur un grand nombre de sujets relatifs à la morale et aux valeurs.

Il peut arriver que la modélisation et le renforcement conduisent les praticiens à imposer des valeurs déterminées aux usagers. Nous discuterons plus loin dans ce chapitre de ce point. Néanmoins, pour l'heure, je traiterai des étapes suivantes de la modélisation prosociale et du renforcement.

Récompenser les propos et comportements prosociaux

L'étape suivante consiste à récompenser et renforcer les propos et comportements prosociaux. Les récompenses ou renforcements les plus efficaces sont les félicitations du praticien. L'approche prosociale consiste à féliciter fréquemment pour les actes et propos prosociaux. Si, par exemple, l'usager se rend aux réunions de planification du suivi, le praticien doit manifester clairement que c'est une bonne chose. Les félicitations doivent être utilisées largement, mais avec un objectif déterminé. Elles doivent être dirigées vers les propos et actions prosociales de l'usager plutôt qu'être formulées sans objet précis.

Se rendre aux rendez-vous, par exemple, est une action prosociale qui doit être récompensée. L'idée est ici de dire à l'usager « c'est bien d'avoir pu venir à l'heure aujourd'hui et que vous ayez pu venir aux deux derniers rendez-vous ; cela montre que vous prenez le suivi au sérieux », plutôt que de simplement dire « c'est bien que vous soyez venu aujourd'hui ». L'idée est d'identifier chacun des propos ou actions prosociaux et de les récompenser largement, en se souvenant bien entendu que les récompenses ne sont efficaces que si elles semblent sincères.

Pour illustrer une nouvelle fois avec la protection de l'enfance, un certain nombre de récompenses peuvent encourager les propos et actes prosociaux. Par exemple :

- rendre visite à un usager à domicile plutôt que de s'attendre à ce qu'il vienne au service (et vice versa, selon le point de vue de l'usager) ;
- réduire la fréquence des contacts ou, dans certains cas, passer plus de temps avec l'usager ;
- rendre visite à l'usager à des heures choisies par lui ;
- arranger une aide financière pour l'usager ;
- arranger une aide matérielle pour l'usager, telle que des réparations à domicile, des meubles ou un transport.

Une bonne illustration de la manière dont les récompenses peuvent être utilisées pour renforcer le comportement tient au lieu où l'entretien peut avoir lieu. Ainsi, la décision d'organiser l'entretien chez McDonald, plutôt qu'au service, peut-elle correspondre à une récompense, notamment si l'usager se fait payer le déjeuner. Si l'usager pense que cela fait partie de la routine, alors c'est peine perdue. Dans le cadre d'une approche prosociale, le praticien doit manifester clairement que l'entretien est réalisé en dehors du service, parce que c'est ce que préfère l'usager. Le praticien devrait dire clairement qu'il est content de faire ce geste, parce que l'usager a, par exemple, respecté ses rendez-vous régulièrement, s'est rendu aux cours de parentalité vers lesquels il a été envoyé, et a discuté sans réserve de ses problèmes avec le praticien. Dans un tel cas, l'usager a l'impression qu'il a bien agi et que le praticien veut l'aider à obtenir ce qu'il souhaite.

Toutefois, dans une situation inverse, si le praticien décide de rencontrer un usager qui est d'ordinaire peu fiable et non coopératif chez McDonald, dans l'espoir qu'il devienne plus coopératif, et si cela est d'une manière ou d'une autre suggéré à cet usager, alors ce dernier aura l'impression que son comportement non-coopératif est récompensé et il y a plus de risque que ce comportement persiste.

Une étude qualitative réalisée en matière de probation a montré que, souvent par inadvertance, les praticiens renforçaient précisément les comportements qu'ils essayaient de prévenir (Burns, 1994). Un praticien a, par exemple, fait le commentaire suivant : « Nous n'arrivons à rien avec ces entretiens et je pense que nous devrions nous voir moins souvent à présent ». Ce commentaire est clairement la récompense d'un comportement non-coopératif (non prosocial).

Dans les ateliers que j'organise, il est parfois avancé qu'il s'agit là de droits et non de récompenses. Cependant, en réalité, les praticiens ont un pouvoir discrétionnaire concernant les décisions du quotidien. Si l'usager a l'impression que le praticien va probablement le récompenser s'il tient des propos antisociaux, alors son comportement antisocial a toutes chances de persister. Inversement, s'il est clair pour l'usager que les comportements et attitudes positives peuvent lui permettre d'obtenir ce qu'il souhaite, alors il a plus de chance de les réaliser.

Le rôle du praticien est de s'assurer que le système de récompenses marche bien dans ce sens-là. Dans bien des cas, il s'agit tout simplement pour lui d'expliciter les raisons pour lesquelles telle ou telle décision est prise. Si la fréquence des entretiens est réduite, c'est généralement parce que l'usager a réalisé un progrès quelconque. Il s'agit donc simplement de le dire expressément.

Une autre méthode permettant de récompenser les usagers tient à ce que l'on écrit dans le dossier ou dans des courriers. Le praticien peut y écrire les choses positives que l'usager a réalisées, par exemple, le fait qu'il a respecté les rendez-vous, et qu'il suit bien son traitement de l'addiction et que, par conséquent, la fréquence des entretiens doit être réduite. De même, les rapports d'étapes, les rapports de fin de mesure ou les correspondances adressées aux usagers peuvent servir d'occasions pour souligner les progrès et les actions prosociales de ces derniers.

Il semble que les usagers apprennent tout au long du processus de renforcement les comportements et attitudes que le praticien cherche à promouvoir. Ce qui ressort clairement de mes recherches dans la probation et la protection de l'enfance (Trotter, 1996a, 2004) est que les comportements s'apprennent très vite (en quelques mois) et peuvent être maintenus à long terme. Dans l'une de mes études, des taux de récidive réduits résultant de cette approche étaient encore présents quatre ans après, alors même que la plupart des suivis s'étaient terminés au bout d'un an (Trotter, 1996a).

Modéliser les comportements prosociaux

La troisième dimension de la modélisation prosociale et du renforcement est justement le modelage (ou modélisation) prosocial. Cette modélisation nécessite que le praticien modélise les comportements qu'il souhaite favoriser chez l'usager. Pour illustrer à nouveau ce principe avec la protection de l'enfance, le praticien doit :

- être disponible lorsqu'il est censé l'être ou appeler lorsqu'il doit déplacer un rendez-vous ;
- traiter la famille avec le même respect qu'il souhaite voir la famille traiter ses enfants ;
- lorsqu'il en a, parler positivement de ses propres enfants ;
- dire à quel point il est important que les enfants soient bien traités ;
- montrer de l'empathie pour toutes les situations concernant des enfants ;
- montrer de l'empathie pour la situation du parent (sans soutenir en aucune façon les comportements antisociaux).

Le praticien doit aussi être fiable, répondre rapidement aux appels téléphoniques de son usager, respecter les rendez-vous avec lui, être ponctuel, et faire les choses qu'il a promis de faire. Comme je l'ai indiqué dans le Chapitre 2, dans mon étude sur la protection de l'enfance (Trotter, 2004), les usagers qui avaient des praticiens fiables avaient de meilleurs résultats. Ces derniers étaient satisfaits de leur suivi par la protection de l'enfance, et les praticiens disaient que les usagers avaient bien progressé et que les dossiers avaient été fermés plus vite.

Lorsque l'on présente un modèle prosocial, un certain niveau d'auto-divulgation peut être approprié. Par exemple, une travailleuse sociale peut dire qu'elle a trouvé que c'était difficile lorsque ses enfants étaient petits, bien qu'elle ait toujours réussi à ne pas recourir aux châtiments corporels. Ici, il est important de ne pas avoir l'air prétentieux, ni d'avoir toutes les réponses. Il convient, au contraire, de distinguer entre une modélisation illustrant comment on peut « gérer » plutôt qu'une modélisation qui suggère que l'on sait tout (Masters et al., 1987 ; Andrews & Bonta, 2010). Modéliser « comment gérer » donne à voir la vulnérabilité du praticien et reconnait qu'il a pu lui aussi vivre des difficultés. C'est ce qui semble le mieux marcher.

La pertinence de l'auto-divulgation est discutée aux Chapitres 2 et 6. Il est très difficile d'être prescriptif en ce domaine. Quoi qu'il en soit, il semble que l'auto-divulgation constitue bien une technique de modelage prosocial et qu'elle encourage certains comportements déterminés. Par exemple, dans son étude sur la protection de l'enfance, Shulman (1991) indique qu'il est utile de pratiquer un peu d'auto-divulgation pour encourager les usagers à révéler plus de choses. De même, dans mon étude portant également sur la protection de l'enfance (Trotter, 2004), les résultats des usagers étaient plus positifs s'ils pensaient que les praticiens avaient recouru à l'auto-divulgation.

Contester les comportements indésirables

Le quatrième aspect du modelage prosocial et du renforcement consiste à contester les comportements ou propos pro-criminels, antisociaux ou indésirables. Tel sera le cas si l'usager tient des propos où il tente de rationaliser son comportement antisocial ou illégal. Voici quelques exemples tirés de la protection de l'enfance : « Je l'ai seulement punie » ; « Je l'ai seulement frappé parce qu'il n'arrêtait pas de pleurer » ; « Une bonne baffe ne m'a jamais fait de mal quand j'étais enfant et ne fait pas plus de mal à qui que ce soit aujourd'hui » ; ou encore « je changerais les couches plus souvent si j'avais une machine à laver qui marchait ».

Le praticien de la protection de l'enfance doit identifier des propos tels que les rationalisations de comportements qui ont conduit la personne à devenir un usager de ce service ; il doit alors les renforcer négativement. Ceci peut consister, pour ce praticien, à souligner qu'il n'est pas d'accord avec ces propos ou à exprimer que c'est là justement rationaliser un comportement inacceptable.

Il convient de faire attention à ne pas renforcer par inadvertance les propos antisociaux avec son langage corporel, comme cela arrivait fréquemment dans les cas rapportés par l'étude de Patrick Burns (1994) relative aux commentaires pro-délinquants émis par le langage corporel, tels que, par exemple, le fait de sourire.

Les praticiens doivent encore faire attention à ne pas répondre uniquement de manière empathique aux rationalisations de propos antisociaux. Bien que des rationalisations contiennent une part de vérité (il est vrai que devoir gérer des couches sales sans machine à laver est difficile, tout comme, en général, gérer des bébés qui pleurent), il est important que le praticien ne les accepte pas en tant qu'excuse du comportement de l'usager. Il doit être clair pour ce dernier que, bien que le praticien puisse comprendre, il n'approuve pas les excuses du comportement antisocial.

S'il est important que l'usager comprenne que le praticien n'approuve pas ses rationalisations ou propos et actes antisociaux, il est également important que la désapprobation et la confrontation ne dominent pas le suivi. Cette dimension de la pratique prosociale doit être utilisée avec précaution. Un ensemble de recherches montre qu'il est important de se focaliser plus sur le renforcement positif que sur le renforcement négatif. Il a été montré que pour obtenir de bons résultats en matière de parentalité, de promotion du bon comportement en classe et même pour la survie des mariages, il convient d'adopter un ratio de trois à cinq commentaires positifs pour chaque propos négatif ou critique (Rodriguez & Sptick, date inconnue). Dans les formations à la modélisation prosociale que j'organise, je recommande aux praticiens d'essayer de formuler au moins quatre commentaires positifs pour chaque commentaire négatif : c'est la règle « quatre contre un ».

Le modèle qui a été mis en œuvre dans ma recherche (Trotter, 1993, 1996a, 2004, 2012) se centrait principalement sur les renforcements positifs plutôt que négatifs. Une recherche qualitative australienne précitée réalisée par Burns (1994) a également montré que les agents de probation les plus efficaces étaient ceux qui se focalisaient presque uniquement sur ce qui était positif, tandis que ceux qui étaient les moins efficaces avaient tendance à se focaliser plus sur ce qui était négatif.

Il convient donc de faire attention, lorsque l'on renforce négativement et que l'on critique. Ce point de vue est soutenu aussi par Lawrence Shulman (1991) qui affirme que « l'analyse des données portant sur la compétence en termes de confrontation, dont on pouvait penser qu'elle était cruciale dans le travail social, n'a pas produit les résultats positifs attendus. Lorsque cela se produit, c'est important. La confrontation qui intervient trop tôt dans la relation ou qui n'est pas équilibrée par un nombre important de propos positifs pourrait bien avoir des résultats négatifs » (1991 : 11).

Ce point de vue a été confirmé dans mon étude sur la protection de l'enfance, laquelle a trouvé que la confrontation qui marchait le mieux était celle qui explorait pourquoi l'usager pensait de la sorte et proposait des actions ou des façons différentes de voir la situation. Ignorer les comportements antisociaux ou critiquer l'usager était dans les deux cas corrélés à de piètres résultats (Trotter, 2004).

Pour résumer, lorsque l'on suit des usagers involontaires, il est important de récompenser les propos et comportements prosociaux. Il est également important que les usagers comprennent que le praticien n'approuve pas les comportements antisociaux, ni la manière dont ces usagers les rationalisent. Cependant, il convient aussi de se souvenir que les personnes ont plus de chance d'apprendre d'un renforcement positif, si bien que les praticiens ont tout intérêt à se centrer sur ce qui est positif.

Il est utile de reprendre l'exemple que j'avais cité dans le Chapitre 1, concernant un usager qui venait au service à des moments différents de ceux qui étaient prévus. D'un côté, le praticien pourrait penser qu'il convient de le renvoyer pour le responsabiliser ; de l'autre, le praticien peut estimer que l'usager doit être vu par respect pour lui. Quelle approche doit-on adopter ici dans un cadre du modelage prosocial et du renforcement ?

Supposons qu'en tant que praticien, vous vouliez renforcer le fait que l'usager vienne vous voir. Cependant, vous ne voulez pas non plus l'encourager à venir à l'improviste, parce que ce n'est pas pratique pour vous. Bien entendu, vous voulez modéliser le comportement que vous souhaitez voir adopter par l'intéressé. Donc vous parlez à l'usager aussi vite que possible. Vous lui expliquez que vous êtes ravi de le voir et que vous appréciez qu'il ait fait l'effort de venir vous voir. Vous essayez ici de récompenser l'action prosociale consistant à venir au service et vous modélisez un comportement respectueux en lui parlant aussi rapidement que possible. Cependant, vous expliquez ensuite que ce moment ne vous arrange pas et que vous allez lui donner un autre rendez-vous. Il est probable que l'usager se souviendra de l'heure du rendez-vous la prochaine fois.

Si, d'un autre côté, vous acceptez de tenir l'entretien en dehors du rendez-vous, vous récompensez ce comportement, consistant à venir à l'improviste, et ce comportement a toutes chances de se reproduire.

Toutefois, dans certaines situations, il peut être approprié de se centrer sur la dimension prosociale, soit le fait que l'intéressé soit venu voir le praticien. Les personnes ayant un déficit intellectuel, les malades psychiatriques et les usagers de drogue, peuvent avoir du mal à respecter les horaires des rendez-vous. Le fait que la personne vienne peut représenter une avancée dans le suivi d'un usager résistant. Dans un tel cas, il peut être approprié de le voir et de le féliciter d'être venu. Cela encouragera certainement l'intéressé à venir à nouveau, même si ce n'est pas exactement au jour et à l'heure prévus.

Le praticien doit réfléchir à ces questions et décider quels sont les comportements qu'il veut encourager. Dans le premier exemple, le praticien définit le comportement prosocial comme étant le fait de venir à l'heure ; dans le second exemple, il le définit simplement comme le fait de venir.

Avantages de l'approche prosociale

L'un des plus importants avantages de la modélisation prosociale et du renforcement est que la recherche montre qu'ils marchent. Cela a été corrélé à de bons résultats chez une variété d'usagers involontaires. Les données de mes études (Trotter, 1993, 2004, 2013) montrent que leur utilisation est significativement corrélée à des données de mesures quantitatives validées, telles que la récidive et la clôture anticipée des dossiers, ainsi qu'à un certain nombre de mesures de la satisfaction des usagers. Le succès de cette approche peut aussi s'expliquer théoriquement par référence à la théorie de l'apprentissage social.

Il semble que l'approche prosociale fonctionne, parce qu'elle met en pratique l'idée que les personnes apprennent mieux en étant encouragées plutôt que découragées. Cette approche inclut aussi une méthode permettant de décourager et de contester les propos et comportements antisociaux ce, dans un cadre positif.

L'approche aide aussi les praticiens à être aux commandes du processus de renforcement, lequel se produit quoiqu'il arrive. Qu'ils en soient conscients ou non, lorsqu'ils suivent des usagers involontaires, les praticiens formulent des jugements sur ce qu'ils souhaitent favoriser chez ces usagers, et, de ce fait, ils influencent le comportement de ces derniers. En comprenant le processus et en utilisant cette approche, les praticiens deviennent aptes à contrôler la nature de cette influence.

Critiques de l'approche prosociale

La littérature reconnaît de plus en plus la pertinence de la théorie de l'apprentissage et du modelage prosocial pour le suivi des usagers involontaires (par ex. Wing Hong & Nellis, 2003 ; Andrews & Bonta, 2010 ; Cherry, 2010 ; Hepworth et al., 2010). Néanmoins, un certain nombre de critiques peuvent être avancées contre ce modèle. Des réponses à quelques-unes de ces critiques, ainsi qu'à certaines des questions qui sont posées durant mes ateliers quant au modelage prosocial, seront apportées ci-dessous.

Quid si le comportement de l'usager est contradictoire avec ses propos prosociaux ? L'objectif de l'approche prosociale est de récompenser les comportements et propos prosociaux, soit les propos et comportements sincères. Une suite de propos malhonnêtes et superficiels émis par un usager involontaire, qui prétendrait raconter comment il a changé, ne serait pas considérée comme étant prosociale et ne devrait pas être récompensée, particulièrement si ces propos ne sont pas cohérents avec le comportement de l'intéressé.

Ceci étant dit, il peut être parfois difficile de déterminer si quelqu'un est sincère ou non. Il est certain que le praticien doit éviter de se faire « avoir » et il doit éviter de renforcer un comportement qui viserait à le tromper. Cependant, s'il est dans le doute, il semble plus approprié de s'en tenir aux propos de l'usager ; du moins jusqu'à ce que ce praticien obtienne des informations confirmant que ce que dit l'usager n'est pas exact.

Les praticiens n'utilisent-ils pas de toute façon déjà cette approche ?

L'un des propos le plus fréquemment tenu dans mes ateliers, lorsque je présente mes données, est le suivant : « c'est ce que je fais déjà de toute façon ». Certains praticiens pensent que le modelage prosocial et le renforcement sont une simple description du processus qu'ils mettent déjà en œuvre inconsciemment. Il y a cependant des preuves de ce que ceux qui travaillent avec des usagers involontaires ne mettent en réalité pas habituellement en œuvre ces compétences. L'étude canadienne sur la probation (Andrews et al., 1979) ainsi que les études australiennes (Burns, 1994 ; Trotter, 1996a, 2004 : Trotter & Evans, 2012) ont montré que les praticiens utilisent la modélisation prosociale et le renforcement de manière très irrégulière. Certains praticiens utilisent ces techniques et d'autres non.

Mes études initiales sur la probation (Trotter, 1996a), ainsi qu'une étude ultérieure (Bonta et al., 2011), ont aussi observé une large palette de comportements chez les agents de probation après que ceux-ci aient suivi une formation relative à ces techniques. Ce qui est incontestable est que, si les compétences prosociales sont naturelles pour certains praticiens, tel n'est pas le cas pour tous. Néanmoins, leurs compétences peuvent être améliorées par la formation et en s'assurant qu'ils en demeurent conscients dans la durée.

Les praticiens sont cependant souvent inconscients des compétences qu'ils utilisent. Comme indiqué *supra*, l'étude qualitative de Burns (1994), réalisée dans la probation pour adultes, a montré que de nombreux agents renforçaient très souvent par inadvertance les comportements qu'ils tentaient pourtant de changer, que ce soit en souriant, par leur langage corporel ou, tout aussi souvent, par leurs propos et actions. Une étude plus récente dans la probation des mineurs a, elle aussi, montré que les estimations que les praticiens faisaient de leur utilisation des compétences au cours des entretiens, étaient souvent fort éloignées de ce que les chercheurs observaient, ainsi que de ce que les usagers évaluaient eux aussi (Trotter, 2013a).

L'un des arguments les plus forts en faveur de l'utilisation des compétences prosociales, est que le renforcement se produit de toute façon. Il semble que, qu'ils en soient ou non conscients, les praticiens renforcent peu ou prou les différents comportements de leurs usagers. Il est donc préférable qu'ils le fassent consciemment et qu'ils prennent le contrôle de ce processus, tant pour eux-mêmes que pour leurs usagers.

Cette approche est-elle superficielle ?

Il sera peut-être avancé que cette approche est superficielle, qu'elle est centrée sur les symptômes et est, de ce fait, peu à même de traiter des problèmes complexes et durables des usagers involontaires. Comment une telle approche pourrait-elle traiter de questions telles que la pauvreté, le chômage, la consommation de drogue, la dépression, etc. ? Il est vrai que le modelage prosocial et le renforcement ne traitent pas tous les problèmes des usagers involontaires. Toutefois, ils sont et bien corrélés à des résultats positifs chez ces derniers et peuvent être utilisés en parallèle d'autres compétences qui, elles, peuvent traiter des problèmes sous-jacents. Les usagers sont influencés par les réactions positives et négatives des praticiens. Comprendre ce processus et utiliser les compétences en cause de manière constructive peut faciliter les progrès vers les objectifs des praticiens et des usagers. Ce processus peut sembler superficiel, mais les données scientifiques montrent qu'il a un impact.

Cette approche n'est-elle pas manipulatrice ?

Le modelage prosocial et le renforcement peuvent être perçus comme manipulateurs, car ils s'attachent à modifier le comportement des usagers dans le sens souhaité par les praticiens, plutôt que par lesdits usagers. Il est inévitable que les praticiens manipulent les usagers en encourageant et en décourageant certains comportements. Il est bien préférable qu'une telle manipulation soit explicite plutôt qu'implicite et que l'usager comme le praticien comprennent ce processus.

Afin de s'assurer que ce processus soit équitable, il est particulièrement important que le praticien soit honnête à ce sujet. Il peut expliquer à l'usager ce que cela implique. Il doit encore être clair quant aux objectifs qu'il poursuit et en quoi ces objectifs pourront différer des objectifs de l'usager. Le praticien doit, de plus, expliquer comment le processus de renforcement sera utilisé pour faciliter la réussite de ses objectifs, ainsi que ceux de l'usager. Comme indiqué *supra*, pour travailler efficacement avec les usagers involontaires, il convient d'être honnête et ouvert à propos des questions relatives à l'autorité et aux rôles de chacun. Lorsque cela est bien le cas, je pense que la pratique prosociale est moins manipulatrice que les approches traditionnelles du suivi des usagers involontaires où les manipulations peuvent être dissimulées. Plus de détails sur l'éthique de la modélisation prosociale peuvent être trouvés dans Trotter et Ward (2012).

La pratique efficace n'est-elle pas censée se centrer sur les objectifs de l'usager ?

Dans le Chapitre 2, j'ai mentionné plusieurs recherches qui ont montré que le fait pour le praticien et l'usager de se mettre d'accord sur les objectifs était important en termes d'efficacité, tant avec les usagers volontaires qu'avec les usagers involontaires. Cependant, la notion de pratique prosociale suggère que le changement est possible alors même que les objectifs des praticiens et des usagers sont distincts.

Chaque fois que possible, le praticien doit travailler sur la base des objectifs de l'usager. D'ailleurs l'objectif dominant de la pratique de terrain, qu'elle inclue la modélisation prosociale ou pas, est de parvenir à un accord sur ces objectifs et, si possible, de travailler sur la base des objectifs de l'usager. Dans bien des cas, l'on parvient à un tel accord sur les objectifs avec les usagers involontaires. Cependant, les praticiens sont souvent confrontés à des situations où l'usager fait l'objet d'un suivi pour des problèmes que, tantôt il nie, tantôt il minimise. Au demeurant, selon mon expérience, de nombreux praticiens estiment que cette situation est extrêmement fréquente.

Dans ces situations, le praticien a trois options : 1) travailler avec les usagers sur les objectifs que l'usager choisit ; 2) être honnête quant aux objectifs du praticien et de son institution et dire clairement que tout progrès vers ces objectifs sera récompensé et renforcé ; ou 3) combiner ces deux approches et c'est ce que propose cet ouvrage.

Dans ce cadre, le praticien peut travailler sur la base d'objectifs définis par l'usager lorsqu'ils n'entrent pas en conflit avec ceux du praticien. Dans le même temps, le praticien peut renforcer simultanément les progrès pour réaliser les objectifs du praticien et de l'institution, tels que cesser toute maltraitance des enfants, toute commission d'infraction ou violence domestique. Pour cela, l'approche prosociale peut être utilisée en même temps que le processus de résolution des problèmes (v. Chapitre 5).

Est-ce juger les gens ?

Dans les professions du champ social, l'on insiste souvent pour dire qu'il ne faut pas que les praticiens jugent les usagers (Hepworth et al., 2010). Pourtant, l'approche prosociale se fonde sur des jugements de valeur. Le terme « prosocial » a une connotation de type contrôle social, suggérant de quel côté se trouve le bien, et ce qui est acceptable socialement.

L'État emploie des personnes pour travailler avec les usagers involontaires, lesquels ont été jugés pour avoir transgressé les valeurs sociales. Quotidiennement, les praticiens émettent des jugements concernant des formes inacceptables de parentalité, ou des niveaux inacceptables de consommation de drogue ou de violence. Les travailleurs sociaux émettent ces jugements et les communiquent aux usagers, ce qui, à son tour, influence le comportement de ces derniers. Il doit être noté que les études dans la probation, auxquelles j'ai précédemment renvoyé (Andrews et al., 1979 ;

Trotter, 1990, 1993 ; Trotter & Evans, 2012), indiquent que les praticiens renforcent différents propos et comportements, qu'ils en soient conscients ou non.

Quoi qu'il en soit, il est important que le comportement prosocial soit défini dans des termes explicites et délimités. Il ne doit pas être défini comme renvoyant aux valeurs du praticien. Par exemple, dans la protection de l'enfance, ils doivent être définis spécifiquement comme renvoyant aux comportements, propos et attitudes compatibles avec l'objectif de permettre aux enfants de vivre dans un environnement sécure. Comme il a été dit, dans l'étude canadienne sur la probation (Andrews et al., 1979), contrairement aux études australiennes (Trotter, 1990, 1993), il avait été montré que les praticiens qui recouraient au modelage prosocial et au renforcement n'étaient efficaces que s'ils mettaient aussi en œuvre l'écoute réflective et avaient de hauts niveaux d'empathie.

Il semble donc bien que si le modelage prosocial et le renforcement sont utilisés, d'une manière ou d'une autre, en tant qu'excuse de la part du praticien pour faire la morale à l'usager, cela ne marche pas. L'argument sans doute le plus fort en faveur du focus sur ce qui est positif, est que cela a plus de chance d'éviter que le modelage prosocial et le renforcement soient perçus comme moralisant et désapprobateur.

Le suivi d'usagers involontaires représente un travail dans un contexte hautement chargé en valeurs morales. Il est nécessaire de le reconnaître et de susciter le débat sur la dimension éthique et morale de ces questions. L'un des buts du modelage prosocial et du renforcement est précisément de fournir un cadre dans lequel l'on puisse traiter de ces questions de valeurs.

Cette approche est-elle compatible avec les théories féministes et critiques ?

Le travail de terrain avec les usagers involontaires est parfois critiqué en ce qu'il maintient le *statu quo*. De nombreux ouvrages et articles ont proposé une approche du suivi qui tente de modifier les stéréotypes et inégalités sociaux, tout en aidant les personnes à résoudre leurs problèmes (par ex. Dominelli, 2002 ; Mullaly, 2002).

Dans le Chapitre 5, j'expliquerai que certaines de ces questions peuvent être traitées par le biais du processus résolutif de problèmes. Il a également été dit au Chapitre 2, que le modèle pratique proposé dans mon ouvrage peut contribuer à une approche féministe ou critique du travail social. Le modelage prosocial et le renforcement fournissent, en particulier, un cadre dans lequel les principes féministes et critiques peuvent être formulés et promus. Tel pourra être, par exemple, le cas pour un agent de probation devant suivre un condamné pour faits de violence domestique ayant une attitude négative envers les femmes. Conformément au modelage prosocial, cet agent pourra avoir pour objectif de modifier les attitudes sexistes du condamné. Ceci pourra-être perçu comme étant compatible avec l'objectif ultime de prévention de la récidive. L'agent de probation pourra ainsi contester les propos ou rationalisations sexistes de son comportement formulés par l'intéressé, modéliser un comportement non sexiste, tout en renforçant et récompensant les propos non sexistes formulés par celui-ci.

De même, en utilisant ses compétences prosociales, un praticien féministe en charge d'une femme vivant dans un cadre familial patriarcal, pourra renforcer les propos que celle-ci tient, qui reflètent le fait qu'elle est consciente de la situation difficile des femmes et contester respectueusement les propos qui reflètent une acceptation des valeurs patriarcales. Le praticien pourra encourager et récompenser l'identification à des objectifs qui aident l'usager à gagner en autonomie.

Cette approche est-elle appropriée pour toutes les cultures ?

La définition de ce qui n'est pas prosocial est inévitablement enracinée dans les mœurs sociales et culturelles. Par exemple, l'excision ou les mutilations génitales pourront être légales dans une culture donnée, mais illégales et même immorales dans une autre. Il sera parfois habituel dans tel pays d'infliger des châtiments corporels sévères aux délinquants, tandis que dans d'autres cultures cette pratique serait illégale. Une famille pourra avoir une tradition culturelle qui n'autorise pas les jeunes femmes à sortir le soir sans chaperon, mais une jeune femme appartenant à cette famille pourra estimer avec force que cela n'est pas juste. Si un praticien peut considérer que de telles contraintes imposées à cette jeune femme ne sont pas prosociales, les parents de celle-ci peuvent penser qu'elles sont appropriées dans leur culture.

Les praticiens et les usagers sont influencés par leur milieu ethno-culturel, social, religieux et économique. Ils peuvent tous les deux avoir de fortes croyances concernant ce qui peut être considéré comme étant prosocial. Dans de tels cas, qui peut décider ce qui est prosocial et ce qui ne l'est pas ?

Pour la mise en œuvre des compétences prosociales, il convient d'appliquer certains principes afin d'éviter que cela ne fonctionne comme un masque derrière lequel le praticien dissimule une attitude moralisatrice et bien-pensante. Cette méthode ne doit pas se transformer en technique permettant au praticien d'imposer ses valeurs à l'usager.

En premier lieu, le praticien doit se centrer sur ce qui est positif. Ceci a déjà été souligné et est vital afin que cette approche soit mise en œuvre correctement.

En deuxième lieu, la confrontation et la discussion des comportements et propos des usagers doivent se limiter aux questions qui ont trait au problème pris en charge ou celui qui fait l'objet du mandat judiciaire fondant le suivi. S'agissant des usagers involontaires, cela concernera souvent des comportements illégaux, tels que, par exemple, des infractions, de la violence domestique, de l'absentéisme scolaire ou des maltraitances d'enfants. D'autres comportements « désirables », que le praticien pourra souhaiter encourager, seront le fait de rechercher un emploi, de développer une relation, de reprendre ses études, d'avoir des interactions plus équitables avec son compagnon/sa compagne ou de rendre visite à ses enfants, que l'on n'a pas vus depuis longtemps. Ces comportements doivent être encouragés si le praticien pense qu'ils sont prosociaux. Si l'usager ne les met pas en œuvre, il ne faut pas, en revanche, que cela donne lieu à une confrontation de la part du praticien.

En troisième lieu, sur le terrain, le praticien devra essayer de comprendre le point de vue et les actes de l'usager dans son contexte culturel. Lorsqu'il s'informe de ce qui est prosocial dans un contexte particulier, le praticien doit prendre en compte cet environnement culturel. Ceci nécessite qu'il parle avec l'usager des différences culturelles.

En quatrième lieu, le praticien doit analyser ses propres croyances au sujet de ce qui est prosocial et ce qui ne l'est pas et être au clair à leur égard, que ce soit avec lui-même ou avec les usagers. Les usagers doivent avoir le choix d'être suivis par un autre praticien lorsque les différences de valeur rendent le travail commun trop difficile.

Dossier-Illustration

Un auteur de faits de violence domestique fait l'objet d'une mesure de probation. Christiano a été placé sous probation après avoir agressé sa femme, ce qui l'a conduite à l'hôpital et à se séparer de lui. Ceci est la retranscription du troisième entretien entre l'agente de probation et Christiano, lequel est retourné vivre avec sa femme.

CPIP : Je suis contente de vous voir. J'apprécie que vous soyez venu à l'heure. Cela me simplifie les choses. Êtes-vous venu en transport public ?

Christiano: Oui j'ai perdu mon permis il y a plusieurs mois.

CPIP : Alors je suis contente que vous ne conduisiez pas. Vous êtes venu en train ?

Christiano: En train et en bus.

CPIP : Cela vous a pris combien de temps ?

Christiano: Plus d'une heure. Le bus était en retard.

CPIP : Comme je vous l'ai dit, j'apprécie que vous soyez arrivé à l'heure. Cela vous a clairement demandé des efforts. Lors de notre dernier entretien, vous disiez que vous pensiez retourner à la maison ?

Christiano: J'y suis retourné maintenant.

CPIP : C'était quand ?

Christiano: La semaine dernière.

CPIP : Qu'en pense votre femme ?

Christiano : Elle m'a demandé de revenir. Elle est OK avec ça tant que je continue à aller aux séances du groupe sur la violence domestique.

CPIP : J'ai parlé à l'organisateur du groupe. Il dit que vous y allez, mais que vous avez raté la première séance. Vous êtes allé à deux des trois séances. Donc vous semblez prendre cela au sérieux : aller aux séances du travail de groupe, et venir aux rendez-vous. C'est dommage que vous ayez raté la première séance. Il faut que vous alliez au moins à huit des dix séances, sinon il faut tout recommencer le programme.

Christiano : Je ne le savais pas

CPIP : Je l'ai mentionné la semaine dernière. Cela pose un problème ?

Christiano : Ben non je suis obligé d'y aller à cause d'elle de toute façon.

CPIP : Donc vous êtes motivé pour y aller du fait de ce qu'en pense votre femme ?

Christiano : Si j'y vais pas elle va probablement appeler les flics.

CPIP : Ce qui est le plus important est que vous ayez l'intention de participer à ce groupe. C'est bien. Pouvons-nous parler un peu de ce groupe ? Comment le trouvez-vous ?

Christiano : C'est OK. On parle surtout de nos émotions ou on nous fait des petites leçons sur la violence.

CPIP : Alors vous trouvez cela utile ?

Christiano : C'est OK. De toute façon je sais ce qui se passera si je la frappe encore. Encore que j'ai pas fait autre chose de plus que de lui donner une petite claque. Mais elle dit que si je la frappe encore ce sera fini.

CPIP : Ce que je vois à la lecture du rapport de police est que vous l'aviez blessée assez gravement. Ce n'était certes pas seulement une petite claque. Cependant, je suis contente de vous entendre dire que vous ne frapperez plus votre femme. Elle compte beaucoup pour vous ?

Christiano: Oui et je ne voulais pas la frapper, mais elle me met tellement en colère. Elle dit des choses juste pour m'énerver.

CPIP : Vous savez comme moi que ce n'est pas une excuse pour la frapper. Vous êtes bien en train de dire que vous allez changer votre comportement envers votre femme ?

Christiano : Ben je sais que je ne peux pas recommencer.

CPIP : Je suis contente de vous entendre dire ça. Je pense que cette probation se passe plutôt bien. Vous avez respecté la plupart de vos rendez-vous et vous semblez déterminé à ne pas commettre à nouveau cette infraction.

Au vu de ce que vous avez mis en place, j'aimerais bien venir chez vous lors du prochain entretien. Cela me donnera la possibilité de parler à votre femme à nouveau et, en attendant, je l'appellerai pour voir comment ça se passe et parler de l'aide qu'elle reçoit. Parlons maintenant un peu plus de la situation à la maison.

Dans cet entretien, la praticienne essaye de féliciter chaque propos ou acte prosocial de Christiano. Elle le félicite d'être venu à l'heure, de ne pas conduire tant que son permis est suspendu, de ses efforts pour venir à l'entretien, du fait qu'il ait été à deux des séances du travail de groupe sur la violence domestique et de sa motivation à modifier son comportement envers sa femme, ainsi que de sa déclaration indiquant qu'il ne la frappera pas à nouveau. L'agent de probation propose de lui rendre visite la prochaine fois à domicile, ce qui fera gagner beaucoup de temps et d'efforts au probationnaire. Elle lie cela à la bonne attitude de ce dernier.

Elle dit aussi clairement qu'elle n'approuve pas certains propos ou actes de Christiano. Tel est le cas du fait qu'il ait manqué une séance du travail de groupe et qu'il minimise sa violence envers sa femme. Elle dit aussi clairement qu'elle a l'intention de parler à la femme de Christiano sur sa situation actuelle.

Dans ce dossier-illustration, il apparaît nettement que la praticienne désapprouve fortement l'infraction commise par l'usager, ainsi que les rationalisations de son comportement par ce dernier. Cependant, conformément au modèle de modelage prosocial et du renforcement, la praticienne se focalise sur ce qui est positif, tout en indiquant qu'elle désapprouve l'infraction et n'accepte pas les rationalisations. Elle se focalise sur ce qui est positif en sachant que cela a plus de chance de conduire à des changements dans le comportement de l'intéressé qu'une approche qui se focaliserait sur ce qu'il fait de mal.

Résumé

La modélisation prosociale et le renforcement sont l'une des quatre compétences clefs que constitue le modèle de pratique efficace qui est présenté dans ce livre. Les autres compétences sont : la clarification des rôles ; la résolution des problèmes ; et les aptitudes relationnelles. Le modelage prosocial et le renforcement comportent quatre étapes : identifier les propos et actions prosociales de l'usager ; récompenser ces propos et comportements ; présenter soi-même un modèle prosocial ; et contester les propos et comportements antisociaux.

Le modelage prosocial et le renforcement présentent un certain nombre d'avantages. Leur plus grand avantage est que de nombreuses études ont montré leur efficacité à améliorer les résultats chez les usagers. Cependant, un certain nombre de critiques a parfois été formulé contre cette approche. Parmi ces critiques l'on trouve : le fait que l'usager puisse parfois tenir des propos prosociaux, mais ne pas les transformer en action ; que les praticiens utilisent de toute façon déjà cette méthode ; et que cette approche serait superficielle, manipulatrice, critique et ne s'appuierait pas sur les objectifs des personnes suivies. Chacune de ces critiques a été traitée dans ce chapitre et il a également été montré comment cette approche est compatible avec certaines perspectives, telles que les théories féministes et critiques et comment elle peut être mise en œuvre dans différentes cultures.

Chapitre 5

Résolution des problèmes

L'approche résolutive de problèmes est devenue populaire dans le champ social et sanitaire depuis de nombreuses années. La première personne à populariser la résolution des problèmes dans le champ social a sans doute été Helen Harris Perlman, dans son ouvrage *Social Casework : A problem-solving process* (Travail social : Un processus résolutif de problèmes), publié en 1957. À leur tour, William Reid et Laura Epstein ont publié *Task-Centred Casework* (Pratique sociale centrée sur la tâche) en 1972, ouvrage qui devait également développer un modèle résolutif de problèmes pour le travail social. Ces modèles ont par la suite été raffinés (par ex. Reid & Epstein, 1972 ; Doel & Marsh, 1992 ; Marsh, 2004). La plupart des ouvrages actuels relatifs au travail social et à l'aide sociale continuent à inclure des éléments tirés de l'approche résolutive de problèmes (par ex. Hepworth et al., 2010 ; Compton & Galaway, 2012).

Le modèle résolutif de problèmes, tel que présenté dans ce chapitre, s'appuie beaucoup sur les éléments développés dans ces publications. Cependant, il adapte spécialement ce matériau pour le suivi des usagers involontaires. Il tente aussi d'intégrer, au sein même du cadre résolutif de problèmes, les principes de l'évaluation, de la planification du suivi et de la gestion du suivi. Ce modèle incorpore les principes d'une pratique efficace avec les usagers involontaires, qui ont été introduits au Chapitre 2. Ce modèle a été testé et développé dans mes recherches sur la probation et la protection de l'enfance (Trotter, 1996a, 2004, 2012).

Étapes du processus de résolution des problèmes

Le processus résolutif de problèmes comprend sept étapes :

1. Rechercher quelles sont les difficultés de l'usager ;
2. Choisir le ou les problèmes à traiter en premier ;
3. Explorer le ou les problème(s) en détail ;

4. Définir les objectifs ;
5. Élaborer un contrat ;
6. Élaborer des stratégies et des tâches ;
7. Réaliser une analyse continue du suivi.

Dans ce chapitre, ces étapes seront présentées aux côtés des réponses apportées à certaines des critiques formulées sur la résolution de problèmes. Il convient, toutefois, de commencer dès le départ par dire que si les praticiens sont encouragés à suivre les étapes de ce modèle aussi systématiquement que possible, dans bien des cas ce ne sera pas possible. Lorsque l'on suit des usagers involontaires, particulièrement ceux ayant des problèmes de drogue, des problèmes psychiatriques ou des déficits intellectuels, il peut être difficile de travailler par étapes. Les problèmes de ces personnes, ou la perception qu'elles en ont, peuvent changer d'une semaine à l'autre et parfois même d'une minute à l'autre. Aussi, en pratique, les praticiens peuvent-ils effectuer un va-et-vient dans les différentes étapes du modèle. Il est, cependant, important que ce modèle soit utilisé de manière à présenter une structure claire pour les interactions entre le praticien et l'usager et que le praticien essaye autant que possible de travailler par séquences.

L'usager doit se voir communiquer des informations quant à la nature du processus de résolution de problèmes. Comme il a été dit *supra*, certains des praticiens de la protection de l'enfance ou de la probation avec qui j'ai travaillé, affichent dans leur bureau un poster avec de gros caractères, reprenant les étapes du processus résolutif de problèmes. Ils peuvent ainsi le présenter à l'usager, le lui expliquer et identifier régulièrement à quelle étape du processus ils en sont. C'est une approche que je soutiens tout à fait, car elle est porteuse de relations sincères. Un exemple de poster de ce type est proposé dans une annexe de cet ouvrage.

1. Rechercher quelles sont les difficultés de l'usager

La première étape du processus de résolution des problèmes, soit rechercher les difficultés, commence après la clarification des rôles initiale (v. Chapitre 3). Son objectif est de réaliser une forme de cartographie de la perception que l'usager a de sa situation et de ce qui l'inquiète, le cas échéant. Cela permet ensuite de travailler avec lui sur la base de ces difficultés.

Ce que représente la recherche des difficultés

Il est demandé à l'usager de faire la liste ou d'identifier tous problèmes qu'il pourrait avoir. Le praticien peut ainsi lui demander de penser à tout ce qu'il aimerait changer dans sa vie. Poser des questions du type de celles que l'on pose dans la méthode thérapeutique centrée sur la solution (par ex. Berg & De Jong, 1996) aide à identifier les problèmes. On dira, par exemple : « Si vous pouviez réaliser ce que vous vouliez que changeriez-vous ? »

L'objectif est d'obtenir une liste écrite de ce que n'aime pas l'usager dans sa vie et qu'il voudrait changer. Pour élaborer cette liste, le praticien peut s'appuyer sur un guide d'évaluation ou un outil d'évaluation du risque, qui peut être utilisé dans une institution donnée. Nous discuterons *infra* de la manière dont de tels outils d'évaluation du risque peuvent être intégrés dans la recherche des problèmes. S'il ne dispose d'aucun de ces outils, le praticien doit questionner l'usager afin qu'il évoque les questions qui lui posent problème, par exemple l'emploi, le logement, la situation familiale, l'usage de drogue, les loisirs, ou l'argent.

Il convient d'écrire cette liste, soit sur un tableau, soit sur du papier. Celle-ci doit être considérée comme étant la liste des problèmes de l'usager. L'usager doit donc être l'arbitre ultime de ce qui est inclus dans cette liste. Cependant, le praticien doit l'encourager à identifier des problèmes dont il estime qu'ils sont en lien avec le comportement ayant conduit l'intéressé à devoir subir un suivi.

À mesure que l'usager identifie les différents problèmes, le praticien doit lui demander de parler de chacun d'entre eux. Pourquoi est-ce un problème ? Quel est son degré de gravité ? Depuis combien de temps dure-t-il ? Par exemple, s'agissant d'un problème de chômage, le praticien pourra demander à l'intéressé de clarifier depuis combien de temps il est sans emploi, ce qu'il ressent à ce sujet, s'il a travaillé antérieurement, et comment il occupe ses journées.

Il peut être pertinent de répartir le problème en petits morceaux ou de le partitionner. Par exemple, si l'usager dit qu'il est déprimé, le praticien pourra tenter de séparer ce sujet en plus petites questions. Cette dépression est-elle due à un problème spécifique tel que le logement ou le manque d'amis. Va-t-elle jusqu'à l'empêcher de sortir du lit le matin ? La personne est-elle suicidaire ?

Il est important que les problèmes soient listés sur la base de ce qu'en dit l'usager et ce, dans son langage à lui. S'il a un problème « pas d'boulot » ou « tout petit appart », c'est en ces termes qu'il faut l'écrire, plutôt que d'écrire « chômage » ou « logement inadéquat ». Le praticien peut certes reformuler la définition du problème qui est donnée par l'usager, afin de clarifier ce qu'il dit. Par exemple, il peut dire : « vous voulez dire que l'appartement n'est pas assez grand pour vous et vos deux enfants ?». Cependant, la liste doit autant que possible être écrite dans les termes mêmes que l'usager a utilisés pour décrire le problème.

Comme il sera discuté *infra* dans ce chapitre, l'approche résolutive de problèmes est parfois critiquée, parce qu'elle se centre sur les problèmes plutôt que sur les forces. Dans son travail relatif au modèle centré sur les solutions, Steve DeShazer (1988) préfère le terme de « plainte », plutôt que de « problème ». De leur côté, dans leur ouvrage sur ce même modèle dans le champ de la protection de l'enfance, Dorothy Scott et Di O'Neill (1996) font état de « questions qui préoccupent actuellement la famille ». Je dirai *infra,* qu'à mon sens, la résolution des problèmes ne représente pas une expérience négative pour les usagers. Toutefois, évoquer des problèmes en tant que sujets ou choses que l'usager voudrait changer peut contribuer à ce que la recherche des problèmes soit perçue comme étant moins négative ou accablante pour celui-ci.

2. Choisir le ou les problèmes à traiter en premier

Une fois que l'on a passé en revue les problèmes, en d'autres termes une fois que le praticien et l'usager ont élaboré une liste des problèmes ou questions du point de vue de ce dernier, il convient de décider quels sont ceux qu'il s'agit de traiter. Il est généralement pertinent de commencer par l'un d'entre eux, ou à la rigueur deux, qui apparaissent gérables.

Lorsque l'on suit des usagers involontaires, un certain nombre de principes peuvent guider comment décider avec ceux-ci quels sont les problèmes devant être traités. Pour commencer, il y a parfois des situations de crise, qui requièrent une action immédiate, avant même que le praticien ait le temps de passer les problèmes en revue ou de les ordonner. Par exemple, il peut y avoir une crise qui requiert le placement immédiat des enfants ou l'hospitalisation d'un toxicomane ou d'un usager malade psychiatrique. Il va de soi que ces situations sont prioritaires.

Une fois que la situation de crise a été traitée, le processus de résolution de problème peut commencer. Lorsque l'on décide du problème par lequel commencer, il est important que ce soit un problème identifié comme tel par l'usager. Le praticien peut suggérer qu'il serait une bonne idée de commencer par tel ou tel problème et en fournir à l'usager les raisons. Il est néanmoins fondamental que l'usager considère bien qu'il s'agit-là d'un problème.

Il est également préférable de commencer par les problèmes qui sont susceptibles d'être résolus. Obtenir rapidement des résultats en début de processus résolutif de problème est encourageant, tant pour le praticien que pour l'usager. Il pourra, par exemple, ne pas être approprié de commencer par un problème de logement, si le praticien sait qu'il existe localement un problème sérieux en la matière. Il sera plus facile de réussir si le praticien et l'usager décident de traiter du fait qu'une dame est coincée à domicile avec ses jeunes enfants. Le praticien pourra connaître une bonne halte-garderie ou la dame pourra avoir un entourage familial susceptible de l'aider.

Si des ressources sont disponibles pour aider à résoudre le problème, il y a plus de chance d'obtenir des résultats à court terme. Il pourra, bien entendu, être très utile à ce stade que le praticien ait une bonne connaissance des ressources existantes.

S'il est certes vital que le problème traité en soit bien un aux yeux de l'usager, le praticien doit encourager ce dernier à travailler sur les problèmes qui l'ont amené à faire l'objet d'un suivi. Par exemple, une délinquante pourra vouloir travailler sur son problème relationnel avec son compagnon qui consomme de la drogue. Le praticien pourra toutefois considérer que ce compagnon a une influence négative sur elle et risque de l'amener à augmenter sa propre consommation de stupéfiants. Le praticien peut, dès lors, encourager celle-ci à travailler sur sa consommation de produits, plutôt que sur son problème relationnel.

Si le praticien est fortement convaincu que le problème choisi par l'usager n'est pas le plus approprié, il peut alors être utile de suggérer à celui-ci de travailler en même temps sur la base de deux problèmes. Ils pourront ainsi se mettre d'accord pour traiter à la fois de l'usage de drogue et du problème relationnel. Il n'en demeure pas moins qu'il demeure vital que l'usager admette que les deux questions constituent un vrai problème.

Le praticien peut aussi encourager l'usager à travailler sur les problèmes d'une manière cohérente avec les valeurs prosociales. Par exemple, un auteur de violence domestique pourra estimer qu'il a un problème avec sa compagne, qui ne le soutient pas assez. Il pourra vouloir qu'elle accomplisse plus de tâches domestiques et, d'une manière générale, qu'elle le soutienne plus. Le praticien pourra penser que ceci reviendrait à renforcer les opinions patriarcales du probationnaire. Il pourra, dans un tel cas, décourager l'usager de travailler sur ce problème.

Enfin, le focus de la résolution des problèmes est pratique et non intrapsychique. Les recherches portant sur le recours à la psychanalyse pour les usagers involontaires ne sont pas positives (Alexander & Parsons, 1973 ; Fisher, 1973 ; Wood, 1978 ; Rubin, 1985 ; Videka Sherman, 1988 ; Gough, 1993 ; Andrews & Bonta, 2010). Lorsque l'usager fait état de problèmes génériques tels que, par exemple, la dépression, la faible estime de soi, l'anxiété ou la culpabilité, il convient de les répartir en sujets plus tangibles. On pourra, par exemple, demander à une personne, qui indique qu'elle se sent mal et a une faible estime de soi, pourquoi cela est le cas. Il pourra alors être fait un lien entre cette estime de soi et l'absence d'amis, de travail, le fait de se sentir stigmatisée par l'existence d'un mandat judiciaire, ou de se sentir inadéquate, parce qu'elle n'a pas d'argent. Plutôt que de traiter du problème générique tel que la faible estime de soi, le praticien et l'usager pourront choisir de travailler sur l'un de ces sujets plus spécifiques.

Il ressort à l'évidence de ma propre expérience du travail social et des ateliers que j'organise avec des praticiens, que les étapes de recherche des problèmes et leur hiérarchisation peuvent prendre un temps fortement variable. Il sera parfois possible de réaliser ces étapes en un ou deux entretiens ; dans d'autres cas cela prendra plus de temps. Il n'est pas rare d'avoir à consacrer plusieurs entretiens à ce travail sur les problèmes, de passer au stade suivant du processus, puis de devoir revenir à l'étape antérieure de détermination des problèmes plusieurs semaines plus tard.

Ainsi, par exemple, dans un dossier que j'avais suivi, j'étais passé par les différentes étapes de la résolution des problèmes avec un jeune probationnaire, que j'estimais être alcoolique. En dépit de mes efforts pour soulever ce problème, il persistait à refuser de considérer que l'alcool était un problème pour lui. Nous avions alors travaillé sur une série d'autres questions, telles que ses relations familiales. Après plusieurs mois, alors qu'il allait un jour quitter le bureau, il me dit qu'il était inquiet parce qu'il avait trop bu et que c'était dans un cas comme celui-là qu'il avait eu des problèmes la fois précédente. L'on qualifie ces situations d'un euphémisme : « la thérapie du pas de la porte », qui se produit de manière typique alors que l'usager se sent en sécurité parce qu'il a la main sur la porte et est sur le point de partir. Nous reprîmes alors notre entretien et revinrent en arrière à l'étape recherche des problèmes du suivi. L'usager commença alors à explorer cette question et à développer des stratégies lui permettant de traiter de sa peur de voir son problème d'alcool le conduire à commettre une nouvelle infraction.

3. Explorer le ou les problème(s) en détail

L'exploration de certains problèmes a déjà eu lieu durant la phase de recherche desdits problèmes. Quoi qu'il en soit, une fois que le praticien a décidé quel problème devrait être traité, il peut être utile d'explorer plus avant les problèmes et facteurs qui peuvent avoir un impact sur eux. Dans certains cas, l'exploration des problèmes peut conduire à différentes définitions de ceux-ci.

L'usager pourra se voir demander de parler de la manière dont le problème a commencé, quand il a commencé, quels sont les facteurs qui empêchent de le résoudre, s'il y a déjà eu des tentatives de résolution de celui-ci et à quel point elles ont pu marcher.

Un agent de probation pourra, par exemple, travailler avec un jeune condamné et ils pourront s'être mis d'accord pour travailler sur le problème de chômage de ce dernier. L'agent de probation pourra alors commencer à explorer cette question et demander, par exemple :

- Depuis combien de temps cette jeune personne est-elle au chômage ?
- Si elle a déjà travaillé et si oui, dans quel type de profession ?
- Combien de temps avait-elle conservé ce travail ?
- Avait-elle quitté cet emploi volontairement ou lui avait-on demandé de partir ?
- Cherche-t-elle un autre emploi et si oui, de quel type ?
- A-t-elle eu des entretiens d'embauche ?
- Pour trouver un emploi, recourt-elle aux petites annonces ou bien au bouche-à-oreille ?
- Quels sont son niveau d'éducation et ses qualifications ?
- Comment se présente-t-elle dans les entretiens d'embauche ?

Certaines de ces questions auront pu être explorées durant la période de recherche des problèmes. Toutefois, le but de cette étape-ci du processus est d'en apprendre autant que possible sur les difficultés et les problèmes périphériques. Il pourra ainsi apparaître, au fur et à mesure que le problème est exploré, que d'autres questions doivent aussi être traitées avant qu'il ne soit résolu. Par exemple, une jeune personne pourra rechercher du travail qui requiert des compétences et une formation qu'elle n'a pas. Le problème devra alors être redéfini comment étant une insuffisante compétence permettant de trouver le type de travail qu'elle souhaite. Ceci pourra donner lieu à un échange sur la question des compétences et des possibilités de formation existantes.

Il a pu être dit que les praticiens en charge d'usagers involontaires doivent passer autant de temps qu'ils estiment nécessaire sur la phase d'exploration des problèmes et même au-delà. En d'autres termes, au cours de cette étape, il est important d'augmenter la compréhension du problème et de son contexte. Il y aura, par exemple, peu d'intérêt à travailler sur un projet de recherche d'emploi, si l'intéressé vit dans une région isolée sans aucun accès à des transports. Cela signifie que dans la phase d'exploration des problèmes, il sera peut-être nécessaire de revenir en arrière vers la phase d'exploration et de hiérarchisation des problèmes. Le praticien et l'usager pourront se mettre d'accord pour traiter d'abord du problème d'isolement géographique, plutôt que de traiter immédiatement du problème d'emploi. Cela veut dire qu'il faut alors reprendre par la suite une seconde fois l'étape d'exploration.

Lorsque le praticien estime avoir une bonne compréhension du problème dans son contexte global, il peut essayer de définir avec l'usager comment ce dernier souhaite s'y prendre. En d'autres termes, quels sont les objectifs de l'usager ?

4. Définir les objectifs

Il a été indiqué, au Chapitre 2, que l'accord du praticien et de l'usager sur les objectifs ressortait de toutes les recherches comme étant un élément constamment lié à de bons résultats, tant chez les usagers volontaires que chez les usagers involontaires (Sheldon, 1987 ; Videka Sherman, 1988 ; Trotter, 2004 ; Law & Guo, 2012). Pour définir des objectifs, le praticien et l'usager doivent parvenir à un accord sur ce qu'ils doivent faire ensemble.

Le praticien et l'usager pourront avoir des interprétations différentes de ces objectifs et ces différences pourront parfois être subtiles. Il est, dès lors, important que les objectifs soient définis dans des termes précis qui laissent aussi peu que possible place à l'interprétation. Il est donc primordial que ces objectifs spécifiques soient mis par écrit et que, tant le praticien que l'usager, en aient un exemplaire.

Les objectifs pourront être, par exemple :

- pour Melinda de trouver un emploi à temps partiel dans la vente, dans un délai de six semaines ;
- pour Melinda de trouver un nouveau logement qui ait au moins deux chambres et situé à distance à pied du centre-ville ou qui soit à moins de dix minutes de marche du train ou du bus qui part vers le centre-ville au moins toutes les trente minutes.
- pour Melinda d'avoir des contacts réguliers (au moins une fois par semaine durant trente minutes) avec une autre femme qui habite dans les environs.
- pour Ben (âgé de sept ans) d'arrêter de frapper sa sœur (qui a cinq ans) d'ici une semaine.

Des objectifs qui ne seraient pas suffisamment précis seraient, par exemple :

- le fait pour Melinda de trouver du travail ;
- le fait pour Melinda de trouver un nouveau logement ;
- le fait pour Melinda de se faire des amis ;
- le fait pour Ben de mieux traiter sa sœur.

5. Élaborer un contrat

À ce stade, après que les problèmes aient été identifiés dans le cadre de la recherche, de la hiérarchisation, puis de l'exploration des problèmes, il convient d'établir un contrat écrit avec pour objectif de résumer ces étapes pour le bénéfice du praticien comme de l'usager. Idéalement, ce contrat, qui résume les problèmes et les objectifs de l'usager, devrait être écrit par ce dernier. En pratique, cependant, les contrats sont le plus souvent écrits par les praticiens en collaboration avec les usagers. Voici ci-dessous un exemple de contrat.

Contrat résolutif de problèmes

Problèmes

1. Melinda n'a pas de travail
2. La maison de Melinda est trop petite pour elle et ses deux enfants
3. Melinda n'a pas d'amis
4. Melinda a peur du comportement violent de Ben (sept ans) envers sa sœur Maeve (cinq ans)

Il a été retenu de travailler en premier lieu sur les problèmes 3 et 4.

Objectifs

1. Que Melinda ait des contacts réguliers (au moins une fois par semaine durant trente minutes) avec une autre femme qui habite dans les environs ;
2. Que Ben arrête de frapper sa sœur d'ici une semaine.

Autres points d'accord

1. Que le praticien rende visite à Melinda deux fois par semaine le mois suivant les mardis et jeudis matin.
2. Que le praticien téléphone avant ses visites pour ne pas surprendre Melinda.
3. Que Melinda soit disponible pour toutes les visites.
4. Que les deux enfants soient à la maison au moins une visite sur deux (les jeudis)

6. Élaborer des stratégies et des tâches

L'étape suivante du processus de résolution de problèmes consiste à lister les tâches et les stratégies permettant de réaliser les objectifs. Cela est parfois appelé la phase d'« élaboration de solutions ».

Il existe souvent une confusion entre ce qui relève d'une tâche, stratégie ou solution et ce qui relève des objectifs. Pour le dire simplement, un objectif est ce que l'usager veut réaliser, tandis qu'une tâche, stratégie ou solution est ce qui permet cette réalisation. Trouver un nouveau logement est un objectif, tandis que consulter les annonces et rendre visite aux services de logement sont des tâches permettant d'y arriver.

Les tâches pouvant être accomplies par les praticiens sont aussi nombreuses que le sont les problèmes. Dans son travail fondateur sur la résolution des problèmes familiaux, William Reid (1985) distingue les « tâches sessions », soit celles qui sont réalisées au cours des entretiens, les « tâches à domicile », qui sont réalisées entre les entretiens, et les « tâches locales », lesquelles nécessitent de travailler en lien avec d'autres institutions, telles que les écoles ou les tribunaux. Les tâches locales peuvent être réalisées par le praticien, l'usager ou d'autres professionnels, voire d'autres personnes au sein de la famille de l'intéressé ou dans ses réseaux relationnels.

Dès lors qu'un objectif a été identifié, le praticien et l'usager doivent discuter de ce qui peut être fait pour le réaliser. Insistons à nouveau pour souligner que les tâches, stratégies, ou solutions mises en œuvre pour réaliser les objectifs, doivent être imaginées par l'usager ou du moins acceptées par celui-ci.

Au moment d'élaborer ces tâches, il peut être utile de discuter de ce qui a pu être mis en place antérieurement et il pourra y avoir ici un peu de répétition par rapport à la phase d'exploration. Cette répétition est presque inévitable. Ce qui importe est que l'usager et le praticien soient au clair quant à la nature du problème, sur ce que l'usager souhaite voir réalisé, ainsi que sur les méthodes permettant d'y parvenir.

Les tâches, comme les objectifs, doivent être spécifiques et claires. Il doit être aisé d'identifier si oui ou non une tâche a bien été réalisée. Une série de tâches peut être réalisée dans le cadre des entretiens au service. Concernant, par exemple, l'objectif emploi, ces tâches pourront être :

- faire des simulations d'entretiens d'embauche ;
- rechercher avec l'usager en recherche d'emploi, les annonces des journaux et figurant sur les sites internet ;
- échanger avec l'usager sur les différents types d'emploi qu'il pourrait obtenir et s'il est qualifié pour ceux-ci ;
- étudier avec l'usager les raisons pour lesquelles ses emplois antérieurs n'ont pas été satisfaisants.

Pour prendre un exemple dans le domaine de la probation, une condamnée pourra être inquiète de parvenir à réaliser toutes ses heures de travail d'intérêt général. Elle pourra dès lors identifier en tant qu'objectif le fait de réaliser toutes ces heures. Les tâches à réaliser durant l'entretien pourront alors consister pour celle-ci et l'agent de probation à discuter des modalités de transport, à envisager un autre placement pour ce TIG, et à apprécier le degré d'implication de l'intéressée dans cet emploi.

Prenons, à présent, un exemple dans le domaine de la protection de la jeunesse, avec un parent ayant des difficultés avec son enfant qui fait des crises de colère. Le praticien pourra aider l'usager à identifier les situations dans lesquelles ces crises surviennent. Une tâche réalisée en cours d'entretien, pourra alors consister, pour le praticien et les père et mère, à identifier quels facteurs précèdent ou conduisent à ces crises. Une discussion relative à la manière dont ces facteurs pourraient être modifiés pourra s'ensuivre.

Des tâches réalisées entre les entretiens pourront, par exemple, être le fait pour une jeune personne de rechercher des emplois dans les petites annonces ou, pour un parent, d'essayer de mettre en œuvre les stratégies permettant de modifier les circonstances qui conduisent son enfant à avoir des accès de colère. Il pourra encore s'agir d'obtenir des informations de la part des services de transports publics sur les parcours et horaires ou des informations de la part des centres de traitement de l'addiction. Il pourra également s'agir, pour un parent, d'amener son enfant en sortie pour une activité particulière ou, pour un adolescent, d'appeler sa mère au téléphone.

Certaines tâches ou stratégies pouvant être réalisées par le praticien seront, par exemple, le fait de recommander son usager. Il pourra ainsi contacter les écoles, la sécurité sociale, le tribunal ou d'autres institutions pour le compte de cet usager. Il pourra, inversement, l'aider à écrire des courriers à ces institutions.

Le praticien pourra également référer les usagers à d'autres institutions. Il pourra ainsi les envoyer suivre des cours, des thérapies telles que, par exemple, les thérapies pour la gestion de la colère, un programme de traitement de la délinquance sexuelle, un groupe de travail pour femmes, un programme « les familles d'abord », un cours de parentalité, ou un programme de traitement de l'addiction. Ces référencements pourront être à court terme, tels que lorsque l'usager ira à la sécurité sociale, rendra visite à un conseiller en logement, à Pôle Emploi, ou ira voir un conseiller en économie sociale et familiale. Il est patent que les référencements vers d'autres institutions aptes à fournir des services spécifiques sont de plus en plus courants dans le suivi des usagers involontaires, au fur et à mesure que le principe de la gestion du suivi devient le modèle dominant.

Ce qui est important, comme le souligne William Reid (1997b), est que les obstacles potentiels à la réalisation des tâches soient étudiés. Il est, par exemple, important que lorsqu'il réalise la tâche consistant à obtenir des informations relatives aux emplois disponibles, le praticien discute avec l'usager des obstacles potentiels tels que le coût et la difficulté à accéder aux agences pour l'emploi ou encore à obtenir des petites annonces. Si l'usager a ainsi des difficultés pour lire, la tâche devra être restructurée et adaptée pour l'y aider.

Stratégies cognitives et comportementales

Un type de stratégie souvent utilisé par les praticiens en charge d'usagers involontaires, est dérivé des thérapies cognitives et comportementales (TCC), fondées initialement, entre autres, par Aaron Beck et coll. (1987) et par Albert Ellis (1957). Les preuves empiriques de l'efficacité des TCC avec les usagers involontaires, abondent, notamment lorsqu'il s'agit de répondre aux problèmes et questions identifiées par l'usager dans le processus de résolution de problèmes (Maxwell et al., 2012 ; Trotter, 2013).

Il existe une variété de définitions des TCC. Elles renvoient souvent à la résolution de problèmes, à la modélisation prosociale et au renforcement, ainsi qu'à diverses techniques similaires (Sheldon, 2011). Au demeurant, le modèle proposé dans cet ouvrage pourrait être grossièrement défini comme étant un modèle cognitif et comportemental en raison de son recours aux techniques de modélisation prosociale et de résolution de problèmes. Certaines définitions des TCC sont plus étroites et ne visent que le fait d'aider les personnes à comprendre et modifier les incohérences autodestructrices et les distorsions dans leurs schémas de pensée (Hepworth et al., 2010). C'est cette définition plus limitée qui sera utilisée ici.

Les TCC se fondent sur l'idée que la nature des problèmes des personnes est fortement influencée par la manière dont celles-ci les perçoivent et y pensent. Par exemple, un jeune homme pourra percevoir qu'une autre personne le regarde avec réprobation. Ce jeune homme pourra, de ce fait, commencer à ressentir de la colère et confronter la personne, ce qui pourra le conduire à la frapper et à se retrouver devant un tribunal avec des poursuites pour violences volontaires. Les TCC pourraient aider ce jeune homme à comprendre que ses pensées ne sont pas rationnelles et qu'elles sont susceptibles de conduire à des situations qu'il ne souhaite pas. En pensant aux schémas de pensée qui sous-tendent les réponses du jeune homme et en encourageant le jeune homme à comprendre que le regard de l'autre personne ne reflétait pas nécessairement de la désapprobation, il pourra modifier sa réponse à la situation. L'on pourra encore aider le jeune homme à penser que, même si le regard de l'autre personne reflétait bien de la désapprobation, pour autant il ne souhaite pas nécessairement qu'une telle désapprobation influe sur son propre comportement, de telle manière qu'il finisse par être poursuivi pour une infraction. Dans les deux cas, il pourra accepter que ses modes de pensée conduisent à des résultats indésirables et que les modifier conduira à de meilleurs résultats pour lui.

Prenons encore l'exemple d'une mère qui se sent déprimée, parce qu'elle estime que ses enfants d'âge préscolaire ne lui manifestent aucune appréciation et qu'ils font parfois exprès de pleurer et de faire des bêtises, parce qu'ils sont en colère avec elle et veulent la provoquer ; elle se met alors en colère contre eux et veut les punir. En recourant aux TCC, le praticien pourra aider cette mère à comprendre que les enfants d'âge préscolaire pleurent souvent et font souvent des bêtises et que ses enfants ne font pas cela exprès pour la contrarier. Il pourra encourager cette mère à envisager d'autres raisons pour lesquelles ses enfants se comportent de la sorte et comment elle pourrait modifier ces situations. Il pourra l'aider à accepter que peut-être les enfants ont faim, qu'ils sont fatigués, qu'ils recherchent son attention ou que tout simplement ils se comportent comme n'importe quel autre enfant. Lorsqu'elle l'aura accepté, cette mère pourra alors modifier ses réponses aux crises de ses enfants.

Les TCC ont été formalisées sous forme d'ateliers, de livres d'exercices et de programmes dans de nombreuses organisations prenant en charge des usagers involontaires, et ce particulièrement dans la chaîne pénale. Il y a, par exemple, des journaux interactifs, qui consistent, pour les condamnés à utiliser un livre d'exercices et des documents écrits. Des recherches ont montré l'efficacité des journaux interactifs sur la baisse des taux de récidive (Miller, 2014 ; Proctor, Hoffmann & Allison, 2012). Les journaux interactifs sont souvent utilisés également en santé mentale et dans l'addiction, domaines où ils ont également montré leur efficacité dans la réalisation des objectifs des usagers (Miller, 2014).

Illustrons, à présent, avec un exemple d'exercice TCC proposé à un jeune condamné ayant des antécédents de violence et un faible autocontrôle, ou, comme il le dit lui-même « soupe au lait ». L'agente de probation explique qu'elle a un document de travail qui peut aider ce condamné à gérer son tempérament « soupe au lait » et que travailler avec elle sur ce document pourra l'aider à l'avenir à mieux gérer les situations où il aurait été violent dans le passé. En utilisant les documents de travail avec la jeune personne, l'agente de probation pourra lui expliquer que les gens réagissent physiquement aux situations où ils se sentent mal ou agressés. Elle pourra lui expliquer que cela peut se traduire par le fait d'être soudain en alerte, et s'accompagner de respiration rapide et de transpiration. Elle pourra alors demander à l'usager, que nous appellerons Wayne, de décrire une situation quelconque dans le passé au cours de laquelle il a ressenti cela. Wayne répond qu'il arrive qu'il se sente comme cela lorsqu'il a des disputes avec sa mère. L'agente de probation lui demande de décrire ce qu'il ressent dans ces situations et Wayne explique que lui et sa mère ont de très grosses disputes dans lesquelles ils crient tous les deux et hurlent l'un contre l'autre et qu'après cela, il se sent en colère durant plusieurs jours. Après de telles scènes, il fume souvent du cannabis.

L'agente de probation demande alors à Wayne s'il souhaite modifier la manière dont il répond à sa mère. Wayne répond qu'il voudrait bien et l'agente lui demande pourquoi il voudrait changer et comment cela pourrait l'aider s'il changeait. Elle demande aussi à Wayne d'envisager d'autres manières de répondre à sa mère lorsqu'ils sont sur le point de se disputer. Elle peut alors le renvoyer à des suggestions qui sont inscrites sur le document de travail dont l'objet est de gérer des situations de ce type. Elle montre à Wayne comment il peut faire des exercices de relaxation, se parler à lui-même et se dire, par exemple, que s'il continue à se disputer il va se sentir encore plus mal, et qu'il peut, à la place, mettre ses écouteurs et faire quelque chose qu'il aime.

Écrire dans des journaux interactifs est une méthode ou stratégie parmi d'autres pouvant être utilisée avec les usagers involontaires. D'autres exemples sont la justice restaurative, l'auto-régulation, la prévention de la rechute, la *mindfulness* [NDLT : la *mindfullness* est une thérapie mêlant méthodes cognitives et comportementales et méthodes orientales de méditation et visant notamment à ressentir le moment présent. Aucune traduction en français ne rendant exactement compte de cette thérapie particulière, nous en avons conservé la terminologie anglaise], les thérapies courtes, et les modèles de réhabilitation dans l'addiction. Il ne sera pas possible, pour des raisons pratiques, de fournir une présentation détaillée de tous ces modèles ou d'autres qui peuvent exister. Une brève description de deux modèles souvent utilisés avec les usagers involontaires, soit la prévention de la rechute et la *mindfullness* va néanmoins être proposée ci-dessous.

Prévention de la rechute

La prévention de la rechute est une technique cognitive et comportementale qui est utilisée avec succès dans le traitement de l'addiction, dans la délinquance sexuelle, et en santé mentale (Marlatt & Donovan, 2005). Elle consiste à aider les usagers qui sont sur le chemin de la stabilisation à identifier les situations et autres déclencheurs cognitifs qui précèdent les comportements indésirables. Être conscients de ces déclencheurs peut aider les usagers à avoir l'impression qu'ils peuvent les contrôler. Ils peuvent être encouragés à percevoir les rechutes non point en tant qu'échecs, mais en tant que simples reculs. Les praticiens peuvent les aider à apprendre des techniques leur permettant de gérer ces situations afin de prévenir la rechute. Des stratégies possibles visant à éviter les déclencheurs peuvent consister à ne pas se retrouver en présence de certaines personnes ni à se rendre en certains endroits. Les usagers peuvent aussi être accompagnés dans l'utilisation de techniques de restructuration cognitive permettant d'éviter de retomber dans leurs comportements habituels. Ils peuvent, par exemple, être encouragés à recourir à des techniques de *mindfulness* lorsqu'ils ont des pensées indésirables ou font face à des situations stressantes.

Mindfullness

Les services sociaux et sanitaires, notamment en santé mentale, addiction, probation et même certaines écoles, utilisent de manière croissante la *mindfullness* (v. Dafoe et Stermac, 2013 pour une revue de la littérature).

Celle-ci traite des pensées autodestructrices et il a été montré qu'elle était efficace dans la prévention de la rechute de comportements indésirables. La *mindfullness* est une forme de méditation qui consiste à se focaliser et à réfléchir sur ses pensées et émotions immédiates, ce, sans juger et en les acceptant. Elle peut aider les personnes à accepter l'idée que leurs émotions et pensées puissent être irrationnelles et autodestructrices.

Référencement

Comme il a été dit *supra*, le référencement représente une part importante du suivi des usagers involontaires. Dans le Chapitre 2, il a été dit que le processus de référencement pouvait être un facteur essentiel de l'obtention de résultats positifs chez les usagers. Sont présentés ci-dessous quelques-uns des principes généraux pouvant être mis en œuvre dans le référencement.

Chaque fois que possible, le référencement devrait faire partie du processus de résolution de problèmes. Plus précisément, il devrait suivre la phase de recherche des problèmes, de leur hiérarchisation et de leur exploration, ainsi que la phase de fixation des objectifs. Il est préférable que le référencement soit proposé par l'usager ou, à tout le moins, que celui-ci l'accepte.

Lorsque cela est pertinent, il convient que l'usager prenne le premier rendez-vous de contact. Plusieurs raisons militent pour que les usagers prennent, autant que possible, leurs responsabilités concernant l'ensemble des dimensions du processus de résolution des problèmes. Ceci est cohérent avec l'idée que les usagers apprennent d'un processus qui les aide à résoudre leurs propres problèmes, un processus qui pourra se révéler utile par la suite.

Il peut être toutefois important que le praticien établisse lui aussi des contacts avec les institutions partenaires. Il doit s'informer pour savoir quelles sont les institutions de référencement auprès de qui les usagers se rendent et si ceux-ci les ont trouvées utiles. Le praticien doit aussi s'assurer que les institutions en cause fournissent des services qui traitent bien des besoins de ces derniers.

Lorsqu'ils font un référencement, les praticiens doivent savoir combien de temps environ l'usager devra attendre pour obtenir un rendez-vous. Notre étude sur la protection de l'enfance (Trotter, 2004) a montré que les praticiens ne vérifiaient souvent pas les référencements et que près de 20% de leurs usagers ne se rendaient même pas à un seul rendez-vous avec les institutions vers lesquelles ils étaient ainsi envoyés. Il est certain qu'ils ont plus de chance de s'y rendre si le praticien le vérifie au bout de quelques jours.

Comme il a été vu au Chapitre 2, la gestion de suivi a été beaucoup critiquée. Il y a certes peu à gagner à envoyer des usagers se trouvant dans des situations d'urgence vers des programmes n'ayant que des ressources limitées et de longues listes d'attente. Il sera alors plus utile, dans de tels cas, que les praticiens en charge du suivi réalisent à court terme une partie du travail de résolution de problèmes, même si cela ne peut être fait que pour une à deux séances.

La détermination du degré d'information que le praticien peut avoir sur l'institution vers laquelle il envoie les usagers est complexe. Doit-on simplement faire confiance à des professionnels ? Ou en tant que praticien devant s'appuyer sur des données acquises de la science, doit-on examiner la nature du service qui est offert par d'autres institutions ?

Lorsque je travaillais dans la probation et devais envoyer des usagers vers un centre de traitement de l'addiction, je dus faire face à un type de dilemme particulier. Ce centre devait faire par la suite l'objet d'une enquête publique relative à l'usage de drogue qui s'y était produit et au décès de plusieurs patients qui s'en était suivi. Avant ces évènements, les agents de probation avaient reçu des brochures sur papier glacé concernant le programme suivi dans ce centre, et nombreux étaient ceux qui y envoyaient leurs usagers. Ce n'est que par la suite que nous avons perçu le risque potentiel d'avoir envoyé nos probationnaires vers des institutions que nous connaissions mal.

Si ces programmes n'ont pas l'air conformes à la recherche relative à ce qui marche, alors il n'est pas approprié de leur envoyer des usagers. Au demeurant, la recherche est claire sur le fait que certaines formes de travail social sont nuisibles et il est difficile de défendre une position consistant simplement à avoir confiance en ce que d'autres praticiens travaillent correctement. Par exemple, un agent de probation devrait éviter d'envoyer un jeune délinquant vers un programme « Terrorisé vers le droit chemin » ou « un jour en prison », lorsque l'on voit le peu de soutien que leur apporte la recherche (Lipsey, 1991; Gendreau, 1996; Andrews & Bonta, 2010). Hélas, le champ du travail social a connu de trop nombreux programmes qui n'avaient aucun soutien empirique et étaient potentiellement dangereux (Trotter, 1996b).

Travail de groupe

L'objet de ce livre est le suivi quotidien des usagers et de leurs familles. Le travail de groupe se situe en dehors de ce champ. Cependant, lorsqu'il prépare la liste des tâches à effectuer, le praticien se réfèrera souvent à un programme de travail de groupe et il est donc pertinent d'en dire quelques mots. Il en va particulièrement ainsi en raison de la popularité croissante du travail de groupe dans la probation. Au demeurant, Maurice Vanstone (2004) estime que les programmes structurés de travail de groupe ont envahi la probation du Royaume-Uni et menacent le travail individuel, tout comme le modèle de pratique collaborative.

À quel moment est-il approprié de faire du travail de groupe plutôt que du suivi individuel ? Comme je l'ai mentionné dans le Chapitre 2, il n'y a aucun doute que le travail de groupe peut être efficace pour différentes catégories d'usagers involontaires. Il est toutefois plus difficile de dire si le travail de groupe est préférable au suivi individuel. Le niveau de connaissance sur ce sujet est limité.

Ceci étant dit, les groupes peuvent offrir une source de soutien à leurs membres, ils peuvent avoir une influence sur le changement de leurs attitudes, et ils peuvent constituer un moyen économique de gérer de larges quantités d'usagers. Inversement, comme il a été dit au Chapitre 2, les réseaux de pairs qui se constituent lorsqu'on a de tels groupes peuvent parfois conduire à des résultats négatifs. Cela a été montré dans le champ de la probation (Trotter, 1996a) ainsi que, dans une certaine mesure, dans celui de la santé mentale (Videka Sherman, 1988).

De fait, il semble que ce qui marche dans les groupes de travail est la même chose que ce qui marche dans le suivi individuel (Ferguson, 1983 ; Videka Sherman, 1988 ; Milgram & Rubin, 1992 ; Andrews & Bonta, 2010). Aussi lorsqu'il s'agit de décider si un suivi individuel ou en groupe est plus adapté, les praticiens doivent-ils considérer dans quelle mesure le programme en cause suit bien les principes d'une pratique efficace.

7. Réaliser une analyse continue du suivi

Il a déjà été dit que le processus de résolution de problèmes devait être flexible. Il pourra arriver qu'au moment où le praticien et l'usager sont en pleine analyse des objectifs sur lesquels travailler ou sur les stratégies qu'il convient de mettre en œuvre pour traiter de tel ou tel problème, il devienne apparent qu'un autre problème doive recevoir priorité. Par exemple, l'usager est en plein déni concernant un problème ou un nouveau problème émerge. Dans de tels cas, il pourra être pertinent de revenir aux phases de recherche et de hiérarchisation des problèmes, puis de recommencer le processus de résolution de ceux-ci.

Toutefois, comme je l'ai dit, le praticien doit essayer de vérifier que le traitement suive bien, autant que possible, les étapes de résolution des problèmes. Offrir un cadre, donner à l'usager les informations relatives à la structure du suivi, et utiliser cette structure de manière flexible relève de sa responsabilité. Comme indiqué *supra*, coller une affiche représentant la structure du suivi peut y contribuer (v. Annexe).

Le praticien et l'usager doivent analyser régulièrement s'ils suivent bien le modèle à la fois dans son ensemble et au regard de chaque étape individuelle qu'il comporte. Il convient de repasser régulièrement en revue la liste des problèmes et la réalisation effective des tâches et des actions en direction des objectifs. Ceci renvoie aussi à la nécessité d'évaluation continue et sera étudié au Chapitre 8.

Résolution de problèmes, évaluation du risque et planification du suivi

Les praticiens en charge d'usagers involontaires ont souvent un double objectif : d'une part, enquêter et collecter des informations relatives à ces usagers pour faciliter le processus de prise de décision ; et, d'autre part, aider ceux-ci avec leurs problèmes. Quels liens le processus de résolution de problèmes a-t-il avec les processus d'évaluation et de planification du suivi ?

Évaluation du risque et enquête

Comme indiqué *supra*, la recherche des problèmes commence idéalement dès le premier entretien, et doit être suivie d'une discussion concernant le rôle du praticien. La nature du premier entretien pourra varier selon le contexte. Dans la protection de l'enfance, le premier contact fait souvent suite à des allégations de maltraitance des enfants. Le praticien, ou plus fréquemment deux d'entre eux, rendent généralement visite à la famille, ce, à leur domicile, afin d'enquêter sur ces allégations, ainsi que pour offrir leur assistance. Dans la probation, le premier contact peut avoir lieu au tribunal avant ou après que la peine soit prononcée. Dans la santé mentale, ce premier contact interviendra parfois à l'hôpital ou suite à un appel de la police en dehors des heures de service. Dans une école, il pourra intervenir immédiatement suivant un incident dans une classe.

En d'autres termes, le premier contact intervient souvent dans un contexte de crise. Dans de tels cas, le praticien doit d'abord gérer cette crise. Ceci peut consister à prendre une décision immédiate telle que le placement de l'enfant ou l'hospitalisation.

Dans d'autres situations, le premier contact entre le praticien et l'usager peut se produire après qu'un jugement ait été rendu ou qu'une condamnation ait été prononcée, parce que les maltraitances d'un enfant ont été établies ou qu'un patient psychiatrique a été libéré d'un hôpital. Dans ces situations, le praticien et l'usager ont plus de chance d'avoir le temps de participer au processus d'évaluation hors toute pression liée à l'urgence de la prise d'une décision en situation de crise.

Il est souvent requis du praticien qu'il travaille, en pareil cas, sur la base d'un cadre bien déterminé d'évaluation du risque. Comme nous l'avons vu au Chapitre 2, les cadres formalisés, les outils d'évaluation du risque ou autres triages sont administrés de manière croissante aux usagers involontaires, notamment dans la probation, la protection de l'enfance, et la santé mentale (pour une analyse des différents outils d'évaluation, v. Schwalbe, 2004).

Il existe de bonnes raisons d'utiliser des cadres structurés d'évaluation du risque. En premier lieu, les preuves scientifiques montrent que l'évaluation structurée du risque est plus exacte que l'évaluation clinique ou le jugement professionnel (par ex. Schwalbe, 2004). Un certain nombre d'études chez des catégories différentes d'usagers ont comparé les évaluations du risque réalisées par des praticiens s'appuyant sur leur jugement clinique ou professionnel avec des évaluations réalisées avec une approche structurée. Les praticiens qui utilisent les outils structurés prédisaient généralement le comportement ultérieur des usagers – par exemple la commission d'infraction, les maltraitances des enfants ou le suicide – de manière plus fiable que ceux recourant au seul jugement clinique (Schwalbe, 2004).

Il existe aussi de bonnes raisons de viser spécialement les usagers à haut risque. La recherche montre, en effet, que les probationnaires bénéficient plus des services proposés s'ils sont à moyen ou haut risque. Les usagers à bas risque ont de toute façon tendance à ne pas récidiver et le suivi intensif peut même leur faire plus de mal que de bien (Andrews & Bonta, 2010 ; Trotter, 2013). De même, pour d'autres usagers involontaires, il peut être pertinent d'allouer les maigres ressources à ceux qui ont le plus de problèmes.

Il existe de nombreux outils d'évaluation du risque. Dans le champ de la probation, il y a, par exemple, des outils permettant de prédire la récidive des populations générales de délinquants et d'autres qui prédisent la récidive de catégories déterminées, comme les auteurs d'infractions sexuelles, d'infractions violentes, ou encore chez les jeunes délinquants. Ces outils peuvent viser, soit à prédire simplement le risque, soit à fournir des informations sur les besoins, ce qui, à son tour, permet d'aider à développer des stratégies d'intervention. Il existe des outils d'évaluation du risque permettant de prédire le risque de propagation de l'infection au VIH (Vagenas et al., 2014), la violence et l'abus de substance chez les patients malades mentaux (Bahorik, Newhill & Eack, 2013), le risque de suicide (Siqueira Drake, 2013), et permettant aussi de prédire le risque de survenance de nombreux autres comportements.

À quoi ressemble un outil d'évaluation du risque ? Un exemple est l'Inventaire de Niveau de Service-Révisé (INS-R) [NDLT : il est plus connu en version originale en anglais LSI-R – *Level of service inventory revised*], qui est utilisé au Canada, aux États-Unis, au Royaume-Uni et en Australie (Andrews & Bonta, 2010). Il comporte une checklist d'items tels que notamment : les antécédents infractionnels ; l'éducation ; l'emploi ; les finances ; la famille ; le logement ; les loisirs ; les amis et relations ; la consommation de drogue et d'alcool ; les questions émotionnelles et les attitudes. Chacun des items est divisé en sous-items, tels que l'âge de la première infraction, l'insatisfaction sur la situation maritale, ou les pairs délinquants. Un score de niveau de risque est calculé, qui permet de classer les personnes en niveaux de risque, élevé, moyen, ou faible.

Pour collecter des informations permettant de renseigner ces outils, le praticien conduit un entretien avec l'usager et peut aussi s'appuyer sur d'autres sources. Par exemple, un agent de probation pourra avoir dans le dossier des informations telles que les rapports de police et les infractions antérieures. Il pourra aussi parler aux parents et à l'épouse de l'intéressé dans le cadre du processus d'évaluation. Il pourra, de plus, parler à des agents de probation ou travailleurs sociaux ayant été précédemment en charge de l'intéressé.

L'évaluation du risque dans la protection de l'enfance ou la santé mentale semble moins dépendante de scores numériques. Quoi qu'il en soit, les praticiens sont tout de même tenus d'utiliser des checklists de facteurs similaires à ce qui existe dans la probation (Holder & Salovitz, 2001 ; Schwalbe, 2004 ; Stokes & Schmidt, 2012).

Comme je l'ai indiqué dans le Chapitre 5, en dépit de l'efficacité apparente des outils d'évaluation à prédire les évènements futurs tels que la récidive, et en dépit des arguments favorables au fait de se centrer sur les usagers à haut risque, les processus d'évaluation structurée du risque font souvent l'objet de critiques.

Quels sont les éléments essentiels de telles critiques ? Il est, en premier lieu, avancé que se focaliser sur le risque peut se faire aux dépens du traitement. Ainsi, par exemple, une étude portant sur des réunions de planification du suivi au Royaume-Uni, a montré que seuls environ 15% du temps de discussion au cours de ces réunions étaient consacrés au traitement, le reste concernant essentiellement le risque (Farmer, 1999). En deuxième lieu, l'évaluation du risque est souvent faite à la va-vite et n'est pas complétée par la suite comme prévu. Il est, en troisième lieu, avancé que l'évaluation du risque vise les usagers désavantagés et est, de ce fait, injuste. Ainsi les usagers n'ayant pas de soutien familial, d'emploi ou de logement durable, ont-ils plus de risque d'être évalués comme étant à haut risque. Les outils d'évaluation structurés sont critiqués, en quatrième lieu, parce que les praticiens les ignorent souvent lorsqu'ils prennent des décisions professionnelles, préférant s'appuyer sur leur propre jugement clinique ou professionnel (Schwalbe, 2004 ; Stokes & Schmidt, 2012).

Il y a certes des arguments pour et contre l'utilisation d'outils structurés d'évaluation du risque. Ce qui est toutefois clair est qu'ils sont de plus en plus administrés à des usagers involontaires (Robinson, 2003 ; Schwalbe, 2004). La question qui se pose est dès lors de savoir comment ils peuvent être utilisés pour offrir un service plus efficace à ces usagers et comment ils peuvent être intégrés dans un processus de résolution de problèmes.

Intégrer l'évaluation du risque et la résolution des problèmes

De prime abord, il peut apparaître problématique d'intégrer l'évaluation du risque à la résolution des problèmes. Il a été souligné de manière répétée dans cet ouvrage, que le praticien doit travailler sur la base de l'appréciation que l'usager a de son propre problème. Pourtant, l'évaluation du risque demande au praticien de collecter des données exactes de son point de vue.

Dans le Chapitre 3, nous avons évoqué la complexité du double rôle du praticien entre contrôle et aide. Comme il est souligné ici, les praticiens doivent parler de leur rôle avec leurs usagers et doivent être précis quant au but du suivi. Les raisons pour lesquelles des informations sont collectées doivent être clarifiées à l'usager. Sont-elles collectées dans le cadre du processus de résolution de problèmes ou pour permettre de prononcer une décision concernant l'usager, telle que, par exemple, le fait de lui demander de suivre un programme de probation intensif, de placer son enfant ou de l'expulser de l'école ? Discuter de cela fait partie du processus de clarification des rôles. Le suivi aura toutes chances d'être plus efficace si l'usager peut faire le parallèle entre l'évaluation du risque et le processus de résolution des problèmes dans le cadre du double rôle de contrôle et d'aide du praticien.

À mesure que le praticien suit l'outil d'évaluation, il peut demander à l'usager d'identifier les questions que ce dernier considère comme étant problématiques. Les outils d'évaluation rendent possible un tel processus, car ils comportent des checklists de problèmes potentiels. Lorsqu'ils renseignent l'outil, le praticien et l'usager peuvent élaborer une liste des difficultés que l'intéressé souhaite voir traiter. Cette liste peut, soit être développée en dehors de l'outil d'évaluation du risque, soit être inclue dans la documentation y afférente et résumée par écrit à l'intention de l'usager ce, vers la fin de l'évaluation.

Une autre manière d'évaluer, qui vise tant à évaluer le risque qu'à partir du point de vue de l'usager quant à ses propres problèmes, consiste à élaborer deux listes de problèmes. L'une de ces listes est élaborée en suivant le processus de recherche des problèmes décrit *supra* ; l'autre liste est élaborée par le praticien durant le processus d'évaluation du risque. Une telle approche permet de mener l'enquête qui est indispensable au suivi, tout en reconnaissant, dans le même temps, qu'il est important de partir des définitions que l'usager a de ses problèmes, si l'on veut obtenir des changements. Ceci peut conduire, à son tour, à identifier les questions et problèmes négociables et ceux qui ne le sont pas, comme il sera vu *infra*.

Nous discuterons, dans la suite de ce chapitre, de la question de savoir comment il est possible de travailler sur la base de perceptions distinctes du problème par le praticien et l'usager.

Quel est le lien entre contrat résolutif de problèmes et planification du suivi ?

Dans le Chapitre 1, une distinction a été faite entre la résolution des problèmes et la planification du suivi. La résolution des problèmes comprend un travail thérapeutique avec les usagers, tandis que la planification du suivi implique d'élaborer des plans à long terme et nécessite souvent de s'appuyer sur les ressources locales.

Comme nous l'avons vu dans le Chapitre 1, la distinction entre planification du suivi et résolution de problèmes n'est pas toujours claire. Les deux se chevauchent quelque peu. La planification du suivi est conçue, dans le présent ouvrage, comme étant la dimension non négociable du suivi. Un plan de suivi sera ainsi, en quelque sorte, ce qui est incontournable ou ce que le praticien ou le tribunal imposent à l'usager (la gestion du suivi renvoie quant à elle à la supervision et au contrôle du plan de suivi).

Dans le Chapitre 1, j'avais illustré ces concepts à l'aide d'exemples tirés de la protection de l'enfance. L'exemple suivant explore plus avant ces concepts. Un enfant fait l'objet d'un placement par décision du tribunal, suite à une enquête de praticiens concernant les négligences de ses parents. Un plan de suivi est élaboré par le praticien en consultation avec l'usager, la famille de cet usager, d'autres professionnels, et d'autres praticiens de l'institution. Le plan de suivi est validé lors d'une réunion formelle de planification du suivi. Le plan de suivi peut se fonder sur une évaluation du risque qui aura été menée soit avant soit après l'audience du tribunal.

Le plan de suivi comprend un placement de l'enfant chez des membres de la famille pour une durée de trois mois, afin de pouvoir évaluer de manière plus approfondie la situation des parents. Dans le cadre de ce plan de suivi, il est demandé aux parents de garder des contacts réguliers avec l'enfant et le praticien doit régulièrement surveiller ces contacts. Une nouvelle réunion de planification du suivi est prévue pour dans trois mois afin de décider si l'enfant doit retourner chez ses parents.

La famille aura pu être consultée sur ce plan de suivi. Cependant, il est possible qu'elle ne soit pas d'accord avec celui-ci. Les parents peuvent penser que l'enfant doit retourner vivre chez eux immédiatement. Le plan de suivi n'est toutefois pas négociable, ou du moins ne pourra être modifié que par le praticien. Il fait partie d'une série d'exigences ou d'attentes qui pourront s'imposer en parallèle du processus de résolution de problème.

Le praticien va alors surveiller ou gérer le plan de suivi et travailler à la résolution des problèmes avec les parents (et avec l'enfant s'il est assez grand). Les parents pourront identifier le retour de leur enfant chez eux au bout de trois mois comme étant leur objectif et le processus de résolution de problème, ainsi que le contrat, pourront se centrer sur cette question. Toutefois, la période de trois mois durant laquelle l'enfant est placé en dehors de chez lui ne sera pas négociable.

Des exemples similaires peuvent être tirés de la prise en charge d'autres catégories d'usagers involontaires. Dans la probation, un plan de suivi pourra comporter des domaines non négociables déterminés par le mandat judiciaire, tels que la nécessité d'accomplir un TIG ou de suivre un traitement de la drogue. Le processus de résolution de problèmes pourra cependant se centrer sur des objectifs tels que l'emploi ou le fait de devenir abstinent.

Comme il a été vu au Chapitre 3, travailler de manière efficace avec les usagers involontaires suppose d'être clair quant à ce qui est négociable et ce qui ne l'est pas. Le processus de résolution des problèmes, tel qu'il est conceptualisé dans cet ouvrage, requiert de traiter de questions qui ne sont pas négociables et d'être clair sur ce qui est négociable et ce qui ne l'est pas.

Critiques de l'approche résolutive de problèmes

Un certain nombre de critiques a été formulé contre les approches résolutives de problème. Ci-dessous je tenterai de répondre à certaines d'entre elles, ainsi que de traiter des difficultés que les praticiens rencontrent souvent lorsqu'ils les utilisent.

La résolution des problèmes n'est-elle pas trop négative ?

Il est parfois reproché aux méthodes résolutives de problèmes d'être négatives et de se centrer sur les faiblesses plutôt que sur les forces. Faire la liste de tout ce qui ne va pas dans la vie d'une personne et travailler sur les problèmes qui requièrent le plus d'attention, peut conduire une personne au désespoir. Certains d'auteurs estiment qu'il convient plutôt de se focaliser sur les forces que sur les problèmes (par ex. Saleebey, 2013). L'approche centrée sur la solution ou l'approche narrative sont souvent préférées, parce qu'elles se focalisent précisément sur les forces plutôt que sur les problèmes (par ex. DeShazer, 1988 ; White & Epston, 1989). Il est avancé qu'il convient plutôt de se centrer sur des moments dans la vie de l'usager où les choses allaient bien et sur ce qui fait exception au problème, plutôt que sur le problème lui-même. D'autres militent en faveur de la résilience ou des capacités de l'usager à gérer les situations et contextes difficiles, plutôt que sur les problèmes (Allison et al., 2003 ; Maggi et al., 2011).

Le modèle de travail qui est présenté dans cet ouvrage se focalise toutefois fortement sur les forces et les succès, ce, dans le cadre de l'approche prosociale. Il s'appuie sur de petites étapes ayant de fortes chances de succès, sur la définition de tâches, ainsi que sur l'utilisation délibérée d'une approche optimiste (v. la présentation détaillée dans le Chapitre 6).

Le processus d'évaluation, qui se porte inévitablement sur le problème, constitue une partie nécessaire du travail mené avec la plupart des usagers involontaires. Cependant, la résolution des problèmes, jointe à d'autres dimensions du modèle de suivi présenté dans ce livre, vise à faire de ce suivi une expérience globalement positive.

L'un des meilleurs contre-arguments à l'idée selon laquelle la résolution de problèmes serait trop négative, tient dans la quantité considérable de recherches ayant montré, depuis plusieurs décennies, que le fait de définir de manière exacte les problèmes et questions tels que les voit l'usager, est bien corrélé à des résultats positifs (Reid & Hanrahan, 1982 ; Rubin, 1985 ; Sheldon, 1987 ; Videka Sherman, 1988 ; Jones & Alcabes, 1993 ; Trotter, 1996a ; Reid 1997b ; Andrews & Bonta, 2010 ; Trotter, 2013).

Et si l'usager dit qu'il n'a pas de problèmes ?

Comment peut-on utiliser le cadre résolutif de problèmes lorsque les usagers insistent pour dire qu'ils n'ont pas de problèmes ? Dans la protection de l'enfance, par exemple, un parent ou un adolescent pourra dire que tout va bien, et que la situation a été mal interprétée ou mal jugée et qu'il n'est pas nécessaire de travailler avec eux. De même, les probationnaires vont parfois dire qu'ils acceptent la nécessité de venir aux entretiens tel qu'il est exigé, mais qu'ils n'ont pas besoin d'aide pour quoi que ce soit.

Les usagers involontaires ont le choix d'accepter ou de refuser l'aide ou le traitement qui leur est offert. Les usagers ont aussi juridiquement le droit d'exiger de recevoir certains services. Cependant, ils ne peuvent pas être forcés à contribuer au processus de résolution de problèmes d'une manière utile quelconque. Pour Jones et Alcabes (1993), les usagers ne deviennent des usagers que lorsqu'ils parviennent à un accord avec le praticien quant aux objectifs du suivi. Selon eux, avant cela, le rôle du praticien se limite à encourager l'usager à devenir un usager ; en d'autres termes à l'encourager à accepter l'offre de service.

Si l'intéressé décide de ne pas identifier des questions sur lesquelles travailler, alors le praticien n'a d'autre choix que de se centrer sur la clarification des rôles, de s'appuyer sur la modélisation prosociale, ainsi que ses compétences relationnelles tout en espérant que l'intéressé décidera d'utiliser les services de nature plus thérapeutique plus tard. Le praticien pourra continuer à expliquer à celui-ci qu'il aimerait l'aider quant à ce qui le préoccupe, que cela a pu aider d'autres usagers, et que cela fait partie de son travail. Le praticien pourra proposer à l'usager de travailler sur des questions qui n'apparaissent pas menaçantes, telles que, par exemple, l'obtention d'allocations. Néanmoins, à long terme, travailler au processus de résolution de problèmes requiert que l'usager fasse au moins un peu confiance au praticien. Il pourra se passer du temps avant qu'une telle confiance ne s'obtienne et il pourra même arriver qu'elle ne s'obtienne jamais, du moins avec cet usager-là en particulier.

La résolution des problèmes ne se focalise pas sur le vrai problème

Il est parfois avancé que les approches résolutives de problèmes ne se centrent pas sur le « vrai » problème, parce qu'elles se focalisent sur le problème tels que défini par l'usager. Ceux qui tiennent ce type de propos estiment que les usagers ne comprennent souvent pas, ou n'admettent pas, leurs propres problèmes. Par exemple, un usager pourra avoir abusé sexuellement un enfant et continuer à croire que l'enfant n'a pas été heurté par cet acte et que lui-même n'a rien fait de mal. Si l'on travaille alors sur la définition que donne l'usager du problème, le praticien et l'usager risquent de s'attacher à améliorer le logement ou la relation maritale, plutôt que de se centrer sur le véritable problème, soit l'agression sexuelle.

Dans de telles circonstances, le praticien doit encourager l'usager à percevoir les véritables problèmes en tant que tels. Le praticien pourra dire à l'usager : « Il me semble que votre intérêt sexuel pour les jeunes enfants vous a causé toutes sortes d'ennuis dans le passé. Je pense que nous devrions l'inclure dans la liste. » Cependant, si l'usager continue à ne pas vouloir accepter qu'il s'agisse pour lui d'un problème, alors il ne doit pas être inclus dans la liste de problèmes. Le praticien pourra soulever la question à nouveau dans les entretiens suivants. Néanmoins, tant que l'usager ne l'accepte pas, il ne doit pas l'inclure dans la liste.

Cela ne veut pas dire que le praticien doit ignorer ce qu'il estime être problématique, au contraire de l'usager. En utilisant ses compétences prosociales, ce praticien doit, en même temps, encourager les actes et comportements prosociaux de l'usager, contester les rationalisations et encourager l'intéressé à avoir une autre perception de ses problèmes. Il pourra aussi y avoir des exigences non-négociables que devra respecter l'usager pour traiter du « vrai » problème. Par exemple, ce dernier pourra être contraint de suivre un traitement pour ses problèmes sexuels et s'abstenir d'entrer en contact avec des mineurs.

Il a été suggéré *supra* d'élaborer deux listes de problèmes : la liste de l'usager ; la liste de problèmes ou facteurs de risque, tels que perçus par le praticien. Certains participants à mes ateliers ont trouvé cela utile dans les situations de désaccord entre le praticien et l'usager quant à la nature des problèmes de celui-ci. Comme il a été dit au Chapitre 4, il est important que le praticien dise explicitement ce qu'il estime que l'usager doit changer et avoir une liste à la fois pour le praticien et pour l'usager peut être une bonne méthode.

Si le praticien peut vouloir encourager l'usager à reconnaître son « vrai » problème et travailler sur la base des deux listes, il reste essentiel que les problèmes qui seront traités soient bien ceux qui sont perçus comme tels par l'usager. Une évolution quant au « vrai » problème n'aura de chance de se produire que si l'usager accepte que ce problème en est bien un.

Dans mes recherches, le modèle de résolution collaborative de problèmes, joint au modelage prosocial, à la clarification des rôles et à l'utilisation adaptée de la relation, était efficace sur les probationnaires à haut risque et sur les usagers de la protection de l'enfance à haut risque. Nombre d'entre eux étaient dans un état de déni (Trotter, 1996a, 2004, 2012). En dépit des difficultés apparentes, il semble que ce soit bien la façon la plus efficace de travailler avec des usagers involontaires. Une approche plus directive, qui définit le problème et assigne des tâches plutôt que de les déterminer avec l'usager, a moins de chance de fonctionner (v. Chapitre 2).

Quid des usagers qui ne font pas ce qui a été prévu ?

Il arrive que les usagers involontaires travaillent durant les entretiens à la résolution des problèmes et acceptent de réaliser des tâches entre les rendez-vous. Toutefois, lorsqu'ils reviennent pour l'entretien suivant, ils ne l'ont en réalité pas fait. Dans de tels cas, le praticien doit discuter avec l'usager des raisons pour lesquelles il ne l'a pas fait. L'usager a-t-il vraiment accepté la tâche ? Ou la tâche a-t-elle en réalité été définie par le praticien et l'usager ne l'a acceptée qu'à contrecœur ? La tâche était-elle trop difficile ? La tâche n'avait-elle pas de sens pour l'intéressé ? Le problème que la tâche visait à traiter n'était-il pas une priorité pour l'usager ou les choses ont-elles changé à cet égard ? A-t-on omis d'identifier des obstacles à la réalisation de cette tâche au moment de la définir ? Il est important que l'échec dans la réalisation de la tâche ne soit pas perçu comme étant l'échec de l'usager. Une tâche qui n'est pas réalisée est une tâche insatisfaisante ; elle doit donc être revue.

Il convient ici de renvoyer à la revue de la littérature précitée de William Reid (1997b) portant sur les pratiques centrées sur la tâche et dans laquelle il souligne à quel point il est important de préparer les usagers à réaliser les tâches. Il estime qu'il y a plus de chance de voir l'usager réaliser ces tâches si les obstacles potentiels ont été envisagés et si l'on organise une répétition de leur exécution. Comme il a été énoncé *supra*, se borner à assigner une tâche de manière directive a moins de chance de se traduire par une réalisation complète.

Comment peut-on recourir au processus de résolution de problèmes avec des personnes ayant des déficits intellectuels, des malades psychiatriques ou avec des addictes aux drogues ?

Les usagers involontaires ont souvent de nombreuses difficultés. Un probationnaire pourra, par exemple, avoir subi une lésion cérébrale, avoir un déficit intellectuel, une addiction et/ou une pathologie mentale. Il peut être très difficile de travailler dans un cadre résolutif de problèmes avec un usager qui ne peut pas se souvenir, d'une semaine à une autre, d'un jour à l'autre même, de ce qui a été décidé ou encore qui interprète systématiquement de travers ou ne comprend pas ce que le praticien veut dire.

La recherche citée au Chapitre 2 relative au travail avec les malades mentaux, aux personnes ayant des déficits intellectuels et aux usagers de drogue, indique qu'il est nécessaire à l'obtention de résultats positifs de s'appuyer sur la définition que ces usagers ont de leurs problèmes et objectifs. Ceci a incontestablement été confirmé par mes propres études, qui ont montré que les usagers addictes, ceux ayant des problèmes de santé mentale, ou à compétence intellectuelle limitée, s'en sortaient mieux avec les praticiens ayant des compétences en pratiques efficaces (Trotter, 1996a, 2004, 2012).

Lorsque l'on travaille avec ce type d'usager, la meilleure méthode semble bien être de persévérer. S'il est approprié d'être directif, lorsqu'il s'agit des exigences juridiques attachées au mandat judiciaire, il ne sert pas à grand chose d'obliger un usager à réaliser des tâches dans le cadre du processus de résolution de problèmes. Une telle approche a peu de chances d'améliorer les résultats de ce dernier.

Un cas clinique permet de l'illustrer. Une schizophrène avait de nombreux antécédents d'admission involontaire en hôpital psychiatrique, car elle ne prenait pas les médicaments qui lui étaient prescrits. Elle était toujours relâchée de l'hôpital, puis de nouveau institutionnalisée en moins de trois mois. Cela se produisait souvent lorsqu'elle était ramassée par la police, parce qu'elle zigzaguait sur une chaussée très fréquentée, ou marchait tard le soir à peine habillée ou en train de commettre d'autres actions autodestructrices.

Lors du travail de résolution des problèmes avec cette personne, à la suite de sa sortie de l'hôpital, il devint apparent pour le praticien qu'elle ne considérait pas que ne pas prendre ses médicaments fût un problème. Au contraire, elle dit qu'elle n'aimait pas prendre ces médicaments parce qu'ils faisaient taire les voix qu'elle entendait, lui faisant se sentir seule. De fait, elle se sentait plus heureuse sans médicaments.

En revanche, elle considérait bien que le fait d'aller fréquemment à l'hôpital était un problème. Le praticien et l'usager purent alors travailler sur le problème tel qu'elle le voyait, ce qui permit de développer une stratégie qui permît de traiter de sa sécurité plutôt que de se centrer sur ses médicaments.

La résolution des problèmes ne maintient-elle pas le statu quo ?

Une autre critique qui est formulée à l'endroit de la résolution des problèmes est qu'elle soutiendrait le *statu quo*. C'est qu'elle se centre sur les problèmes tels que définis par l'usager et ne prend pas nécessairement en considération des questions plus larges. Lorsque l'on travaille, par exemple, avec un auteur de violences domestiques, sa propre définition du problème a peu de chance d'inclure les questions plus larges du patriarcat et du sexisme.

Certes, si à elle seule la résolution des problèmes a un objet limité, lorsqu'elle se combine à l'approche prosociale, elle peut encourager l'usager à voir les choses différemment. Si l'on reprend l'exemple de l'auteur de violences domestiques, le praticien peut s'appuyer sur ses compétences prosociales afin d'encourager et de récompenser les propos qui reconnaissent que la situation des femmes est difficile. Le praticien peut confronter les présupposés patriarcaux et les commentaires sexistes de l'intéressé. De plus, une sensibilisation à la conscience féministe peut être également proposée comme tâche ou stratégie afin de traiter du problème tel qu'il a été défini.

Les critiques affirment aussi que la résolution des problèmes soutient le *statu quo* en ce qu'elle se focalise sur les individus plutôt que sur les systèmes. Ils affirment qu'il y a plus de chance d'obtenir des changements à long terme quant aux problèmes de maltraitance à enfants, de délinquance, d'absence de domicile ou de violence, en modifiant le système plutôt qu'en changeant les individus. Pour répondre à cet argument, je vais réitérer les propos que j'ai tenus au Chapitre 2 : le suivi de terrain concerne un très grand nombre d'usagers involontaires à travers le monde ; aux États-Unis, il concerne des millions de personnes, rien que dans le système de la justice pénale. Cela ne veut pas dire qu'agir directement pour changer les systèmes politiques, sociaux et économiques ne soit pas d'une importance vitale pour ces populations. Cela veut simplement dire que le travail de terrain a une place importance dans les systèmes d'assistance et de probation partout dans le monde. Il est donc important que ce travail soit fait correctement.

Dossiers-Illustrations

Dans l'exemple qui suit, une mère, Roslyn, laissait parfois durant plusieurs heures ses deux enfants, âgés de trois et cinq ans, seuls à la maison. Il s'agit d'une situation de protection de l'enfance similaire à celle qui a été décrite dans le dossier-illustration du Chapitre 3. Lors de la deuxième visite de l'éducateur de la protection de l'enfance au domicile de cette dame, ce praticien commence par avancer dans l'étape de détermination des problèmes.

L'entretien est réalisé par le praticien de la protection de l'enfance lui-même, mais si celui-ci avait choisi de référer la famille à une institution locale, un entretien similaire aurait pu être mené par l'un des praticiens de cette institution.

Praticien : Bonjour Roslyn

Roslyn : Bonjour

Praticien : Comment allez-vous ?

Roslyn : Ben pas trop mal, pas trop mal.

Praticien : Comme je vous le disais la semaine dernière, on peut regarder quelques-uns des problèmes qui vous inquiètent actuellement. Nous pourrons alors les étudier et voir si nous pouvons faire quelque chose, ou si nous pouvons y travailler ensemble.

Roslyn : J'y ai un peu pensé. J'ai un peu de problèmes avec les enfants. J'ai besoin de temps pour moi. J'ai besoin de sortir. Il y a des choses que je ne peux pas faire quand les enfants sont avec moi.

Praticien : Je vais commencer par écrire ces questions-là pour en faire une liste. La première chose qu'on pourrait mettre sur la liste c'est donc les enfants.

Roslyn : Des fois j'ai besoin de pouvoir sortir sans que les enfants soient avec moi.

Praticien : Donc j'écris sortir sans les enfants ?

Roslyn : Oui. Des fois je voudrais pouvoir sortir le samedi soir, pour avoir un peu une vie sociale. Peut-être des fois aller en courses sans les enfants pour que je n'ai pas à supporter qu'ils mettent le bazar dans le supermarché et me fassent honte.

Praticien : Ils vous font honte ?

Roslyn : Oui. La semaine dernière Tom a fait tomber une bouteille d'un étalage et elle s'est écrasée partout sur le sol et il courait dans tous les sens. C'est pour ça que je ne les amène pas avec moi faire les courses. C'est pour ça que je les laisse à la maison.

Praticien : Nous avons déjà parlé du fait de les laisser à la maison, n'est-ce pas ? Comme je l'ai dit auparavant, c'est quelque chose qui met mal à l'aise le service ; avec lequel je ne suis pas non plus à l'aise. Cela dit, je peux comprendre que ce soit un problème de les amener au supermarché.

Roslyn : Oui, ils sont insupportables.

Praticien : Donc c'est ça le problème, faire les courses avec les enfants. Soit, vous devez arriver à les faire sans les enfants, soit vous devez arriver à les contrôler lorsqu'ils sont avec vous [elle montre ses notes à la dame]. J'ai écrit que le problème est : sortir, avoir un peu d'indépendance et aussi le problème de les amener au magasin.

Roslyn : Oui, c'est deux choses. Sortir et avoir de l'indépendance et avoir du temps pour moi. Mais ce serait bien si je pouvais amener Tom quelque part sans qu'il mette le souk ou qu'il coure partout comme ça. Il est souvent comme ça aussi à la maison. Il ne me respecte pas ; c'est comme son père.

Praticien : Vous pouvez m'en dire plus sur son père ? Voit-il les enfants ?

Roslyn : Il est parti il y a trois ans, après la naissance de Tom et il ne l'a pas vu depuis. Je n'ai aucune idée où il est.

Praticien : Et vous avez dû élever les enfants toute seule ?

Roslyn : Oui.

Praticien : Ce n'est pas juste. Alors parlez-moi un peu plus du comportement de Tom. Est-ce qu'il a un mauvais caractère ?

Roslyn : Oh oui il a un mauvais caractère, mais le problème est qu'il perd tout contrôle. Je dis « non » et il n'écoute absolument pas.

Praticien : Donc il ne vous prête pas du tout attention ? Il ne fait pas ce que vous lui dites de faire ?

Roslyn : Non, je lui dis de se tenir tranquille, de ne pas courir partout, mais il continue comme si j'avais rien dit.

Praticien : Comment s'entend-il avec sa sœur ?

Roslyn : Ils se bagarrent tout le temps. Par exemple, elle joue tranquillement ou un truc comme ça et alors boum, il vient et commence à s'en mêler et ensuite elle hurle et le frappe. C'est vraiment frustrant !

Praticien : Est-ce qu'il lui fait mal ?

Roslyn : Pas encore. Mais quand il va grandir je pense qu'il pourra. Pour le moment c'est juste énervant.

Praticien : Cela doit être frustrant.

Roslyn : Ça ne me donne pas envie d'avoir de la visite à la maison. Si je me faisais de nouveaux amis, je ne voudrais pas les amener à la maison avec les enfants qui mettent le bazar comme ça.

Praticien : Donc vous aimeriez pouvoir avoir des gens à la maison de temps à autre sans que les enfants fassent leur show ? Est-ce quelque chose que vous voudriez ajouter à la liste ?

Roslyn : Oui j'ai besoin de pouvoir sortir un peu ou, par exemple, d'avoir des gens à la maison.

Praticien : Je ne dis pas que je peux résoudre ces problèmes pour vous, mais si nous traitons de ce qui vous inquiète, il est possible que soit moi, soit vous puissions faire quelque chose ou encore qu'on puisse faire quelque chose ensemble pour améliorer votre situation. C'est comme ça que je vois mon travail. Bien sûr, vous le savez, j'ai un problème avec le fait que les enfants soient laissés seuls. Vous le savez et je vous l'ai expliqué.

Roslyn : Ouais, je sais, vous me l'avez dit la dernière fois. Je sais, je sais. Je peux pas le faire, sinon je vais me retrouver au tribunal.

Praticien : Je suis contente de vous l'entendre dire. Il semble que vous comprenez la situation. De toute façon, à mon avis la meilleure manière permettant de s'assurer que les enfants ne soient pas laissés à la maison est de régler ces autres problèmes que vous avez. Donc c'est ce que j'espère pouvoir faire.

Roslyn : Ben ça a l'air de régler les deux problèmes, non ?

Praticien : J'espère. Ce que j'aimerais faire est d'essayer d'avoir un aperçu de toutes les questions qui vous inquiètent et ensuite en choisir une ou deux pour commencer et voir ce que nous pouvons en faire.

Roslyn : Ok.

Praticien : j'ai beaucoup utilisé cette méthode et aussi il y a beaucoup de choses qui ont été écrites sur cette façon de travailler. Je trouve que c'est une très bonne manière de travailler avec les gens qui nous permet de vraiment arriver à quelque chose.

Roslyn : Ben c'est mieux que quelqu'un qui se contente de venir et de vous dire de faire ceci et que ce que vous faites c'est mal.

Praticien : J'ai l'impression que vous comprenez ce que je vous dis. Dans ce travail, votre collaboration est très précieuse. Je pense que cela va aussi vous aider ainsi que vos enfants.

Roslyn : Bien. J'espère.

Praticien : Nous parlions de ces bagarres qu'ils ont. Vous disiez que cela vous frustrait.

Roslyn : Ah oui. Ils regardent la télé et j'essaye de préparer le dîner et Mandy commence à faire quelque chose pour l'école et Tom essaye de tout bazarder. Il tire sur ses crayons, il jette des choses partout et après elle s'énerve et elle pique une crise sur lui. Et il est dur. Je veux dire il a seulement trois ans, mais il est vraiment déjà fort pour son âge. Il ne lui a pas encore fait mal, mais ça va venir.

Praticien : Qu'avez-vous tenté de faire là-dessus ?

Roslyn : Oh ben je leur crie dessus. Je leur crie dessus sans arrêt. Je les frappe et je leur dis de ne pas le faire. Qu'est-ce que je peux faire de plus ? Mais ça ne change rien du tout.

Praticien : Et bien cela a l'air très énervant et très frustrant.

Dans cet exemple, le praticien tente de réaliser une liste écrite de toutes les questions qui inquiètent Roslyn. Plusieurs questions sont identifiées : sortir sans les enfants ; le comportement incontrôlable de Tom ; les bagarres entre les deux enfants ; et ne pas pouvoir inviter qui que ce soit à la maison. Le praticien utilise les principes prosociaux pour souligner la nécessité de ne pas laisser les enfants seuls sans surveillance et en félicitant l'usager pour sa coopération. Le praticien parle aussi de son rôle.

Cet exemple illustre l'une des dimensions de la recherche des problèmes. Une fois que le praticien estime que l'usager a identifié la plupart des questions qui le préoccupent, le praticien et cette dernière peuvent passer à l'étape suivante du processus de résolution de problèmes, soit la hiérarchisation des problèmes.

Résumé

Le processus de résolution des problèmes comporte sept étapes : 1) la recherche des problèmes ; 2) la hiérarchisation des problèmes ; 3) l'exploration des problèmes ; 4) la définition des objectifs ; 5) l'élaboration d'un contrat ; 6) l'élaboration de stratégies et de tâches ; 7) l'analyse continue du suivi. Ces étapes sont suivies de manière flexible et il s'agit de se centrer sur la définition du problème et les objectifs de l'usager. Les étapes sont mises en œuvre en même temps que l'approche prosociale, la clarification des rôles, ainsi que la bonne relation de travail du praticien avec l'usager.

Des critiques et des questions sont parfois formulées à l'encontre de cette approche résolutive de problèmes et notamment : le fait que la résolution des problèmes soit trop négative ; que l'usager puisse penser qu'il n'a pas de problèmes ; qu'il puisse ne pas mettre en œuvre les stratégies et tâches ; que certains usagers, en particulier ceux qui ont des déficits intellectuels, une addiction à la drogue ou une maladie psychiatrique, puissent avoir des difficultés à participer à un tel processus ; que ce processus puisse ne pas traiter du vrai problème ; et que travailler avec les individus plutôt que sur les systèmes entretiendrait le *statu quo*.

Chacune de ces difficultés et de ces critiques a été traitée dans ce chapitre. Cependant, j'ai aussi souligné la nécessité, si l'on veut obtenir des résultats positifs, de persister sur la base de l'approche résolutive de problèmes, ainsi que, en même temps sur la clarification des rôles, le modelage prosocial et le renforcement. La relation praticien-usager est également un facteur important et sera étudiée au chapitre suivant.

Chapitre 6

Relation praticien-usager

Le Chapitre 2 a présenté différents aspects de la relation praticien-usager, et notamment l'empathie, l'optimisme, l'humour et l'auto-divulgation. Certains ouvrages sur le travail social ou l'aide sociale listent d'autres facteurs relatifs à la relation de suivi, par exemple, le recours à l'autorité, la confidentialité et la sincérité. Dès lors que je me focalisais sur le suivi des usagers involontaires, j'ai été conduit à traiter de ces différents facteurs en d'autres endroits de cet ouvrage. Le recours à l'autorité a été traité en tant qu'élément de la clarification des rôles, dans le Chapitre 3 et comme faisant partie du modelage prosocial et du renforcement dans le Chapitre 4. La question de la confidentialité a également été abordée au titre de l'auto-divulgation au Chapitre 3. De même, les questions de sincérité et d'ouverture ont été mentionnées dans les Chapitres 3 et 4.

Le présent chapitre évoquera donc l'empathie, l'optimisme, l'humour et l'auto-divulgation. Il traitera, par ailleurs, de la sécurité des pratiques dans la prise en charge d'usagers violents.

Empathie

Hogan définit l'empathie (1969 : 307) comme étant « la compréhension intellectuelle ou imaginative de l'état d'esprit d'une autre personne ». Elle requiert d'avoir le « désir de se mettre à la place de quelqu'un d'autre. » L'empathie peut être mesurée par un test ou une échelle de l'empathie (Trotter, 1990).

L'écoute réflective est la traduction concrète de l'empathie. Elle permet à un praticien de répondre d'une manière qui reflète que celui-ci comprend les propos tenus par l'usager. Il comprend à la fois les sentiments et les contenus des propos de celui-ci. Cela doit aussi se refléter dans le langage corporel du praticien, par exemple, au travers du contact visuel. Andrews et coll. (1979) ont trouvé une corrélation positive entre les scores des agents de probation sur une échelle de l'empathie et le fait pour ces mêmes agents d'utiliser des techniques d'écoute réflective. En d'autres termes, les personnes empathiques tendent à utiliser les techniques d'écoute réflective, et ceux qui utilisent ces techniques tendent à être empathiques.

Le Chapitre 2 a évoqué la recherche qui montrait que, s'agissant du suivi des usagers involontaires, il n'existe pas de relation claire entre l'efficacité du praticien et ses scores sur des échelles de l'empathie ou son utilisation des techniques d'écoute réflective. En d'autres termes, les praticiens les plus empathiques ne semblent pas plus performants que ceux qui le sont moins.

D'un autre côté, il existe des preuves (citées dans le Chapitre 2) de ce que les compétences empathiques sont utiles lorsqu'elles sont accompagnées de la mise en œuvre d'autres pratiques efficaces, telles que le modelage prosocial, la résolution des problèmes ou encore la bonne clarification des rôles. Il est certain que le modèle de résolution collaborative des problèmes mis en avant par cet ouvrage part nécessairement du principe que les praticiens auront la capacité de comprendre le point de vue de l'usager. Il est ressorti clairement de mon étude sur la protection de l'enfance, que les usagers avaient de meilleurs résultats s'ils avaient l'impression que leur praticien comprenait leur point de vue. Il est donc pertinent de prendre en compte l'exacte nature de l'empathie et de l'écoute réflective et d'étudier plus avant comment ces compétences peuvent être intégrées à d'autres méthodes efficaces.

Que sont donc les techniques d'écoute réflective ou empathique ? L'écoute réflective consiste à paraphraser les affirmations d'une autre personne. Énormément de recherches ont été produites sur l'empathie et l'écoute réflective dans les années 1960 et 1970. À l'époque, la thérapie centrée sur l'usager et sur la relation praticien-usager était plus populaire qu'elle ne l'est aujourd'hui. Robert Carkhuff (1969) et, plus récemment, Hepworth, Rooney et Larson (2010), ont proposé une échelle de la compréhension et de la communication empathique. Au niveau 1 de l'échelle de Carkhuff, le praticien ne manifeste aucune compréhension des sentiments et propos de l'usager. En d'autres termes, cela ne l'intéresse pas et il travaille sur la base d'un « cadre de référence préconçu ». Au niveau 5, les réponses du praticien « ajoutent énormément de sensibilité et de sens aux propos » de l'usager (Carkhuff, 1969 : 317). Le praticien est « branché » sur l'usager.

Les exemples qui suivent illustrent un niveau faible de réponses empathiques (Niveau 1), un niveau moyen de réponses empathiques (Niveau 2) et un niveau relativement élevé de réponses empathiques (Niveau 3).

Réponses empathiques

Usager : J'en ai marre ! J'ai pas d'argent. Je peux pas payer le loyer et j'ai besoin d'un boulot. Mais y a du boulot nulle part. Va falloir que je fasse un truc.

Praticien 1 : Ne vous inquiétez pas. C'est pareil pour tout le monde en ce moment.

Praticien 2 : Vous avez juste l'impression que c'est sans espoir.

Praticien 3 : On dirait que vous êtes plutôt désespéré. Le manque de travail et d'argent sont de vrais soucis.

Le troisième commentaire répond aux sentiments de l'usager et au sens ou contenu de ce qu'il dit.

Lorsqu'il suit des usagers involontaires, le praticien doit s'appuyer sur l'approche prosociale et sur la clarification des rôles en réponse à de tels propos. Si, par exemple, l'usager était un probationnaire et avait des antécédents d'atteintes aux biens, la conversation pourrait se poursuivre comme suit :

Réponses empathiques dans la probation

Usager : J'en ai marre ! J'ai pas d'argent. Je peux pas payer le loyer et j'ai besoin d'un boulot. Mais y a du boulot nulle part. Va falloir que je fasse un truc.

Praticienne : On dirait que vous êtes plutôt désespéré. Le manque de travail et d'argent sont de vrais soucis. Je suis contente que vous ayez décidé de m'en parler. J'aimerais vous aider à régler ces problèmes, si c'est possible.

Ici la praticienne offre une récompense verbale à l'usager pour avoir évoqué le problème, un problème qui a toutes chances d'avoir un lien avec son comportement délinquant. Elle dit aussi clairement qu'elle perçoit son propre rôle comme étant d'aider l'usager avec des problèmes comme celui-ci.

La différence entre une réponse uniquement empathique et une réponse qui inclut de l'empathie, une clarification des rôles et un renforcement prosocial peut certes sembler modeste. Il apparaît toutefois que, comme nous l'avons vu au Chapitre 2, dans des situations de ce type, qui se présentent dans le suivi d'usagers involontaires, se borner à des propos empathiques peut être contre-productif, notamment lorsqu'ils viennent en réponse à des propos de l'usager qui semblent justifier ou rationaliser le comportement antisocial ou délinquant.

L'exemple qui suit et relatif, cette fois, à la protection de l'enfance, concerne une mère qui a frappé ses jumeaux de deux ans, ce qui les a conduits à l'hôpital.

Réponses empathiques dans la protection de l'enfance

Mère : Les enfants sont méchants en ce moment. Je les mets au lit pour leur sieste de l'après-midi et ils font rien que d'hurler. Ils me rendent dingue !

Une réponse empathique pourrait être :

Praticien : Vous me semblez vraiment énervée. Les enfants c'est du sacré boulot, n'est-ce pas ?

Une réponse qui inclurait les principes du travail efficace avec les usagers involontaires pourrait être :

Praticien : Vous me semblez vraiment énervée. Je suis content que vous soyez venue me parler de ces sentiments. Je voudrais vraiment vous aider à trouver d'autres façons de gérer les enfants. Etait-ce ce que vous ressentiez lorsque vous avez frappé les enfants le mois dernier ?

Cette réponse reconnaît les sentiments de l'usager : elle renforce le fait que celle-ci parle de ses sentiments ; elle évoque le rôle d'aide que peut jouer le praticien ; elle dit clairement que ce praticien pense qu'il convient de trouver des alternatives au comportement antisocial de l'intéressée.

Répondre à chacun des propos de chaque usager avec des réponses qui incluent chacun des principes du suivi efficace des usagers involontaires est impraticable et n'est pas souhaitable. Il est cependant important que le praticien réponde de manière authentique et que ce suivi efficace finisse par faire partie de sa manière naturelle de travailler. Ces exemples illustrent simplement les compétences qui peuvent être utilisées en pratique sur le long terme.

Contact

Les praticiens en charge d'usagers involontaires, particulièrement ceux qui travaillent dans des structures résidentielles, se demandent jusqu'à quel point les manifestations physiques de sympathie envers ces derniers sont appropriées.

Lorsqu'un usager est triste ou en détresse, il peut arriver que le praticien le touche ou le prenne dans les bras. Le toucher est certes une méthode efficace pour communiquer des émotions. Certains praticiens estiment que cela est important pour établir une relation avec l'usager et disent que cela ne leur pose pas de problème. L'on peut encore estimer qu'un contact physique approprié fasse partie du modelage prosocial. Les connaissances relatives aux avantages et aux désavantages du contact physique sont hélas très limitées. Bien que ce sujet soit parfois traité dans la littérature relative à l'assistance, les auteurs sont rarement d'accord et il y a très peu de recherche permettant de savoir quelles formes de contact sont appropriées et quelles sont celles qui ne le sont pas (Strozier, Krizek & Sale, 2003 ; Chestnut, 2004). Les choses se compliquent encore du fait des différences entre cultures, celles-ci ayant souvent des points de vue différents sur le caractère approprié du contact physique.

En raison des connaissances limitées sur ce sujet, il n'est pas possible de proposer des lignes directrices. Ce qui est clair est, cependant, que le contact physique peut être offensant et que, en particulier, les praticiens de sexe masculin doivent faire tout particulièrement attention en matière de contact physique avec des usagers. Lorsque ce type de contact fait partie de la relation praticien-usager, il doit être en lien avec le rôle spécifique joué par le praticien auprès de ce dernier. Par exemple, un certain niveau de contact physique peut être approprié chez les praticiens prodiguant des soins à temps plein en structure résidentielle. Il ne sera, en revanche, pas approprié s'agissant d'agents de probation accomplissant leurs tâches habituelles.

Optimisme

Il a été avancé au Chapitre 2 que les praticiens qui sont optimistes ont plus de chance d'aider leurs usagers. L'optimisme du praticien est donc un facteur parmi d'autres, qui est corrélé à de bons résultats chez ces derniers. Nous nous réfèrerons aux concepts, d'une part, d'« espoir », en vertu duquel, si les praticiens ont confiance dans les perspectives d'avenir des usagers, ceux-ci s'en sortent mieux et, d'autre part, d'auto-efficacité, soit le fait que si l'usager s'attend à réussir, il a plus de chance d'y parvenir.

L'approche optimiste est cohérente avec l'utilisation d'autres compétences par le praticien et elle la facilite. Lorsque le praticien s'appuie, par exemple, sur ses compétences prosociales, il se focalise sur les forces de l'usager et récompense les propos et actes positifs de ce dernier. Dans la résolution des problèmes, le praticien tente d'obtenir des succès à court terme relativement à des objectifs réalisables.

Toutefois, les usagers involontaires ont souvent peu de raison de se sentir optimistes. La société les a jugés comme étant, d'une manière ou d'une autre, déviants et elle les a sanctionnés pour cela. Il a de forts risques qu'ils se sentent stigmatisés et qu'ils soient bien souvent pessimistes pour l'avenir. En plus de cela, et comme il a été vu au Chapitre 2, les praticiens sont souvent eux aussi pessimistes quant aux perspectives de leurs usagers.

Il est cependant important que, dans un tel contexte, les praticiens cultivent l'espoir et l'optimisme. Comment peuvent-ils être optimistes ? Que peut vouloir dire en pratique cet optimisme, s'agissant du suivi d'usagers involontaires ?

Les praticiens doivent croire en leur capacité à aider. Un praticien qui est au clair quant aux bases théoriques de son travail et qui connaît bien la recherche relative à ce qui est efficace, peut communiquer sur sa capacité à aider.

Un praticien pourra dire à son usager : « j'ai utilisé cette méthode avec d'autres usagers dans le passé et ils ont trouvé que cela les avait beaucoup aidés ». Ou encore : « Je pense que cela peut vous aider à résoudre certains de ces problèmes ».

Lorsque les usagers formulent des interprétations pessimistes des évènements, celles-ci doivent être contestées. Martin Seligman (1995) fait état du succès de programmes auprès d'élèves dépressifs, à qui l'on enseigne de contester leurs interprétations pessimistes des situations. De même, les approches centrées sur les solutions (par ex. de Jong & Miller, 1996) dans le domaine thérapeutique soulignent la nécessité de se centrer sur les succès et les exceptions. Leurs partisans avancent que le praticien doit se focaliser sur les choses qui marchent plutôt que sur celles qui ne marchent pas.

Ce qui suit est un exemple d'interprétation positive de propos tenus par un usager. Ce dernier dit la chose suivante : « Ma mère est une femme qui a un mauvais caractère et elle est impossible à vivre. » Le praticien répond : « Vous voulez dire que votre mère était de mauvaise humeur ce matin ? Je pensais que vous aviez vécu avec elle depuis de nombreuses années. Y a-t-il des moments où elle n'est pas de mauvaise humeur ? »

Ou un usager pourra dire : « Je ne pourrais jamais retourner à l'école. J'ai tout raté quand j'y étais ». Ceci pourra susciter de la part du praticien une réponse du type de celle-ci : « Ce que je comprends, en lisant les bulletins scolaires qui sont dans le dossier, est que vous avez réussi dans l'une des matières au cours de votre dernière année d'école, mais que vous n'aviez pas beaucoup travaillé. Il me semble que vous avez au contraire la capacité à réussir à l'école ».

Faire appel à l'optimisme peut aussi aider les usagers à apprécier les situations dans leur contexte social et politique. Prenons, par exemple, le cas d'une mère célibataire avec quatre enfants qui a l'impression qu'elle ne va jamais être capable de donner aux enfants ce dont ils ont besoin. Le praticien pourra aider cette dame à comprendre qu'elle n'est pas responsable de sa situation, qu'il existe des tas de personnes bien comme elle dans une telle situation et qu'elle peut être tout de même une bonne mère en dépit de sa situation défavorisée.

Les pensées pessimistes peuvent, au demeurant, être identifiées dans le cadre du processus de résolution des problèmes, comme étant elles-mêmes un problème chez l'usager. Le praticien pourra l'aider à mettre en place des stratégies permettant de traiter de ses pensées négatives. Sur la base de ses recherches portant sur ce sujet, Seligman (1990, 1995) a présenté un certain nombre de techniques, telles que : apprendre à contester ses propres pensées pessimistes ; rechercher des explications alternatives ; et apprendre que les pensées sont au moins en partie sous le contrôle de celui qui pense.

Pourra également devenir l'objet de l'un des problèmes à résoudre au titre du processus résolutif de problèmes, le fait pour l'usager d'avoir du mal à accepter les félicitations et à accepter l'idée qu'il puisse réussir. Ceci pourra initialement être un problème identifié par le praticien, mais l'usager pourra également finir par le reconnaître. L'une des méthodes pouvant être utilisée pour traiter de ce problème, pourra consister à demander à l'usager ce qu'il apprécie chez lui-même. Il pourra être utile d'utiliser les « cartes des forces » qui ont été créées par l'agence de la Protection de la Famille d'Australie dans le but d'aider les usagers à identifier leurs forces (Scott & O'Neill, 1996). De même les praticiens pourront-ils aider les usagers à identifier leurs espoirs pour l'avenir et à répondre de manière appropriée aux propos positifs du praticien.

Lorsqu'ils essayent d'être optimistes, les praticiens doivent toutefois faire attention à ne pas en faire trop. Dans leur revue de la littérature relative à l'auto-efficacité dans le travail social, Furstenberg et Rounds (1995) énoncent que les praticiens ont plus de chance de convaincre les usagers s'ils sont perçus comme étant crédibles. L'usager doit penser que le praticien comprend bien son contexte. En d'autres termes, l'optimisme qui reconnaît les difficultés, plutôt que l'optimisme qui minore ces difficultés, a plus de chance d'être persuasif.

Enfin, dans la prise en charge des usagers involontaires, il est important que l'optimisme ne soit pas confondu avec la notion de minimisation. Le praticien doit croire en la capacité de la personne de changer. Cependant, comme il a été souligné au Chapitre 4, il est également important qu'il ne minimise pas le comportement antisocial qui a conduit l'intéressé à devenir un usager.

Humour

Il a été dit au Chapitre 2 que le fait pour les praticiens de s'appuyer sur l'humour peut améliorer les résultats des usagers. Des recherches remontant aux années 1970 et 1980 (par ex. Alexander et al., 1978 ; Siporin, 1984) ont montré que l'humour pouvait être utilisé pour aider les usagers à gérer et à se distancier par rapport à leurs problèmes, à amenuiser la colère et à « créer une dynamique suscitant l'émotion, qui permette de confronter, de produire une lucidité provocatrice et de mettre en œuvre une aide empathique » (Siporin, 1984 : 461).

Dans le Chapitre 2, il a également été question de David Pollio (1995 : 378), lequel estime que « les résultats positifs de l'humour sont notamment de surmonter une impasse dans le processus thérapeutique, de reformuler le contexte problématique, de libérer et redonner les rênes à l'usager et d'humaniser la situation ». Eckstein, Junkins et McBrien (2003) ajoutent que l'humour peut débloquer les obstacles au processus résolutif de problèmes. Rachelle Berg et ses collègues (2009) estiment, quant à eux, que cela peut créer le lien et traiter de la résistance.

Il semble bien que l'humour puisse être employé dans des situations émotionnelles que tant le praticien que l'usager trouvent difficiles à gérer. Il existe des situations au cours du processus de résolution des problèmes où il est important, aussi bien pour le praticien que pour l'usager, de garder leur contenance ; l'humour peut le leur permettre. Par exemple, un usager discutera de la mort récente d'un proche et l'on pourra vouloir l'encourager à évoquer un moment moins lourd en émotion, de la vie de cette personne, qui pourra conduire à échanger quelques rires.

Il pourra être utile aux praticiens en charge d'usagers involontaires de disposer de quelques lignes directrices quant à l'utilisation de l'humour. Quelques-unes sont proposées *infra*. Elles ont été élaborées à partir d'une lecture de la littérature, ainsi que de propos tenus par des professionnels suivant mes ateliers. Il est toutefois important de souligner que la recherche portant sur ce sujet est limitée, en sorte que les lignes directrices qui suivent ne constituent que des suggestions plutôt que des principes pratiques très élaborés.

L'humour constructif

L'humour ayant le plus de chances de conduire à des résultats positifs est : celui qui vient naturellement dans la situation donnée et qui n'est pas artificiel ; celui qui donne à l'intéressé l'impression d'être traité en personne plutôt qu'uniquement en usager ; celui qui allège une situation particulièrement tendue durant un entretien ; celui qui répond directement aux propos de l'usager ou qui vient en réponse au ton humoristique que ce dernier vient d'utiliser ; et celui qui reconnaît les sentiments de l'usager d'une manière non menaçante.

L'on trouvera ci-après quelques exemples d'humour que les praticiens suivant des usagers involontaires ont pu trouver constructifs. Une éducatrice de la protection de l'enfance a rendu de nombreuses visites à une famille et si elle a une bonne relation de travail avec la mère, le compagnon de celle-ci est très en colère contre cette éducatrice, quoi qu'il ait été plus raisonnable lors des visites les plus récentes. Lorsqu'elle arrive, elle est accueillie à la porte par les deux parents et la mère dit : « Ravie de vous revoir ». Le père marmonne quelque chose qui ressemble à « Ravi de vous voir ». L'éducatrice pourra dire au père : « Je ne m'attends pas à un « ravi de vous voir », mais on progresse, non ? » Cela les fait rire tous les trois et l'entretien commence alors sur de meilleures bases. L'humour est utilisé ici pour reconnaître les émotions de l'usager comme du praticien, pour renforcer les progrès dans la relation entre le père et le praticien et pour alléger la tension qui existe entre eux.

Dans un autre exemple, une femme qui a été victimisée et placée sous protection de l'État lorsqu'elle était enfant se retrouve dans la même situation avec son aîné qui fait, à son tour, l'objet d'un placement. Au cours d'un entretien particulièrement long et tendu avec la travailleuse sociale chargée des placements, la mère évoque ses contacts avec ce type d'institution au cours des années. La travailleuse sociale peut dire : « Vous devez avoir rencontré cinquante travailleurs sociaux sur les vingt dernières années ». La dame répond alors : « plus que ça et très peu d'entre eux m'ont aidée ». La travailleuse sociale peut alors répondre : « On pourrait penser qu'avec tous ces travailleurs sociaux vous ne devriez pas avoir le moindre problème ».

Cela les fait toutes les deux rire et allège une partie de la tension présente. À nouveau, dans cet exemple, l'expérience qu'a vécue l'usager avec autant de travailleurs sociaux et son cynisme à leur égard est reconnu, mais cela est fait d'une manière qui n'est menaçante ni pour le praticien ni pour l'usager.

L'humour destructeur

L'humour peut cependant être utilisé à tort. David Pollio (1995) estime qu'une utilisation nuisible de l'humour peut se produire lorsque l'usager interprète mal la situation ou lorsque l'humour rabaisse ce dernier ou le laisse dans la confusion. Certains types d'humour sont sans aucun doute inappropriés et, par exemple, l'humour qui : est utilisé pour éviter de discuter d'un sujet sensible ; est d'une certaine manière sarcastique ou vise à rabaisser l'usager ou une autre personne ; vise à montrer à quel point le praticien est intelligent ; donne à l'usager l'impression qu'il n'est pas pris au sérieux ; ou simplement faire des blagues.

Auto-divulgation

L'auto-divulgation a fait l'objet d'amples débats dans la littérature psychologique et thérapeutique. Elle est parfois considérée comme étant une manifestation de la sincérité et de l'authenticité du thérapeute.

Dans son travail sur les méthodes efficaces en thérapie, Robert Carkhuff estime que l'auto-divulgation constitue l'une des compétences thérapeutiques clefs. Il a élaboré une échelle qui peut être utilisée pour mesurer combien le thérapeute ou le psychologue recourt à l'auto-divulgation dans les entretiens. De faibles niveaux d'auto-divulgation sont attribués lorsque le praticien essaye activement de rester détaché du patient et ne divulgue « rien du tout de ses propres sentiments ou de sa propre personnalité » (Carkhuff, 1969 : 321). De hauts niveaux d'auto-divulgation sont présents lorsque le praticien communique « des éléments très intimes, voire très détaillés, sur sa personnalité ».

Il n'est pas évident de savoir quel niveau d'auto-divulgation peut être utile ou doit être mis en œuvre dans la prise en charge d'usagers involontaires. Il existe toutefois un peu de recherches qui en montrent l'intérêt dans le cadre thérapeutique. En s'appuyant sur la recherche disponible, Barry Farber (2006) a estimé que l'auto-divulgation par le thérapeute pouvait aider le patient à se sentir moins vulnérable et à humaniser le praticien. Dans sa revue de la littérature sur l'auto-divulgation par les thérapeutes, Margaret Gibson (2012) estime que le peu de recherches existant sur ce sujet semble indiquer qu'elle sera plus efficace dans le cadre d'une forte alliance praticien-patient et si elle consiste, pour le praticien, à révéler ses pensées concernant le patient, plutôt que sur ses propres expériences. Elle reconnaît, toutefois, qu'il peut être difficile de distinguer l'auto-divulgation d'autres facteurs relationnels, et que le manque de recherches sur ce sujet rend difficile de tirer des conclusions fermes sur la manière dont elle pourrait être utilisée.

Il existe, cependant, quelques guides permettant d'aider les praticiens à prendre des décisions concernant l'auto-divulgation. Il est généralement approprié de divulguer des détails non intimes sur la vie du praticien, tels le point de savoir s'il est marié ou s'il a des enfants, notamment dans les situations où l'on espère que l'usager va révéler des informations très personnelles. Ceci est cohérent avec la recherche de Shulman (1994) et avec les principes du modelage prosocial, qui ont été présentés au Chapitre 4.

L'auto-divulgation sera particulièrement précieuse si le praticien veut que l'usager révèle des informations personnelles (Anderson & Mandell, 1989). Il semble que des propos personnels tels que « J'ai trouvé cela très difficile lorsque mes enfants étaient très jeunes » ou « lorsque j'étais au chômage » ou « après ma séparation avec ma compagne », pourront encourager l'usager à révéler plus de choses personnelles.

L'auto-divulgation ou la modélisation qui se réfèrent à des difficultés que le praticien a pu expérimenter, ont plus de chance d'aider que celles qui renvoient aux réussites du praticien (Derlega & Berg, 1987). Si une professionnelle parle, par exemple, de la manière dont elle a pu trouver du travail facilement dans le passé, cela a moins de chance de motiver l'usager que celle qui dit que ce fut très difficile pour elle de trouver du travail et que cela l'avait déprimée, mais qu'elle avait fini par y arriver.

L'auto-divulgation ne doit pas détourner l'attention de l'usager vers le praticien. Elle doit être brève, et avoir le but de manifester de l'empathie pour la situation de l'usager. Est-il nécessaire de rappeler que le but de l'entretien doit être les problèmes de l'usager et non ceux du praticien ?

Par ailleurs, l'auto-divulgation ne doit pas être trop intime (Anderson & Mandell, 1989). Il peut, par exemple, être approprié pour le praticien de dire qu'il avait trouvé particulièrement difficile une rupture voici quelques années. À peu de chances de l'être, en revanche, le fait de dire qu'il a souffert d'une dépression suite à une rupture maritale récente.

Il convient d'être prudent s'agissant des usagers susceptibles de mal interpréter l'auto-divulgation. Celle-ci ne sera notamment pas pertinente, par exemple, avec un schizophrène ou un usager fortement dépendant.

Sandra Anderson et Deborah Mandell (1989) estiment, pour leur part aussi, que l'auto-divulgation doit faire partie de la clarification des rôles. Ils énoncent que « l'auto-divulgation du thérapeute fait partie intégrante de tout traitement ». En d'autres termes, le praticien doit expliquer qu'il renvoie brièvement à sa propre expérience pour contribuer à une meilleure compréhension de ce que l'usager ressent.

J'ai indiqué, dans le Chapitre 2, que mon étude sur la protection de l'enfance avait en partie éclairé ce sujet (Trotter, 2004). Les praticiens qui recouraient un peu à l'auto-divulgation tendaient à avoir des usagers qui avaient de meilleurs résultats, bien que les usagers eux-mêmes ne percevaient pas cette auto-divulgation comme étant particulièrement importante.

Les praticiens évoquaient les situations dans lesquelles ils recouraient à l'auto-divulgation. 57% d'entre eux estimaient qu'il était pertinent de parler de ses centres d'intérêt et de ses hobbies ; par exemple : « je suis un fervent joueur de tennis ou jardinier ». Un peu moins (51%) pensait qu'il était approprié de parler de son expérience de vie personnelle, lors de la phase d'exploration des problèmes et de développement de stratégies, comme par exemple dans le propos suivant : « J'ai trouvé que reconnaître ses erreurs m'aidait souvent dans mes relations personnelles ». Un peu moins encore (43%) pensait qu'il était approprié d'évoquer sa situation personnelle, comme le fait d'être marié, d'avoir des enfants, et encore moins (40%) pensait que l'on pouvait tenir des propos relatifs à la difficulté du travail de suivi ou sur ses sentiments relatifs à son travail, comme par exemple en disant : « Je n'aime pas avoir à venir ici et vous dire que quelqu'un a fait un signalement vous concernant ».

Pour résumer, il semble que dans la prise en charge des usagers involontaires, un peu d'auto-divulgation soit approprié. Bien que le degré et la nature de cette auto-divulgation dépendent très fortement de la situation, les peurs que ressentent les praticiens à son sujet sont erronées, notamment lorsqu'ils craignent même de révéler les détails les plus dérisoires, alors que, dans le même temps, ils espèrent voir les usagers révéler énormément d'eux-mêmes.

Sécurité du praticien et violence des usagers

Suivre des usagers involontaires implique souvent de travailler avec des personnes à la fois agressives et violentes. Un certain nombre d'études a produit des estimations du degré de victimisation des praticiens qui suivent ces personnes, que ce soit sous forme de menaces de violence physique ou d'autres comportements intimidants de la part de celles-ci. Dans une revue de la littérature, Brian Littlechild (2002) fait état d'une étude américaine portant sur les travailleurs sociaux, ayant montré que 3% d'entre eux avaient été victimes d'un tir par arme à feu. Il a également trouvé que 25% des agents de probation avaient été attaqués au couteau. Une autre étude américaine a indiqué que 65% des travailleurs sociaux avaient subi de la violence de la part d'usagers (Beaver, 1999). Une étude australienne plus récente par Koritas, Coles et Boyle (2010), a montré que 67% des travailleurs sociaux avaient subi une forme de violence comme des insultes, une destruction ou un vol de bien, de l'intimidation, des violences physiques, du harcèlement sexuel ou des agressions sexuelles ; la forme la plus courante étant les insultes.

À l'inverse, Littlechild (2002) se réfère à une étude britannique ayant trouvé que moins de 10% des travailleurs sociaux et agents de probation avaient subi de la violence. Koritas, Coles et Boyle (2010) ont également trouvé que 9% d'un échantillon de travailleurs sociaux australiens avaient subi une agression physique et 1% une agression sexuelle.

Cette question doit être placée dans son contexte. La plupart des usagers involontaires ne sont pas violents envers leur praticien. Puckett et Cleak (1994) citent, par exemple, des études qui indiquent que plus de 90% des usagers ne posent aucune menace pour les praticiens. D'un autre côté, ceux des usagers qui représentent bel et bien une menace pour les praticiens, peuvent avoir un impact envahissant sur le niveau de stress et la satisfaction professionnelle de ces derniers.

Dans une étude australienne, Judith Gibbs (2001) a montré que les praticiens de la protection de l'enfance subissaient de hauts niveaux de stress en relation avec les attaques physiques et verbales des usagers, mais aussi avec des questions comme la sécurité du travail et le respect de leurs cadres et de leurs pairs. D'autres ont fait état de l'impact que la violence, les menaces de violence et l'intimidation de la part des usagers pouvaient avoir sur la capacité de ces praticiens à réaliser des évaluations exactes et à fournir un suivi adapté. Ainsi, par exemple, Janet Stanley et Chris Goddard (2002) estiment-ils, sur la base de leur recherche dans la protection de l'enfance, que les praticiens peuvent sous-estimer le degré de violence au sein des familles, parce qu'ils se sentent intimidés ou menacés.

Diverses stratégies concrètes de nature à réduire le risque d'être l'objet de la violence des usagers ont été proposées (par ex. Rey, 1996 ; Puckett & Cleck, 1994 ; Littlechild, 2002 ; Koritas, Coles et Boyle, 2010). Littlechild (2002) estime que traiter d'une telle question est avant tout une responsabilité institutionnelle. Il suggère que le stress et l'anxiété des praticiens concernant ces questions peuvent être réduits avec : une supervision et une formation de qualité qui traitent de la gestion d'usagers en colère ; une culture institutionnelle qui ne jette pas l'opprobre sur les praticiens, mais leur permet de faire part de leurs inquiétudes sans avoir peur d'être perçus comme étant faibles ou incompétents ; l'organisation de debriefings pour praticiens ; et l'enregistrement documentaire des incidents.

Les stratégies suivantes peuvent aussi aider les praticiens à éviter les cas de violence :

- les entretiens au domicile des usagers devraient être faits dans la partie avant de la maison, de sorte que le praticien puisse avoir accès à la porte, s'il a besoin de se sauver rapidement. S'il ne se sent pas en sécurité, il ne doit pas entrer au domicile de l'intéressé ;
- les praticiens doivent toujours informer une personne de leur service de l'endroit où ils se rendent et prendre un téléphone portable avec eux ;

- les visites à domicile doivent être réalisées à deux plutôt que seul, particulièrement si l'usager a des antécédents de violence ou qu'il est prévisible que l'entretien soit tendu ;
- les salles d'entretien situées au service devraient être structurées de telle sorte que le praticien ait un accès rapide à la porte et qu'il puisse quitter la pièce rapidement si nécessaire. Un praticien dont le meuble de bureau est loin de la porte et où l'usager se situe entre lui et la porte est vulnérable. La règle, pour tout lieu de prise en charge d'usagers involontaires, doit être d'inclure un bouton alarme d'urgence dans chaque salle d'entretien. Les salles d'entretien ne doivent pas comporter des objets lourds ou dangereux. Si possible, toutes les pièces doivent avoir deux sorties ;
- il convient d'encourager le signalement des incidents et d'offrir un débriefing, voire une aide thérapeutique ;
- si un praticien se sent menacé, il doit éviter toute confrontation avec l'usager et doit écouter ce que lui dit ce dernier. Si l'usager a l'impression qu'il est écouté, son énervement et son agressivité en seront réduits. Le praticien doit s'extirper de ce type de situation aussitôt que possible.

Il a été signalé plus haut qu'un certain nombre d'institutions se focalise de plus en plus sur l'enquête et l'évaluation du risque, souvent aux dépens de l'aide et de l'intervention thérapeutique. Le risque pour ce focus de conduire à du ressentiment et de la colère chez les usagers est patent. Cependant, les données scientifiques présentées dans cet ouvrage indiquent que, même dans un tel contexte, lorsque les praticiens ont de bonnes compétences, non seulement leurs usagers ont de bons résultats, mais encore, ils ont plus de chance d'être satisfaits de leur praticien. Je ne souhaite pas minimiser l'impact potentiel de la violence et de l'intimidation des usagers. Cependant, leur fréquence aura plus de chance d'être réduite si les praticiens parviennent à équilibrer leurs rôles d'enquête et d'assistance au travers du processus de résolution collaborative de problèmes et du focus sur les propos et actes prosociaux de leurs usagers.

Pour plus de détails sur la manière de prévenir et de traiter de la violence des usagers, voyez Newell (2003).

Résumé

Dans ce chapitre, la relation entre le praticien et l'usager est définie comme comportant de l'empathie, de l'optimisme, de l'humour et de l'auto-divulgation. D'autres écrits renvoient à d'autres facteurs relationnels, tels que le recours à l'autorité, la confidentialité et l'authenticité, mais ceux-ci ont été traités ailleurs dans cet ouvrage.

L'empathie, soit la capacité à comprendre le point de vue de l'autre, est une compétence utile dans le travail avec les usagers involontaires lorsqu'elle est accompagnée d'autres compétences telles que la résolution des problèmes, la modélisation prosociale et la clarification des rôles. Les praticiens optimistes semblent communiquer leur optimisme à leurs usagers, lesquels s'en sortent alors mieux.

L'utilisation par le praticien de son sens de l'humour est un domaine sous-étudié du suivi des usagers involontaires. Il semble, cependant, que l'utilisation appropriée de l'humour pourrait être corrélée à de bons résultats. Il y a également eu peu d'études sur l'utilisation de l'auto-divulgation. Cependant, il existe des preuves de ce qu'elle peut conduire à des résultats positifs dans le suivi des usagers involontaires. Enfin, ce chapitre reconnaît que les usagers peuvent parfois être agressifs ou violents et il traite du besoin de sécurité des praticiens.

Chapitre 7

Travailler avec les familles

Suivre les usagers involontaires suppose souvent de travailler avec les familles. Les agents de probation peuvent travailler avec les parents et les familles élargies de délinquants adultes, ainsi que les compagnons(gnes) ou familles élargies des enfants maltraités et négligés. Ils peuvent aussi travailler avec les familles d'accueil. Les praticiens œuvrant dans la santé mentale, dans le domaine de la violence domestique, dans le milieu scolaire et le suivi des mineurs, peuvent eux aussi travailler avec les membres de la famille.

S'agissant des usagers involontaires, c'est parfois toute la famille qui est l'usager. Tel est le cas dans la protection de l'enfance, lorsqu'une famille est placée sous contrôle juridictionnel. C'est toutefois souvent un individu qui est involontaire et, en ce cas, l'implication de la famille sera, quant à elle, plus volontaire. Par exemple, un probationnaire est un usager involontaire, mais sa compagne ou sa mère ne seront pas des usagers involontaires.

Dans cet ouvrage, le terme de « famille » est entendu largement. Les membres de la famille incluront, par exemple, un parent d'accueil ou un compagnon du même sexe. La famille se définit comme étant composée de deux ou plus personnes ayant une relation intime.

Ce chapitre présente les grandes lignes du travail – un travail collaboratif – avec les familles. Je présente ce modèle plus en détail dans mon ouvrage *Collaborative Family Work : À practical guide for working with families in the human services* [*Travail collaboratif avec les familles. Un guide pour travailler avec les familles dans les services sociaux et sanitaires*] (Trotter, 2013b). Ce modèle s'appuie sur les principes clefs de la pratique efficace qui est décrite dans le présent ouvrage : la clarification des rôles ; la modélisation prosociale ; la résolution des problèmes ; et la relation.

Quand est-il approprié de travailler avec l'ensemble de la famille ?

L'on peut travailler avec les familles, soit en tant que groupe familial, soit avec ses membres pris individuellement. Travailler avec un groupe familial consiste généralement pour deux ou plus membres d'une famille à œuvrer avec un praticien à la résolution de toutes sortes de problèmes qui inquiètent cette famille.

Travailler sur une base individuelle avec les membres de la famille suppose de voir chacun de ses membres séparément. Le praticien peut, par exemple, travailler avec la famille d'une personne souffrant d'une pathologie mentale indépendamment de ce dernier. Les praticiens peuvent ainsi passer du temps à éduquer les membres de la famille quant à la nature de la pathologie mentale et au rôle qu'ils peuvent jouer pour aider le malade. L'usager en question doit naturellement en être informé et cela doit faire partie du processus de résolution de problèmes. Quoi qu'il en soit, il se peut que l'usager ne soit pas directement impliqué dans le travail réalisé avec les autres membres de la famille.

Travailler avec le groupe familial sera plus pertinent dans certains cas que dans d'autres. Cela ne sera pas pertinent lorsque les problèmes de l'usager sont clairement de nature individuelle, soit dans des situations où il n'existe pas de lien apparent entre ses problèmes et les autres membres de la famille. Cela n'a pas plus d'intérêt lorsque l'usager ne vit pas ou n'a pas de relation proche avec les autres membres de la famille.

Travailler avec le groupe familial n'est généralement pas approprié concernant l'auteur et la victime d'agressions physiques ou sexuelles. Ceci ne veut pas dire qu'il n'existe nulle situation où le travail avec l'auteur et la victime soit pertinent. Par exemple, l'auteur qui comprend le tort que ses actes ont causé pourra s'en excuser auprès de la victime. Cela pourra se produire au cours d'une séance de thérapie familiale et faire partie du projet permettant d'aider la victime à traiter de questions comme la culpabilité. Cependant, d'une manière générale, le travail familial de type médiation, tel que décrit plus loin dans ce chapitre, ne sera pas approprié dans les situations où un membre de la famille est clairement victime d'agression sexuelle ou physique et qu'un autre membre de celle-ci en est l'auteur.

Lorsqu'il est manifeste, pour le praticien, qu'il existe un déséquilibre considérable de pouvoir au sein de la famille, le travail sur tout le groupe familial ne sera pas non plus pertinent. Un père pourra, par exemple, être très dominant dans la sphère familiale et les autres membres de la famille pourront être intimidés par lui et avoir peur d'exprimer leurs idées en sa présence. Dans un tel cas, le suivi individuel sera probablement plus adapté. Le praticien pourra travailler sur ces questions avec le père, avec pour objectif d'impliquer la famille en tant que groupe dans une étape ultérieure du suivi. À court terme, néanmoins, le travail familial, tel qu'il est décrit dans ce chapitre, suppose que les membres de la famille se sentent raisonnablement libres d'exprimer leur point de vue sans avoir peur de subir de châtiment.

Dans les situations où les valeurs du praticien sont en conflit avec celles de certains membres de la famille, le travail familial en groupe est également inapproprié. Ce praticien pourra se sentir incapable de travailler avec des parents qui ne permettent pas à leur fille âgée de vingt-et-un ans de sortir seule avec des hommes. Dans un tel cas, le praticien pourra travailler individuellement, mais séparément, avec les parents et la jeune femme.

D'un autre côté, comme il a été avancé au Chapitre 2, il existe de nombreuses situations, au cours du suivi des usagers involontaires, où il est plus adapté de travailler avec le groupe familial plutôt qu'avec chacun de ses membres. C'est certainement ce que montrent les résultats positifs obtenus par certains programmes de thérapie familiale (par ex. Sexton & Alexander, 2002 ; Trotter, 2013b).

Il est notamment pertinent de travailler avec le groupe familial lorsque les questions soulevées par l'usager sont en lien avec les interactions au sein de la famille, lorsque ces interactions semblent corrélées avec les raisons pour lesquelles l'intéressé fait l'objet d'un suivi (par ex. une jeune personne commet des infractions après s'être vue mise à la porte du domicile), ainsi que lorsqu'il est probable qu'un meilleur niveau de compréhension du point de vue de chacun pourrait contribuer à une meilleure communication familiale.

Dans les situations où un suivi individuel est réalisé, il peut aussi apparaître clairement qu'un travail familial constitue la meilleure façon de résoudre un problème déterminé. Par exemple, si au cours du processus de résolution de problèmes, un probationnaire identifie en tant que problème ses relations avec sa compagne, l'une des tâches possibles pourra être de traiter de ce problème au cours d'une ou plusieurs séances avec celle-ci.

Travail familial collaboratif

De nombreuses formes de psychothérapie, de conseil familial ou de médiation familiale ont été mises en œuvre dans la prise en charge, tant des usagers volontaires que des usagers involontaires. Irène et Herbert Goldenberg (2008) font ainsi état de pas moins de vingt formes différentes de thérapie familiale. Pour n'en citer que quelques-unes, il y a, par exemple, les thérapies : structurelle ; expérimentale ; transgénérationnelle ; systémique ; cognitive et comportementale ; centrée sur les solutions ; et narrative.

L'objet de cet ouvrage n'est pas d'étudier toutes les formes de thérapie familiale en détail. Son objet est plutôt de présenter un modèle de travail avec les familles, qui se situe dans le prolongement des principes du suivi efficace qui sont développés dans cet ouvrage.

Travailler avec le groupe familial est souvent le moyen le plus adapté de prendre en charge des usagers involontaires. Les praticiens pourront certes, bien entendu, orienter la famille vers une thérapie familiale. Cependant, dans bien des cas, il sera plus approprié que le praticien travaille lui-même avec cette famille. Parfois, il n'y a pas de thérapie familiale disponible. Parfois encore, la famille sera plus à l'aise pour travailler avec une personne qu'elle connait déjà et en qui elle a confiance. Comme il a été dit *supra*, il est utile de limiter, autant que possible, le nombre de praticiens impliqués dans le suivi des usagers.

Comme il a également été dit *supra*, ce chapitre présente un modèle de travail avec les familles appelé travail familial collaboratif. Celui-ci inclut : la clarification des rôles ; la modélisation prosociale et le renforcement ; la résolution des problèmes ; et enfin la relation praticien-usager. En d'autres termes, cela consiste à mettre en œuvre, auprès des familles, les compétences nécessaires au suivi efficace, qui sont plus largement développées dans l'ouvrage. Bien que ce modèle se distingue par la combinaison de ces quatre éléments, je reconnais que sa dimension résolutive de problèmes est similaire à des modèles résolutifs de problèmes tels que développés par Epstein et Bishop (1981), Forgatch et Patterson (1989) et Reid (1985, 1992), ainsi qu'aux modèles plus récents de Wade et alii (2006) ou de Ahmadi et alii (2010).

Ce modèle est particulièrement adapté aux usagers involontaires. Il est cohérent avec les principes généraux du suivi efficace, ainsi qu'avec le modèle d'un suivi qui s'appuie sur les compétences que les praticiens efficaces possèdent déjà. Il peut, pour cette raison, être rapidement appris dans le cadre d'une formation professionnelle ou par l'expérience. Mes recherches auprès des étudiants en travail social ainsi qu'auprès des praticiens du champ social (Trotter, 1997b, 2000, 2013b ; Trotter, Cox & Crawford, 2002) ont montré que, bien qu'ils n'aient qu'une faible expérience en thérapie familiale, ceux-ci sont capables de mener des séances de travail efficaces après seulement seize heures de formation.

Comme il a été montré au Chapitre 2, des modèles de prise en charge familiale similaires ont été utilisés et testés avec divers groupes d'usagers involontaires et dans des contextes tels que la protection de l'enfance, la justice des mineurs, la santé mentale et le travail social avec les jeunes (Perkins-Dock, 2001 ; Sexton & Alexander, 2002 ; Ahmadi et al., 2010). Comme je l'ai indiqué au Chapitre 2, 100% des usagers de mes recherches, dont bon nombre étaient involontaires, ont indiqué avoir bénéficié d'une manière ou d'une autre du travail familial collaboratif (Trotter, 2000, 2013b).

Un modèle de travail à domicile

Les séances de thérapie familiale peuvent avoir lieu au bureau du praticien ou à domicile. Les entretiens à domicile présentent des avantages et les étudiants et praticiens ayant participé à mes recherches ont réalisé la plupart d'entre eux à domicile. Cela favorise la participation des membres de la famille. Dans l'étude australienne, nous avions constaté qu'au moins un à deux membres de la famille rataient les rendez-vous ayant lieu au service. En revanche, cela était rare pour les séances à domicile. Les membres de la famille sont souvent plus à l'aise chez eux et le travail à domicile permet au praticien d'avoir l'opportunité d'observer comment la famille interagit dans son environnement. Cela permet souvent de réduire les différences en termes de pouvoir et d'augmenter de la sorte l'impression de partenariat.

D'un autre côté, cela peut soulever des problèmes en termes de sécurité du praticien, sécurité qui doit être prioritaire par rapport à tout avantage thérapeutique. Il peut aussi être difficile de maintenir le contrôle de l'entretien au domicile. Les appels téléphoniques, les visiteurs, les allers et retours des différents membres de la famille vers la cuisine ou la chambre, peuvent être perturbants et interrompre la bonne tenue de la séance. Ces questions présentent des difficultés pour le praticien, mais si elles peuvent être surmontées, alors le domicile familial est un lieu préférable pour la thérapie.

Le processus de travail familial collaboratif

Le modèle développé ci-dessous consiste à s'appuyer sur la mise en œuvre des compétences présentées dans cet ouvrage. Il consiste à suivre chacune des étapes de la résolution des problèmes telles que traitées au Chapitre 5 : la recherche des problèmes ; la hiérarchisation des problèmes ; l'exploration des problèmes ; la définition des objectifs ; l'élaboration d'un contrat ; les stratégies et tâches ; et l'analyse continue du suivi.

Le travail familial collaboratif peut être réalisé par un ou plusieurs membres de la famille. Idéalement, tous les membres de la famille impliqués dans la dynamique familiale doivent être inclus. Cependant, le processus peut tout de même fonctionner correctement si seuls certains des membres de la famille acceptent d'y prendre part. Les enfants doivent aussi pouvoir participer, s'ils sont suffisamment grands pour suivre la discussion, soit habituellement vers l'âge de dix ans.

La préparation du travail familial

Il est important que les membres de la famille soient préparés aux séances, avant que ne se tienne la première d'entre elles. Cette préparation initie le processus de clarification des rôles. Le but est ici d'aider les personnes qui composent la famille à comprendre l'objectif du travail, ce qui est attendu d'elles et combien de temps ce processus va durer. Il sera peut-être nécessaire d'apaiser les appréhensions de la famille par rapport au processus thérapeutique ou d'échanger sur des expériences antérieures de thérapie que chaque membre de cette famille aura pu avoir. Pour commencer dans les meilleures conditions et avant d'inaugurer le travail de groupe, il est pertinent d'avoir une discussion personnelle avec chacun des membres de la famille.

Ceci sera d'autant plus important lorsque la famille de l'usager n'a pas la même origine culturelle que le praticien. Si l'usager attribue des rôles particuliers aux différents membres de la famille – par exemple le père en tant que chef de famille – ou si ceux-ci ne sont pas habitués à discuter des problèmes d'une manière égalitaire, cela devra être traité avant que les sessions de travail ne commencent.

La clarification des rôles

Un certain nombre de questions doivent être traitées afin d'aider les membres de la famille à comprendre le rôle du praticien et des membres de la famille durant le processus de thérapie familiale.

Il est important de souligner dès le départ que le praticien veut avoir une position neutre, qu'aucune personne ne verra son point de vue considéré comme supérieur à celui des autres, et que l'objectif est de parvenir à un accord entre les membres de la famille. Inversement, le praticien pourra avoir le mandat spécifique de réduire le risque qu'une jeune personne ne commette une nouvelle infraction ou qu'un enfant ne soit pas à nouveau maltraité. Dans de tels cas, le praticien doit dire cela clairement aux membres de la famille, mais expliquer qu'il souhaite travailler de manière collaborative afin de traiter des questions qui ont pu contribuer, d'une manière ou d'une autre, à la commission d'infractions ou aux maltraitances des enfants.

Le praticien pourra discuter du nombre de séances qui se tiendront et des personnes qui devront y assister. Il pourra, par exemple, demander à ce que les membres de la famille s'engagent à suivre un nombre de sessions déterminé et suffisant pour que l'on puisse progresser dans le traitement des problèmes auxquels la famille fait face.

Le praticien pourra discuter des questions de confidentialité. Ce qui se dit au cours des séances en sortira-t-il ? Quelle serait la responsabilité du praticien si, au cours des séances, il était fait état d'une nouvelle infraction ou de nouvelles maltraitances de l'enfant ? Et si l'un des membres de la famille souhaitait parler au praticien entre deux séances, serait-ce approprié et ces échanges seraient-ils confidentiels ?

Le praticien doit demander à chacun des membres de la famille ce qu'il espère retirer des séances. De même, il doit demander à l'usager ce qu'il attend de la thérapie. Les membres de la famille ont-ils déjà une expérience de la thérapie ? Qu'en ont-ils pensé ? Ont-ils des *a priori* sur ce que doit être une thérapie familiale ?

Le praticien doit aussi expliquer à la famille de l'usager ce qu'est le modèle de résolution des problèmes familiaux, comment il fonctionne, notamment en ce qu'il se centre sur le fait d'aider la famille à résoudre ses problèmes par elle-même. Dans mes recherches, les praticiens ont amené avec eux au domicile des familles des copies agrandies des étapes de la résolution des problèmes, de manière à ce que les membres de celles-ci puissent suivre ces étapes à mesure de l'avancement dans les sessions.

Le praticien doit aider les membres de la famille à parvenir à un accord au sujet des principes de base qui gouverneront les séances. De tels principes pourront être : que chaque membre de la famille laisse les autres parler librement sans être interrompu ; qu'ils puissent demander des clarifications sur tel ou tel point, mais qu'ils doivent écouter celui qui parle jusqu'à ce qu'il ait fini ; que les participants ne doivent pas crier ou être insultants ; ou que les membres de la famille puissent quitter la pièce s'ils ne se sentent pas à l'aise. Fixer de telles règles dès le début contribuera à ce que le processus thérapeutique soit moins imprévisible. Cela donne aussi à la famille la possibilité d'apprendre et de mettre en pratique la manière de parvenir à un accord par le biais de l'échange verbal. Le processus de fixation des règles de base peut initier une meilleure communication entre les membres de la famille.

La recherche des problèmes

Comme pour la recherche des problèmes avec les individus, l'objectif de la recherche des problèmes dans le cadre familial est d'identifier quelles sont les questions qui inquiètent la famille. Le praticien demande à chacun de ses membres, chacun à leur tour, de décrire quelles sont les questions qui les inquiètent et qu'ils aimeraient voir changer. À mesure que chacun identifie des questions ou problèmes, le praticien les écrit dans les termes exacts de l'intéressé, soit dans les notes du dossier, soit sur un tableau. Il est important que toute la famille puisse voir la liste telle qu'elle est écrite.

Il peut être pertinent de demander aux membres de la famille qui ont le moins de pouvoir ou le moins de force, de parler en premier afin de favoriser une implication égalitaire de tous dans le processus. Il pourra aussi être pertinent de préciser que chaque membre de la famille dispose d'un temps déterminé pour s'exprimer sur ses problèmes, disons, par exemple, cinq minutes, afin de s'assurer qu'aucun membre de la famille ne soit en position dominante.

Le praticien doit encourager les membres de la famille à parler des problèmes d'une manière non culpabilisante. Il pourra parfois reformuler les problèmes de l'usager, comme pour cette jeune fille de douze ans qui énonce, par exemple, que son plus grand problème est sa grande sœur de quatorze ans : « Elle sort quand elle veut et moi je dois rester à la maison ». Après plus ample discussion, cette jeune fille pourra être encouragée à reformuler ainsi son problème : « Cela m'énerve que ma mère applique des règles différentes quant à ce que ma sœur a le droit de faire et ce que moi j'ai le droit de faire. J'ai l'impression qu'elle pense qu'elle ne peut pas me faire confiance ».

Il convient, bien entendu, de faire attention à ce que cela ne se traduise pas par le fait que ce soit le praticien qui reformule les problèmes tels que lui les perçoit. Comme il est souligné dans tout cet ouvrage, il est vital que les problèmes traités soient bien ceux de l'usager.

Le praticien doit encourager les membres de la famille à identifier les problèmes qui sont les plus susceptibles d'avoir conduit au statut du principal intéressé en tant qu'usager involontaire. Le praticien pourra, par exemple, demander à une jeune personne, qui a manqué les cours, de parler des raisons pour lesquelles l'école représente un problème pour elle. Ou il pourra demander à cette autre qui a fugué de chez elle, d'identifier ce qu'elle n'aime pas en particulier à la maison.

Bien qu'il puisse être pertinent de clarifier certaines des questions au cours de la phase d'identification des problèmes, le praticien doit, autant que possible, encourager chaque usager à être bref. Des discussions plus approfondies sur ces questions pourront avoir lieu plus tard. Au cours des premières étapes, il est important que les autres membres de la famille n'aient pas à attendre leur tour trop longtemps.

Une fois que chacun a parlé, et que le praticien a écrit la liste de toutes les questions, ce dernier doit essayer d'identifier les problèmes qui font consensus. Si aucun des problèmes tels que listés par les différents membres de la famille ne semble être le même, le praticien doit reformuler ou redéfinir les problèmes en tant que problèmes communs. Il se peut, par exemple, qu'une mère soit inquiète du fait que sa fille manque les cours. La fille pourra ne pas s'en inquiéter du tout, mais pourra être affectée par les crises de colère de sa mère à ce sujet. Dès lors, il existe bien une inquiétude commune autour de l'école. Le problème commun est ici le désaccord relatif à la fréquentation de l'école, en sorte que le problème devrait être redéfini en ces termes.

Pour prendre un autre exemple, un jeune homme pourra être inquiet, parce que sa mère est rarement à la maison. Dans ce cas, le praticien pourra demander aux autres membres de la famille s'ils y voient aussi un problème. Il pourra demander aussi à la mère si elle s'inquiète du temps qu'elle peut passer avec son fils. Il sera ainsi possible de redéfinir ce problème en tant que problème familial.

Les membres de la famille pourront aussi avoir des problèmes qui ne concernent qu'eux et il conviendra alors de les résoudre de manière individuelle. Par exemple, une mère pourra ne pas être satisfaite de sa relation avec l'une de ses amies, mais son fils pourra estimer que cela ne le concerne pas.

Ainsi, à la fin de la phase de recherche des problèmes, le praticien devrait être parvenu à une liste des problèmes pour chaque membre de la famille. Autant que possible, ces problèmes devront avoir été redéfinis en tant que problèmes communs ; cependant, des problèmes individuels pourront aussi exister.

Le choix des problèmes à traiter en premier

Le but est ensuite de prendre une décision sur le problème ou les problèmes qu'il convient de traiter en premier. Le praticien doit garder à l'esprit les lignes directrices relatives à cette prise de décision, telles que formulées au Chapitre 5 : les problèmes qui seront traités doivent bien être ceux de la famille ; ils doivent, dans la mesure du possible, être des problèmes susceptibles de changement et pour lesquels les ressources nécessaires existent ; ils doivent être en lien avec les objectifs que le praticien a pour la famille ; et ils doivent être d'ordre pratique plutôt que d'ordre psychologique interne.

Il est crucial de travailler sur la base des problèmes familiaux, tels que définis par les membres de la famille. Le praticien pourra suggérer quels sont les problèmes par lesquels il est pertinent de commencer. Cependant, la famille doit être d'accord pour considérer que ces problèmes sont importants. Si certains membres de la famille ont des problèmes distincts, il pourra être nécessaire de travailler simultanément sur un problème par membre de la famille.

Les difficultés ayant des chances d'être résolues doivent être traitées en première intention. Il pourra, par exemple, être préférable de commencer par un problème relatif à l'argent de poche, plutôt qu'un problème relatif à un parent qui ne s'implique pas dans la thérapie et ne s'intéresse pas du tout à sa famille.

Il est également préférable de traiter des problèmes pour lesquels les ressources nécessaires sont bien disponibles. Par exemple, si la famille a un problème de logement inadéquat, il sera bien plus facile de traiter de celui-ci s'il existe une chance de trouver un meilleur logement.

Si l'un des membres de la famille fait l'objet d'un mandat judiciaire ou d'une obligation juridique quelconque, il sera pertinent de commencer par ces exigences formelles. Par exemple, si un enfant doit être expulsé de l'école à moins que certaines choses ne changent, ou si cette jeune personne doit réaliser certains actes en tant qu'obligation particulière attachée à la décision de justice, ces problèmes doivent recevoir priorité.

Le modèle de résolution de problèmes se centre sur des questions ou problèmes pratiques. Autant que possible, l'on se focalisera ainsi sur des questions telles le logement, l'emploi, ou la consommation de drogue, plutôt que sur des questions intrapsychiques telles que l'estime de soi, l'anxiété ou la dépression.

Enfin, si la famille ou un membre quelconque de la famille fait face à une crise immédiate, ces problèmes pourront devoir être traités en premier. Si, par exemple, la famille n'a pas de domicile, cela devra certes constituer une priorité immédiate.

Pour que ces facteurs soient pris en considération, le praticien doit encourager les membres de la famille à se mettre d'accord sur les problèmes par lesquels il est le plus pertinent de commencer. S'il n'est pas possible de parvenir à un tel accord, il pourra être approprié de travailler sur plus d'un seul problème. Chaque membre de la famille doit avoir le sentiment qu'au moins un des problèmes sur lesquels il va être travaillé est pertinent pour lui.

L'exploration des problèmes

L'exploration des problèmes pourra avoir en partie été réalisée durant la phase de recherche de ces problèmes. Il est toutefois plus pertinent de collecter plus d'informations relatives à ceux-ci avant de passer aux objectifs et aux solutions. Il est important que les membres de la famille et le praticien aient une vision complète du problème avant que des stratégies permettant de le résoudre puissent être développées.

Comme il été proposé au Chapitre 5 s'agissant de la résolution des problèmes individuels, il convient de demander aux membres de la famille quelle est l'histoire du problème en cause ? Quand est-il survenu ? Comment cela a-t-il commencé ? Qu'a fait la famille antérieurement pour traiter de ce problème ? Cela a-t-il amélioré ou aggravé les choses ? Quelle est la chose qui contribue à la persistance du problème ? Existe-t-il des circonstances où le problème n'est pas présent ? Qu'y a-t-il de différent en pareil cas ? Peut-on augmenter l'occurrence de telles circonstances ?

La fixation d'objectifs

L'étape suivante consiste à fixer des objectifs ; des objectifs clairs et spécifiques sur lesquels le praticien et les usagers se mettent d'accord et qui ont trait directement au(x) problème(s). Les objectifs répondent à la question : quels sont les résultats souhaités par la famille ? Des objectifs d'ordre généraux pourront être, par exemple :

- que les membres de la famille arrêtent de s'accuser les uns les autres pour des choses qui se sont produites dans le passé ;
- qu'un membre de la famille quitte le domicile d'ici à deux semaines ;
- qu'un membre de la famille en aide un autre à prendre la décision d'entamer ou non un traitement en ambulatoire pour son problème d'addiction à l'alcool ;
- que toute forme de violence domestique cesse immédiatement.

Les objectifs doivent être aussi spécifiques que possible, de sorte qu'il soit clair par la suite, à une date plus lointaine, ce, tant pour le praticien que pour l'usager, si oui ou non les objectifs ont été atteints. Par exemple, ce que la famille entend par l'objectif de ne pas accuser les autres devra être précisé par celle-ci, tout comme la manière de s'y prendre pour que cela cesse.

L'élaboration d'un contrat

Lorsque les membres de la famille sont parvenus à un accord sur ce qu'ils souhaitent voir réalisé, un contrat écrit doit être rédigé, qui résume les problèmes à traiter, les objectifs à atteindre, ainsi que les principes de base ou les attentes que le praticien et l'usager pourront avoir concernant le processus de résolution de problèmes. Le lecteur pourra se reporter à l'encart ci-dessous, qui présente un exemple de contrat familial résolutif de problèmes concernant une jeune fille de quinze ans, Amy, qui a été placée sous probation pour avoir volé après s'être enfuie avec son petit ami âgé de dix-neuf ans.

Contrat familial résolutif de problèmes

Problèmes

1. Amy et Mme Larkin (mère d'Amy) sont inquiètes du fait qu'Amy n'est pas heureuse à la maison et qu'elle ait envie de s'enfuir de la maison à nouveau.

2. Amy et Mme Larkin se disputent constamment et parlent rarement l'une avec l'autre, voire pas du tout, de manière polie.

3. Amy et Mme Larkin n'arrivent pas à se mettre d'accord sur la fréquence à laquelle Amy devrait voir son petit ami.

4. Amy et Mme Larkin sont inquiètes concernant l'école. Amy s'inquiète parce qu'elle pense que l'école ne lui apporte rien, mais ne sait pas quoi faire et Mme Larkin craint qu'elle ne passe à côté de ses chances si elle ne va pas à l'école.

Objectifs

1. Qu'Amy vive à la maison avec sa mère et son frère de manière continue.

2. Qu'Amy et Mme Larkin racontent au praticien qu'elles se parlent de manière amicale et s'écoutent l'une l'autre au moins cinq minutes de suite et ce, au moins deux fois par semaine. Le but est que cet objectif-ci soit réalisé d'ici à la semaine 3.

3. Qu'Amy et Mme Larkin parviennent à un accord sur le point de savoir si Amy doit continuer à voir son petit-ami et si oui, combien de fois et où doit-elle le voir. Cet objectif doit être atteint d'ici à la semaine 7.

4. Qu'Amy et Mme Larkin aient pris une décision sur le point de savoir si Amy doit rester à l'école ou chercher un autre moyen d'occuper son temps. Cet objectif doit être atteint d'ici à la semaine 8.

Principes de base pour les séances de travail familial

1. Qu'Amy et Mme Larkin participent à chaque séance ou expliquent au praticien et à l'une et à l'autre pourquoi elles n'ont pas pu participer. Initialement, dix séances devront avoir lieu.

2. Qu'Amy et Mme Larkin, ainsi que le praticien, s'écoutent les uns les autres durant les séances de travail familial et ne s'interrompent pas, sauf pour clarifier quelque chose qui a été dit.

3. Qu'Amy et Mme Larkin soient libres de demander à bénéficier de séances individuelles avec le praticien si elles le souhaitent. Ces séances seront confidentielles.

4. Aucune information ne sera fournie à qui que ce soit d'autre concernant ce qui se passe en séance sans la permission d'Amy et Mme Larkin.

L'élaboration de stratégies et de tâches

Des stratégies ou des tâches doivent ensuite être listées par le praticien et les membres de la famille en vue d'atteindre les objectifs. Comme il a été dit au Chapitre 5, des stratégies ou des tâches doivent être mises en œuvre durant ou en dehors des séances de travail familial.

Ce qui suit sont des exemples de tâches pouvant être mises en œuvre au cours des séances. Ces tâches sont liées à l'objectif d'améliorer la communication ou de réduire les disputes au sein de la famille.

- Il peut être demandé aux membres de la famille de s'écouter durant une période de temps déterminée (par ex. trois minutes) et ensuite de paraphraser ce qui a été dit. L'objectif de cette tâche est d'enseigner des compétences en termes d'écoute, afin de contribuer à son tour à améliorer la communication et de réduire le nombre de disputes.
- Une autre tâche relative à la communication pourra être de faire des jeux de rôle. Le praticien pourra demander à une mère et à sa fille de jouer une situation dans laquelle il est courant que des disputes surviennent, par exemple concernant un petit-ami. Puis, au lieu de se disputer, comme elles le font d'ordinaire, il leur sera demandé de porter leur attention sur l'écoute de l'autre personne, puis de paraphraser ce qu'elle a dit.
- Il pourra être demandé aux membres de la famille de renverser leurs rôles, de telle sorte que la mère prenne la place de la fille et vice versa. Ceci pourra les aider à percevoir la situation du point de vue de l'autre.
- Une autre tâche qui est fréquemment mise en œuvre par les praticiens dans mes recherches, consiste à apprendre aux usagers à se donner du feedback positif. Il pourra ainsi être demandé aux membres de la famille de réfléchir à toutes les choses qu'ils aiment, apprécient ou admirent chez l'autre et la liste pourra être écrite sur un morceau de papier ou sur le tableau du praticien. Dans les familles qui tendent à interagir de manière négative, les propos positifs sont rares. Formuler des propos positifs peut avoir un impact particulièrement puissant.
- Une autre tâche encore, qui pourra être mise en œuvre au lieu où se déroulent les entretiens, pourra être un brainstorming de solutions. Par exemple, les membres de la famille pourront se mettre d'accord sur l'objectif consistant pour un jeune homme à continuer à vivre au domicile familial pendant au moins encore trois mois. Les membres de la famille, y compris cette jeune personne, pourront s'inviter à penser à tout ce qui est susceptible de l'encourager à demeurer au domicile. Ces idées pourront être listées sur un morceau de papier et on pourra les analyser pour déterminer si elles peuvent être transformées en tâches. Les tâches ainsi élaborées pourront ensuite être mises en œuvre au cours des séances, comme, par exemple, parler de ce que les membres de la famille apprécient chez les uns et les autres.
- Des tâches pouvant être réalisées à la maison entre les séances pourront, par exemple, consister à participer ensemble à des activités qui plaisent à tous ou à passer du temps ensemble. D'autres tâches peuvent impliquer des membres de la famille plus élargie. Un objectif qui pourra, par exemple,

émerger des discussions entre les membres de la famille pourra être, pour un jeune, d'avoir plus de contact avec une personne incarnant un modèle adulte de qualité. Il se pourrait ainsi que des contacts plus fréquents puissent être organisés avec un oncle ou un autre membre de la famille élargie. Il pourrait même être pertinent, dans un tel cas, de faire participer l'oncle à des séances de travail familial de façon à ce qu'il puisse aider à élaborer des tâches.

Il arrive que de simples tâches soient particulièrement efficaces. Un exemple intéressant provient de ce que mettait en place l'un des praticiens qui participait à l'un de mes projets de recherche. Un garçon de douze ans, Danuka, avait été placé sous probation après avoir commis un certain nombre d'infractions graves. Il avait commis ces infractions après avoir fugué de chez lui. Il fuguait régulièrement et ne rentrait parfois pas durant plusieurs jours à la fois ; ses parents ne savaient pas où il se trouvait. Une tâche commune de réflexion intense fut mise en place avec cette famille, dans laquelle tant la mère que le père ainsi que Danuka, suggérèrent différentes choses qui pourraient prévenir de nouvelles fugues de Danuka à l'avenir. Danuka devait dire qu'il apprécierait plus d'être à la maison si quelqu'un voulait bien jouer aux échecs avec lui.

Une tâche qui devait être mise en place par la suite pour Danuka et son père fut de jouer ensemble une fois par semaine aux échecs et ceci devait par la suite passer à deux fois par semaine. Les jeux d'échec devaient se poursuivre durant et même après la participation de la famille à la thérapie et il semble que cela fut particulièrement efficace pour persuader Danuka de rester à la maison. La tâche donnait à Danuka l'attention qu'il souhaitait de la part de son père et leur relation s'améliora de façon extraordinaire. La commission d'infractions cessa également.

Cela peut paraître comme étant une solution très simple pour un problème très complexe. Son efficacité semble avoir été ici liée au fait que Danuka avait lui-même suggéré et défini la tâche et que celle-ci traitait de ce qui représentait pour lui sans doute son problème majeur, soit sa relation avec son père. Ce problème devait être résolu de manière positive, la tâche ne fut pas difficile à mettre en œuvre et elle ne s'accompagna ni d'accusation, ni de rejet de la faute, que ce soit sur Danuka ou son père.

L'analyse continue du suivi

L'étape finale du processus de travail familial consiste en une analyse et évaluation continue. Ce que l'on considère ici comme nécessaire est de revoir l'étape de résolution des problèmes telle que réalisée par la famille. Bien que ces étapes soient assez simples, il n'est pas dans les habitudes des familles de gérer leurs difficultés en ayant en tête le processus résolutif de problèmes. Le praticien doit avoir ici pour objectif de s'appuyer sur la structure même du processus de résolution de problèmes afin d'analyser ce qu'a pu réaliser la famille. Cette structure doit toutefois être utilisée de manière souple. Le praticien et les usagers doivent savoir en temps réel à quelle étape du processus ils se trouvent, mais ils doivent aussi sentir qu'ils peuvent, si cela est pertinent, avancer ou reculer dans le cours de ce processus.

Modelage prosocial

Il est important qu'au cours du processus de travail familial, le praticien modélise le comportement prosocial, renforce les comportements prosociaux des membres de la famille et conteste les propos pro-délinquants ou antisociaux de ceux-ci. Cela consiste, notamment, à encourager et récompenser l'implication des membres de la famille dans le processus résolutif de problèmes. Ceux-ci doivent être encouragés et récompensés pour leur participation aux séances, pour leur identification des problèmes, pour avoir effectivement réalisé les tâches et pour avoir, d'une manière générale, participé au processus.

Le focus sur ce qui est positif, qui est le propre du modelage prosocial et du renforcement est important, parce qu'il permet d'équilibrer les discussions portant sur les problèmes. Il est également important que lorsqu'il conteste les propos pro-délinquants et antisociaux, le praticien fasse attention à ne pas prendre parti pour qui que ce soit ou soit critique envers un membre ou un autre de la famille. Bien qu'il soit important de ne pas ignorer les propos pro-délinquants et antisociaux, il est tout aussi important de suivre les principes de la confrontation tels que présentés au Chapitre 4.

La relation praticien-usager

Lorsqu'il prend en charge un travail familial collaboratif, le praticien doit s'appuyer sur les compétences relationnelles qui ont été présentées au Chapitre 6. Le praticien doit écouter et tenter de comprendre le point de vue de chacun des membres de la famille. Il doit être optimiste quant à la capacité de celle-ci à changer et quant à ce que le travail familial collaboratif peut apporter à cet égard. Il ne doit pas avoir peur de recourir à l'humour et à un peu d'auto-divulgation pour aider les membres de la famille à se sentir à l'aise et confortables.

Dossier-Illustration

Travail familial collaboratif

L'exemple ci-dessous illustre le processus de travail familial collaboratif. Les noms et détails susceptibles d'identifier les personnes ont été modifiés. Toutefois, les détails du déroulement du suivi m'ont été décrits tels quels par un praticien participant à l'une de mes recherches sur la thérapie familiale mentionnée précédemment (Trotter, 1997b, 2000, 2002). Je présente ci-dessous ce dossier tel qu'il s'est déroulé, bien qu'il comporte quelques pratiques qui ne sont pas entièrement compatibles avec le modèle de travail familial collaboratif, comme lorsque, par exemple, le praticien assigne comme tâche à la mère et à la fille de se prendre dans les bras.

Laura s'est enfuie de son domicile à l'âge de quatorze ans après une série de disputes avec sa mère et sa sœur. Elle est restée chez des amis quelques jours et a alors contacté un service social d'information des jeunes afin d'obtenir une assistance financière. Elle a ainsi été placée successivement dans trois foyers durant une période d'un an. Cependant, chacun de ces placements a échoué. Le troisième, et dernier placement, a échoué en raison de l'introversion extrême de Laura, de son comportement sexuel inapproprié, de son énurésie chronique et de sa violence envers les autres résidentes.

Elle a été envoyée pour évaluation auprès d'un psychiatre, en raison d'inquiétudes relatives à son énurésie et à ses autres problèmes. Toutefois, le psychiatre a indiqué qu'elle n'avait pas de pathologie mentale diagnosticable.

À ce stade, Laura a presque seize ans et le service social lui a indiqué qu'il ne pouvait plus lui fournir de logement. La mère de Laura, Anne, a manifesté le souhait de voir celle-ci retourner au domicile. Il a donc été dit à Laura qu'elle devrait retourner vivre avec sa mère, à moins qu'elle ne trouve par elle-même une autre solution.

Laura a dit clairement qu'elle ne voulait pas retourner à la maison et a refusé de discuter avec les travailleurs sociaux de l'endroit où elle voulait vivre. Le praticien a alors proposé à Laura de participer à six séances de thérapie familiale avec sa mère. Il lui a indiqué que si elle suivait les six séances et qu'elle ne voulait alors toujours pas retourner à la maison, le praticien ferait de son mieux pour l'aider à trouver une solution alternative. C'est dans ce cadre que Laura a accepté. La mère de Laura était également en accord avec ce projet.

Laura n'était dès lors pas un usager entièrement volontaire. À près de seize ans, elle aurait pu faire ce qu'elle voulait et régler son problème de logement elle-même et il n'y aurait eu aucune sanction juridique. Inversement, elle avait un certain nombre de problèmes personnels et interpersonnels et les possibilités de placement étaient, de ce fait, limitées. Bien qu'elle puisse être considérée comme étant partiellement volontaire, elle semblait en réalité plus correspondre au côté involontaire du continuum usager volontaire-involontaire, en raison de sa résistance au processus de travail familial.

Laura et sa mère ont dans la suite de cela participé à cinq séances de travail familial avec un éducateur de la protection de la jeunesse. Seule la mère a participé à la sixième séance.

Lors de la première séance c'était aussi la première fois que Laura et sa mère se retrouvaient depuis que Laura avait quitté la maison. Elles s'étaient téléphoné au cours de l'année précédente, mais elles ne s'étaient pas vues durant cette période. La première rencontre fut tendue et Laura devait refuser de regarder ou de parler à sa mère. L'éducateur commença par une discussion sur les rôles et la nature du processus de travail familial. L'on demanda à Laura et à sa mère d'identifier les problèmes qui les inquiétaient.

Anne parla du problème qui avait conduit Laura à quitter le domicile. Elle dit qu'elle pensait que le fait pour Laura de quitter la maison et de refuser d'y retourner était une réaction exagérée face à la situation. Elle dit encore que le départ de Laura avait été causé par une dispute entre Laura et sa sœur, par les problèmes de Laura à l'école, et par la souffrance ressentie de voir sa mère parler d'elle aux enseignants. Elle dit que Laura était aussi triste de ce que sa mère ne l'ait pas autorisée à changer d'école.

Laura devait alors parler de ses problèmes à elle. Elle dit qu'elle n'avait quitté le domicile qu'après que sa mère l'eût trainée dehors et menacée de la tuer. Laura dit qu'elle se sentait alors, et se sentait toujours, non désirée et que sa mère et sa sœur ne s'intéressaient pas à ses opinions. Elle n'était pas contente que, pour la punir, sa mère lui dise de rester à la maison, qu'elle ne lui parle pas, qu'elle n'aime pas ses amis, et que sa mère parle aux enseignants derrière son dos.

Après cet échange, Laura dit qu'elle ne voulait pas parler d'un retour à la maison. Laura et sa mère furent d'accord pour reconnaître qu'il y avait un problème de communication entre elles. Quelques tâches furent proposées par l'éducateur, et par Laura et Anne, avec pour objectif d'améliorer à court terme la communication.

Ces tâches étaient :

- d'avoir un échange téléphonique avant la séance suivante ;
- pour Anne de laisser Laura décider si elle voulait revenir à la maison et de ne pas lui demander de le faire ;
- pour Laura de ne pas dire qu'elle ne voudrait jamais revenir à la maison.

Un accord fut obtenu sur ces tâches. La réalisation des tâches fut vérifiée au cours de la séance suivante. Anne avait bien téléphoné et elles avaient toutes les deux eu une conversation sans se disputer. Laura devait décrire cela comme ayant été une conversation « normale ». Aucune mention ne fut faite d'un retour à la maison. Laura appela également la maison et parla à sa sœur (elle avait appelé pour parler à sa mère, mais Anne n'était pas à la maison).

C'était, en dehors de la séance de thérapie, le premier contact entre Laura et sa famille depuis des mois, et tant Laura que sa mère furent félicitées par le praticien pour avoir réalisé cette tâche avec succès.

Le praticien devait alors revenir à la phase de recherche de problèmes et demander à Laura et Anne d'identifier à nouveau des difficultés. Elles convinrent que les accusations étaient un problème et que le pardon (ou plutôt l'impossibilité de pardonner) en était également un. Ils constituaient des problèmes aussi bien pour Laura que pour Anne. Il y avait aussi le problème d'Anne, qui supposait que Laura retournerait à la maison. Lorsque Anne l'évoquait, Laura se mettait en colère et insistait que cela n'était pas sa (à Anne) décision.

Il fut alors discuté des objectifs et Laura dit que son objectif concernant le problème du pardon était de ne plus être en colère avec sa mère. Le but de Laura en termes de communication était de plus parler à sa mère. Un objectif, tant pour Laura que pour sa mère, était, à ce stade, de ne pas parler du retour de Laura. Laura et Anne parvinrent à se mettre d'accord sur les objectifs d'avoir une meilleure communication et de se pardonner toutes les deux.

Un certain nombre de tâches furent proposées par Laura et sa mère, dans le but de se pardonner l'une l'autre. Laura suggéra que sa mère s'excusât d'avoir menacé de la tuer. Anne n'était pas d'accord avec cette tâche. Anne suggéra alors à Laura de venir au domicile familial prendre le thé la semaine suivante. Elles en furent toutes deux d'accord. Avec les encouragements d'Anne, Laura dit qu'elle viendrait à la maison après l'école le mardi, mercredi et le jeudi. Elles en furent toutes deux également d'accord.

Lors de la séance suivante, Laura n'avait pas encore exécuté les tâches. Elle dit qu'elle n'en avait pas eu le temps. Elle ajouta qu'elle haïssait sa mère et que celle-ci la haïssait aussi. Elle commença à parler plus avant de ce qui s'était passé avant son départ de la maison plus d'un an auparavant et à dire que sa mère l'avait forcée à se plier au droit de visite de son père et que ce dernier la frappait au cours de ces visites.

Laura devait ressentir de fortes émotions et se mit à pleurer. Elle devait parler directement à sa mère de ses émotions. Elle dit qu'à l'époque, elle avait expliqué à sa mère qu'elle avait peur de son père et qu'elle fut pour autant contrainte de continuer à aller chez lui. Elle se sentait trahie par sa mère.

Le praticien laissa cet échange se poursuivre durant une longue période, parce qu'Anne écoutait et que Laura exprimait ses émotions. Tandis que la conversation se poursuivait, Anne se mit aussi à pleurer. Elle dit qu'elle n'avait pas réalisé quel était le degré de violence du père, ni à quel point ces visites faisaient souffrir Laura.

Le débordement d'émotions et de sentiments de la part de Laura peut être redéfini comme étant une tâche apparue spontanément en vertu de laquelle elle devait exprimer ses émotions. Pour la première fois, sa mère devait l'écouter et comprendre ses émotions relatives aux maltraitances perpétrées par le père. Ce fut là un moment particulièrement fort au cours de la séance de thérapie, parce que c'était la première fois que Laura et Anne discutaient sérieusement de cette question.

Vers la fin de la séance, l'éducateur devait proposer que Laura et Anne se prennent dans les bras. Tout d'abord, Laura répliqua : « pas question ! ». Il lui fut toutefois répondu que cela pouvait être considéré comme étant une tâche qui pourrait aider à la fois pour le pardon et la communication. Elles se prirent alors dans les bras de manière assez rigide. Le praticien considéra que la tâche de cette séance s'était terminée sur une note assez positive.

Juste après cette réunion, le praticien devait parler à Laura et lui dire que le temps qui lui restait dans le foyer allait bientôt se terminer et qu'elle devrait en partir. Il espérait qu'à ce stade, elle accepterait de rentrer à la maison. Laura accepta de « faire un test ». Cela représentait un changement pour le moins exceptionnel de sa part, comparé à la période précédant les séances résolutives de problèmes, où Laura et sa mère ne s'étaient quasiment pas parlé durant douze mois. Ce changement semblait en lien avec le chemin vers « le pardon » à sa mère, que Laura semblait avoir pris, suite à la discussion relative aux maltraitances par le père.

La séance familiale suivante prit place trois jours plus tard après que Laura fut retournée vivre avec sa famille. Laura et Anne étaient toutes les deux heureuses de ce qui s'était passé durant les trois jours précédents. Elles furent toutefois d'accord pour continuer à travailler sur les problèmes qui avaient été définis durant les séances précédentes : se pardonner l'une l'autre et mieux communiquer entre elles.

Une tâche proposée par le praticien devait être mise en œuvre entre deux séances. Il s'agissait de se parler pendant au moins dix minutes chaque jour sans parler du passé de manière accusatoire.

La séance suivante eut lieu une semaine plus tard. Laura avait eu une dispute avec sa sœur au cours de la semaine et l'avait frappée. La tâche consistant à se parler n'avait pas été exécutée, mais il n'avait pas été question du passé entre Laura et sa mère.

Laura devait soulever de nouveaux problèmes. Le praticien devait alors revenir à la phase de recherche des problèmes et ajouter ces problèmes à ceux du pardon et de la communication. Laura dit que sa mère lui criait après plus que sa sœur. Elle devait ajouter qu'elle (Laura) n'avait pas envie d'avoir une relation durable avec sa mère.

Anne s'inquiétait des injures que proférait Laura et du fait qu'elle avait frappé sa sœur.

Deux objectifs furent alors définis : Laura voulait que sa mère crie moins après elle et Anne voulait que Laura arrête de jurer.

Des tâches réciproques et urgentes furent définies pour traiter de ces problèmes. Laura accepta d'arrêter de jurer ou au moins d'utiliser des mots tels que « p.. » ou « m… » qui offensaient sa mère. Anne dit qu'elle ne crierait plus après Laura.

Il fut à nouveau discuté des violences du père. Anne dit qu'elle avait été contrainte juridiquement de faciliter l'accès du père à Laura et qu'elle avait pensé ne pas pouvoir y faire quoi que ce soit. De plus, elle devait dire qu'elle n'avait pas réalisé à quel point les faits de violence étaient graves. À nouveau Laura et Anne furent en pleurs durant cet échange. Afin de faciliter le pardon, le praticien dit à Anne et Laura que la colère de Laura devrait plutôt être dirigée contre son père, qui était l'auteur des maltraitances.

Anne et Laura furent d'accord pour se pardonner. La discussion portant sur cette question et sur les explications d'Anne concernant ce qu'elle pensait à l'époque, constituait une tâche en vue de l'objectif de pardon.

À la fin de la séance, Anne et Laura devaient se mettre d'accord pour exécuter d'ici à la séance suivante, les tâches relatives au fait de jurer et de crier.

Une dernière visite fut programmée, mais seule Anne devait y assister. Anne devait communiquer un message de la part de Laura, en vertu duquel elle vivait désormais au domicile et n'avait donc pas besoin de venir. Anne dit qu'elle pensait que la thérapie familiale avait beaucoup aidé, surtout dans la mesure où elle avait aidé Laura à prendre la décision de revenir vivre à la maison et l'avait aidée elle (Anne) à mieux comprendre sa fille.

Un contact de suite, pris avec Anne plus d'un an après, devait indiquer que Laura était demeurée au domicile avec sa mère et sa sœur durant une année.

Bien qu'elles eussent toujours des problèmes, elles formaient désormais bien une cellule familiale. Laura continuait à aller à l'école et avait réussi son année de seconde. Elle avait alors quitté le domicile familial pour vivre avec une amie, mais conservait le contact avec sa mère et continuait à aller à l'école. Elle n'avait toujours pas de contact avec son père, conformément à son souhait clairement exprimé. Bien que Laura n'eût pas souhaité évoquer son énurésie au cours des séances de thérapie, celle-ci avait diminué et ne constituait plus un problème chronique.

Ce dossier-illustration montre comment le travail familial collaboratif peut être utilisé pour faciliter la communication entre les membres de la famille, même lorsque celle-ci a un problème ancien de communication. Il montre aussi comment ce modèle peut être utilisé de manière souple, en permettant notamment d'avancer et de reculer dans le processus de recherche de problèmes, de fixation des objectifs et des tâches, que ce soit en cours de séance ou entre celles-ci. Ici, l'intervention peut être considérée comme ayant réussi. Il est probable que, sans cette expérience thérapeutique, Laura n'aurait pas accepté de revenir vivre avec sa mère.

Résumé

Il existe de multiples approches du travail avec les familles. L'une d'entre elles, le travail collaboratif familial, est présentée dans ce chapitre. Ce modèle a été choisi parce qu'il met en œuvre les principes de la pratique efficace qui sont étudiés dans les chapitres antérieurs de ce livre : la clarification des rôles ; la modélisation prosociale ; la résolution des problèmes ; et la relation praticien-usager. Ce modèle est cohérent avec la recherche montrant ce qui marche et des études en ont montré l'efficacité dans la prise en charge des usagers involontaires.

Chapitre 8

Evaluation

Les praticiens qui prennent en charge les usagers involontaires puisent leurs connaissances dans une variété de sources. Il s'agit des théories, des modèles, des résultats de la recherche, de leurs valeurs et croyances, de leur expérience, ainsi que des attentes institutionnelles. J'ai, pour ma part, indiqué que je privilégiais une approche du suivi fondée sur les données acquises de la science ; il s'agit, par conséquent, d'une approche qui considère que les résultats de la recherche doivent constituer la source privilégiée de connaissances. J'ai indiqué qu'en ayant une approche scientifique, les praticiens devaient être clairs quant aux objectifs du suivi et aux valeurs qu'ils souhaitaient favoriser.

Dans cet ouvrage, j'ai également soutenu que la mise en œuvre de ce modèle pratique augmentait les chances de voir l'usager et le praticien réaliser leurs objectifs. Les pratiques fondées sur les données de la science ne peuvent toutefois garantir le succès dans tel ou tel cas donné. Il peut arriver que le praticien passe du temps à explorer avec son usager le concept de rôle, qu'il modèle et renforce les propos prosociaux et qu'il travaille au processus de résolution des problèmes, tels que définis par l'usager, ce, d'une manière conforme à ce que la recherche a démontré comme étant efficace. Pourtant, l'usager pourra ne pas s'améliorer, il pourra continuer à maltraiter ses enfants, rechuter dans sa consommation de drogue, être réadmis à l'hôpital, ou finir en détention.

Les pratiques fondées sur les données de la science ont leurs limites. Certaines influences personnelles ou environnementales de l'usager sont si fortes que celui-ci se détériore en dépit du bon travail effectué par le praticien. Dans d'autres circonstances, le message que renvoie la recherche n'est pas suffisamment précis pour guider la pratique. Dans de tels cas, le praticien doit décider par lui-même et ce, au cas par cas, comment travailler avec l'usager. Ainsi, la recherche portant sur les situations où l'auto-divulgation ou l'humour sont appropriés est-elle lacunaire. Savoir comment équilibrer l'empathie, le focus sur les actes et propos prosociaux et la contestation des rationalisations, peut aussi être difficile. Le suivi au quotidien nécessite souvent de prendre des décisions individuelles délicates.

Il sera, dans bien des cas, difficile de dire si un usager a réalisé des progrès concernant des problèmes à traiter, tels que la consommation de drogue, les maltraitances des enfants, ou la commission d'infractions. Dans nombre de situations, les praticiens n'en seront informés que pour la période de suivi, mais point à long terme.

Comment savoir, en outre, si l'usager s'améliore du fait du suivi qui lui est proposé ?

Ce chapitre présente deux approches qui peuvent aider les praticiens à évaluer leur propre travail ; les deux leur permettant d'obtenir des informations sur les progrès des usagers, et concernant leur propre style de suivi. La première approche est *l'étude d'évaluation de suivi unique*. Elle a pour but d'aider les praticiens à savoir si leurs usagers ont progressé au cours du suivi. La seconde, *l'analyse de cas*, permet aux praticiens d'analyser comment ils ont travaillé avec leurs usagers et à repérer comment ils auraient pu agir autrement.

Il est en dehors du cadre de cet ouvrage de fournir une présentation complète des procédures d'évaluation, et il n'en sera fait qu'une brève introduction. D'autres que moi ont traité des études d'évaluation de suivi unique (par ex. Rubin & Babbie, 2005 ; Sheldon, 2011) et des analyses de cas (par ex. Harkness & Hensley, 1991 ; Fook, 1996). Ici, l'objectif est de présenter simplement quelques méthodes pratiques susceptibles d'assister les praticiens qui voudraient évaluer leur propre travail quotidien.

Étude d'évaluation de suivi unique

Les études d'évaluation de suivi unique supposent de mesurer de manière systématique les progrès réalisés par l'usager au cours du suivi, ce, au regard d'objectifs déterminés. Cela suppose, en général, que l'usager fasse lui-même état de ses progrès. Les recherches par Fisher (2004) et Miller et coll. (2006) ont montré que les taux de rétention et les résultats étaient meilleurs lorsque les usagers se voyaient offrir la possibilité de donner leur point de vue sur leurs progrès. Des résultats similaires ont été obtenus dans une étude de Vered Slonim-Nevo (1999) en Israël. Celui-ci a montré que la probation était généralement inefficace, que ce soit pour réduire la récidive ou améliorer la gestion de la colère ou l'association en groupe de pairs. Cependant, lorsque les agents de probation menaient des études d'évaluation de suivi unique en même temps que leur suivi, les usagers avaient des taux de récidive inférieurs, une meilleure gestion de la colère et des relations améliorées avec les pairs.

Le fait de conduire une évaluation des progrès de l'usager semble donc conduire à de bons résultats, sans doute parce que le feedback ainsi donné aux praticiens leur permet d'adapter le suivi pour s'adapter aux besoins de l'usager. L'on peut aussi arguer qu'une telle évaluation a de l'intérêt par elle-même, dans la mesure où elle accroît la possibilité pour l'usager de participer à son propre traitement. De plus, certaines recherches indiquent que l'évaluation positive de l'usager semble corrélée à des résultats mesurables solides, tels que les taux d'admission à l'hôpital, ainsi que les taux de récidive et de placement des enfants (LaSala, 1997 ; Trotter, 1996a, 2004, 2008). En d'autres termes, les usagers semblent bien avoir conscience qu'ils sont aidés.

Étude d'évaluation de suivi unique basique

Les études d'évaluation de suivi unique varient en complexité. Sous la forme la plus simple, elles supposent que le praticien demande à l'usager d'évaluer si les buts et les objectifs ont été atteints. Ceci peut nécessiter une analyse qui n'est pas fondamentalement différente de la phase de recherche de problèmes dans le processus résolutif de problèmes. De fait, l'application fidèle de ce dernier processus doit fournir au praticien un nombre considérable d'informations sur les progrès de l'usager. La résolution de problèmes suppose en effet que le praticien et l'usager échangent ensemble, aussi bien au cours du suivi qu'à la fin de celui-ci, sur les progrès que l'usager a réalisés quant aux objectifs qui ont été assignés.

Le praticien et l'usager peuvent aussi échanger sur les sentiments et points de vue de ce dernier concernant le processus de suivi et dans quelle mesure il peut être utile. Le praticien pourra ainsi demander à l'intéressé s'il songe à d'autres choses qui auraient pu être faites ou dites pour l'aider.

Mon expérience est que les praticiens en charge des usagers involontaires terminent leurs contacts avec leurs usagers sans saisir l'opportunité de parler de leur expérience de suivi. Comment avez-vous trouvé ce suivi ? Vous a-t-il aidé ? Qu'aurions-nous pu faire différemment ? Les réponses à ces questions pourront aider le praticien à développer une pratique plus efficace. De mon point de vue, c'est la moindre des choses que l'on devrait espérer de la part de professionnels de terrain. Les institutions qui assurent le suivi d'usagers involontaires seraient bien inspirées d'incorporer de telles pratiques dans leurs documents de base, tels que les référentiels professionnels, ou les formulaires de rapports écrits.

Dans l'étape suivante de l'étude d'évaluation de suivi unique, les praticiens peuvent s'appuyer sur les procédures d'évaluation continue de leurs usagers portant sur leurs progrès généraux ou dans des domaines particuliers. L'encart ci-dessous représente un formulaire de suivi utilisé dans mes recherches portant sur le travail familial collaboratif (Trotter, 1997b, 2000, 2002, 2013b). Les praticiens participant à ces recherches ont rempli ces formulaires avec les familles, à l'occasion de chaque séance de travail. L'ensemble de ces formulaires leur donnait alors une base pour évaluer les progrès de chaque famille donnée concernant les problèmes spécifiques qui étaient traités, et en lien avec les relations familiales en général.

Les informations figurant sur de tels formulaires peuvent être présentées sur un graphique, qui permet ainsi de visualiser les progrès de l'usager concernant les questions particulières à traiter. Ceci est visible dans la Figure n° 8.1.

Formulaire de suivi des usagers

Échelle de cotation des problèmes

À remplir par le praticien ou les membres de la famille à chaque séance. Une échelle doit être complétée par chacun des membres de la famille.

Entourez le numéro sur l'échelle de 1 à 5 qui correspond à ce que vous pensez du problème.

[1] [2] [3] [4] [5]

1. Le problème est très sérieux et il rend ma vie quotidienne très difficile à gérer
2. Le problème est très sérieux, mais j'arrive à gérer la plupart des tâches quotidiennes
3. Le problème est sérieux mais n'interfère pas avec ma vie quotidienne
4. Le problème n'est pas si sérieux que cela et je suis capable de le gérer assez bien
5. Il n'y a pas de vrai problème

Échelle de fonctionnement général de la famille

À compléter par le praticien ou les membres de la famille (un par membre de la famille) à chaque séance

Entourez le numéro sur une échelle de 1 à 5 qui correspond le plus à ce que vous pensez de la famille

1 2 3 4 5

Actuellement, les relations dans votre famille sont :

1. Mauvaises : on se dispute tout le temps ; on se parle rarement entre nous ; il n'y a quasiment aucune communication autrement que sous forme de disputes.
2. Insatisfaisantes. Il y a un peu de communication positive au moins entre certains des membres de la famille, mais d'une façon générale, les relations familiales sont problématiques ou insatisfaisantes.
3. Satisfaisantes. Les membres de la famille communiquent sur certains sujets et il y a quelques satisfactions dans la vie de famille, bien que les choses pourraient aller bien mieux.
4. Très satisfaisantes. Pour l'essentiel, les choses vont bien dans la famille et les membres de la famille communiquent généralement sans trop de problèmes. Néanmoins, les choses pourraient aller mieux.
5. Bonnes. La vie de famille n'est pas faite de disputes ou de problèmes de communication et ses membres la trouvent généralement satisfaisante.

Schéma 8.1. Evaluation par l'usager du fonctionnement de la famille sur une période de suivi de dix semaines en utilisant l'échelle de fonctionnement général de la famille

Semaine	**1**	**2**	**3**	**4**	**5**	**6**	**7**	**8**	**9**	**10**
5								X		X
4							X		X	
3						X				
2			X	X	X					
1	X	X								

Il convient de noter que ce type d'évaluation peut être utilisé aussi bien dans le suivi individuel qu'avec les familles et peut s'ajouter à des données quantitatives telles que l'assiduité à l'école.

Ce formulaire simple d'étude d'évaluation de suivi unique est relativement aisé à administrer. Il ne prend que quelques minutes, ne compromet en aucune manière le processus de suivi et fournit des informations continues sur les progrès de l'usager. Il n'indique toutefois pas au praticien dans quelle mesure le suivi est à l'origine des changements constatés chez l'usager. Il se peut tout autant que l'usager ou les membres de la famille auraient de toute façon progressé.

Étude d'évaluation de suivi unique supérieure

Des techniques d'étude d'évaluation de suivi unique plus sophistiquées s'attachent à essayer de déterminer dans quelle mesure le suivi par le praticien a contribué aux améliorations. Ceci requiert un plus grand degré d'intrusion dans le processus de suivi. Par exemple, la situation de l'usager peut être mesurée durant une certaine période de temps avant que tout suivi ne soit mis en place. Ceci peut notamment nécessiter de repousser le début du suivi et d'avoir un entretien avec l'usager plusieurs fois avant que le contact praticien-usager ne débute. Ceci permet, à tout le moins, d'offrir un type d'évaluation plus significatif du problème initial, auquel les progrès pourront ensuite être comparés. Dans d'autres formes d'études d'évaluation de suivi unique, l'on cesse de soutenir la personne durant une certaine période pour voir si après avoir progressé, elle régresse. Si c'est bien le suivi qui contribue à ses progrès, alors ce progrès sera affecté par son arrêt temporaire.

Ces études d'évaluation de suivi unique plus sophistiquées présentent toutefois d'évidentes difficultés pratiques et éthiques, pour la plupart des praticiens en charge d'usagers involontaires. Pour l'essentiel, ils sont tenus de fournir le service de manière immédiate et continue. Pour cette raison, ainsi que pour d'autres, le recours aux études d'évaluation de suivi unique sophistiquées est controversé. Ces études ont été critiquées parce que les praticiens sont réticents à les mettre en œuvre, qu'elles ne sont d'aucun bénéfice aux usagers et que les résultats en sont difficiles à interpréter (Rubin & Knox, 1996). Quoi qu'il en soit, il existe une importante littérature relative aux méthodologies utilisées pour les études d'évaluation de suivi unique ainsi qu'à leur mise en œuvre, notamment aux États-Unis, où ces études ont pu être liées à l'agrément professionnel des praticiens.

Pour résumer, je pense qu'il y a de nombreuses raisons pour que les praticiens consultent régulièrement les usagers afin de recueillir leur opinion quant à leurs progrès et à l'utilité du suivi. Des études d'évaluation de suivi unique simples ou de sophistication moyenne peuvent fournir une telle information et peuvent constituer un complément très utile aux pratiques fondées sur les données acquises de la science, telles qu'elles sont définies dans cet ouvrage.

Analyse de cas

Les praticiens peuvent aussi évaluer leur propre pratique en recourant à la méthode dite de l'analyse de cas. Dans notre domaine, l'analyse de cas consiste à étudier la manière dont un praticien travaille ou a travaillé avec un usager ou avec une famille déterminée. Cela suppose d'analyser à quel point ce travail est conforme aux recherches relatives à ce qui marche et aux sources de connaissances sur lesquelles le praticien s'est appuyé.

L'on trouvera ci-dessous une série de questions que le praticien peut traiter pour l'aider à analyser à quel point son travail est conforme aux pratiques conformes aux données de la science. Ces questions pourront être aussi posées par les cadres au cours de séances de supervision, afin d'aider les membres de leur équipe à analyser le processus de suivi social. Une étude exploratoire portant sur un lieu de soin en santé mentale a posé des questions similaires et cela s'est traduit par une utilisation plus importante de pratiques « efficaces » par les praticiens et de plus hauts niveaux de satisfaction chez les usagers (Harkness & Hensley, 1991). Dès lors que les praticiens peuvent fournir des réponses claires et positives à ces questions, il y a plus de chances qu'ils travaillent de manière efficace avec leurs usagers.

1. Que comprend votre usager quant à l'objectif du travail avec lui/elle ?
2. Qu'avez-vous fait pour parvenir à un accord avec votre usager sur cet objectif ?
3. Qu'espère réaliser votre usager pour ce suivi-ci ?
4. Travaillez-vous sur la base des objectifs de votre usager ?
5. Comment saurez-vous que votre usager a réussi à réaliser ces objectifs ?
6. L'usager a-t-il proposé des stratégies permettant de réaliser ces objectifs ?
7. Avez-vous un contrat ?
8. Quels propos et actions avez-vous félicités ou récompensés au cours du dernier entretien ?
9. Les récompenses et félicitations excèdent-elles largement le nombre de confrontations ?
10. Quelles actions et propos avez-vous confrontés au cours du dernier entretien ?
11. Comment avez-vous confronté ces actes et propos ?
12. L'usager pense-t-il que vous pouvez l'aider ?

Conformément au concept de pratique réflective, auquel il a été fait référence au Chapitre 2, le praticien peut aussi réfléchir à la manière dont différents facteurs tels que ses valeurs, les résultats de la recherche, les attentes institutionnelles ou les théories et expériences personnelles, ont pu influencer la manière dont il a travaillé avec les usagers. Le praticien peut, plus particulièrement, se demander : « Quelles sources d'information ai-je utilisées dans mon travail avec cet usager (par ex. résultats de la recherche, valeurs, attentes institutionnelles, théories) ? Pourquoi et comment les ai-je utilisées ? » En se posant ces questions, le praticien peut réfléchir au degré de conformité de sa pratique avec les preuves scientifiques relatives à ce qui marche et à la manière dont les différentes sources de connaissance influent sur les modalités de son travail avec l'usager.

Évènements cruciaux

Au-delà de l'analyse du suivi d'un usager, une seconde approche de l'analyse de cas s'appelle *Évènements Cruciaux.* Les évènements cruciaux peuvent être définis de différentes manières. Les définitions qui suivent s'appuient sur le travail de Ryan, Fook et Hawkins (1995) et sur celui, plus récent, de Lister et Crisp (2007). Un évènement crucial peut être courant ou pourra renvoyer à une situation donnée qui :

- semble avoir beaucoup aidé l'usager ;
- semble n'avoir point du tout aidé l'usager ;
- le praticien l'a trouvé difficile et cela l'a beaucoup angoissé ;
- elle a donné beaucoup de satisfaction au praticien ;
- elle a conduit à la compréhension de la nature du suivi ;
- elle a remis en cause les croyances du praticien ;
- elle a laissé le praticien confus quant à ce qu'il devait faire.

Les praticiens pourront analyser les évènements cruciaux et se demander pourquoi ils ont été cruciaux et ce qu'ils ont ressenti à ce moment-là. Ils pourront aussi prendre en considération ce qui suit :

- Quelles connaissances, valeurs, expériences ou attentes avez-vous prises en compte pour traiter de l'évènement ?
- Des connaissances scientifiques existantes ou d'autres sources de connaissances auraient-elles pu vous aider à mieux gérer l'évènement ?
- À quel point votre manière de gérer l'évènement était-il conforme à la recherche relative aux pratiques efficaces ? Y a-t-il eu, par exemple, des insuffisances quant à la clarification des rôles, aux valeurs ou méthodes que vous avez mises en œuvre, ou encore quant à l'importance du focus sur les définitions du problème par l'usager ?
- Géreriez-vous la situation différemment, et comment, si vous y étiez confronté à nouveau ?

Ces questions peuvent être analysées individuellement, avec un collègue ou dans le cadre d'une supervision hiérarchique.

L'analyse des pratiques professionnelles à l'aide de ce type de questions peut aider les praticiens à évaluer leurs pratiques et à envisager comment elles pourraient devenir plus efficaces. Cette analyse peut s'ajouter aux études d'évaluation de suivi unique simples, qui aident les praticiens à devenir plus efficaces en mesurant les progrès des usagers. Ces méthodes peuvent, à leur tour, venir en complément du suivi des usagers involontaires conforme aux données de la science.

Conclusion

Comme je l'ai indiqué dans le Chapitre 1, dans leur travail, les praticiens en charge des usagers involontaires, tout comme d'ailleurs les autres personnes œuvrant dans le champ social, ne s'appuient pas souvent sur la recherche ou sur les théories. Les raisons qui l'expliquent demeurent sujettes à discussion. Dans mon propre travail dans la probation et la protection de l'enfance, et dans mes courtes expériences de travail dans la santé mentale et le traitement de la drogue, et bien des années après avoir eu mon diplôme de travailleur social, j'ai eu l'impression de travailler dans le cadre d'un vide théorique total. Ce n'est pas que je ne souhaitais pas utiliser les données de la recherche ou des théories dans mon travail ; c'était juste que je ne savais pas bien quels résultats de recherche utiliser ou comment les utiliser. Ce que j'avais appris dans mes cours à la faculté de travail social ne correspondait pas bien au suivi des usagers involontaires. Cependant, à mesure que se sont accrues les connaissances relatives aux pratiques efficaces, dans les décennies récentes, il est devenu clair que certaines pratiques étaient plus efficaces avec les usagers involontaires que d'autres. Bien que les praticiens ne s'appuient pas consciemment sur les résultats des recherches ou des théories, certaines d'entre elles sont clairement plus efficaces que d'autres.

C'est dans ce contexte que j'ai moi-même réalisé de nombreuses études pour étudier le lien entre les compétences des praticiens et les résultats obtenus chez les usagers. Il ressort manifestement de ces études que lorsque les praticiens s'appuient sur certaines compétences, leurs usagers récidivent moins, maltraitent moins souvent leurs enfants, retournent moins souvent à l'hôpital, et subissent moins de ruptures familiales. L'impact positif de ces praticiens-là est considérable. De fait, les praticiens de mes recherches qui avaient de bonnes compétences, avaient des usagers qui avaient moitié moins de risque de retourner en prison, et qui avaient deux fois plus de chances de satisfaire aux critères de résultat de la protection de l'enfance. Ces résultats sont conformes au corpus croissant de recherches qui montre que les praticiens ayant de bonnes compétences peuvent faire la différence, ce de manière réelle et significative, en termes de résultats de leurs usagers, que ce soit dans la probation, dans la protection de l'enfance, dans la santé mentale, dans le traitement de la drogue, dans la justice des mineurs ou dans l'assistance scolaire.

Dans cet ouvrage, j'ai présenté un modèle de pratique qui s'appuie fortement sur les données de la recherche, mais qui prend aussi en compte d'autres sources importantes de connaissance, notamment les valeurs du praticien. J'ai tenté de le présenter en termes dénués de jargon et accessibles à différentes catégories de personnes travaillant avec des usagers involontaires.

Mon espoir est que cet ouvrage ait une influence sur la pratique de ces personnes. Il est aussi d'alléger par ricochet quelques-unes des peines et des douleurs qui sont le lot habituel d'un grand nombre de nos usagers.

Annexe

Ce résumé des principes de la pratique efficace a été conçu pour être affiché dans les bureaux des praticiens qui utilisent ce modèle et pour être partagé avec les usagers. Il vise à rappeler aux praticiens quelles sont ces pratiques efficaces et à les aider à familiariser les usagers avec la méthode utilisée par leur praticien.

1. Clarification des rôles

Suppose de discuter régulièrement et honnêtement à propos des rôles de chacun et notamment :

- Du but du suivi
- De votre double rôle d'aide et d'enquête
- De ce que l'usager attend de vous
- De votre autorité et comment elle peut être utilisée
- Des domaines négociables et non-négociables
- De la confidentialité (ou qui a accès aux informations)

2. Modelage prosocial

- Identifiez les comportements et les propos que vous voulez promouvoir
- Récompensez et encouragez les propos et comportements que vous voulez promouvoir
- Modéliser les comportements et propos que vous voulez promouvoir
- Identifiez et encouragez ou confrontez les propos et comportements que vous voulez modifier
- Ayez pour objectif quatre propos positifs ou récompenses pour chaque propos négatif ou critique

3. Résolution des problèmes

- Recherche des problèmes
- Hiérarchisation des problèmes
- Exploration des problèmes
- Fixation d'objectifs
- Élaboration d'un contrat (engagement)
- Élaboration de stratégies
- Surveillance continue du processus

4. Relation

Le praticien doit :

- Être ouvert et honnête
- S'appuyer sur l'empathie
- Contester les rationalisations ; ne pas minimiser
- Ne pas être accusatoire
- Être optimiste
- Formuler les émotions et problèmes de l'usager et des membres de la famille
- S'appuyer de manière appropriée sur l'auto-divulgation
- Faire usage de manière appropriée de l'humour.

Références

Acierno, R., Donohue, B. & Kogan, E. (1994) Psychological interventions for drug abuse: a critique and summation of controlled studies', *Clinical Psychology Review* 14, 417-442.

Ahmadi, K., Ashrafi, S., Kimiaee, S. & Afzali, M. (2010) Effect of problem-solving on marital satisfaction, *Journal of Applied Sciences* 10, 682-687.

Akers, R.L. (1994) *Criminological Theories—Introduction and Evaluation,* Roxbury Publishing, Los Angeles.

Alexander, J., Barton, C., Shiavo, R.S. & Parsons, B.V. (1978) Systems behavioural intervention with families of delinquents: therapist characteristics, family behaviour and outcome *Journal of Consulting and Clinical Psychology* 44:656–64.

Alexander, J. & Parsons, B.V. (1973) Short-term behavioural intervention with delinquent families: impact on family process and recidivism', *Journal of Consulting and Clinical Psychology* 81, 219-225.

— (1982) *Functional Family Therapy*, Brooks Cole, Monterey.

Allan, J., Pease, B. & Briskman, L. (2003) *Critical Social Work: An Introduction to Theories and Practices*, Allen & Unwin, Sydney.

Allison, S., Stacey, S., Dadds, V., Roeger, L., Wood, A. & Martin, G. (2003) 'What the family brings: gathering evidence for strengths-based work', *Journal of Family Therapy* 25, 263-284.

Anderson, S.C. & Mandell, D.L. (1989) The use of self-disclosure by professional social workers *Social Casework* 70(5), 259-267.

Andrews, D.A. (1982) *The Level of Supervision Inventory*, Carleton University, Ottawa.

— (2001) Effective practice: future directions in D. Andrews, C. Hollin, P. Raynor, C. Trotter & B. Armstrong (dir), *Sustaining Effectiveness in Working with Offenders*, Cognitive Centre Foundation, Cardiff.

Andrews, D.A. et Bonta, J. (2010) *The Psychology of Criminal Conduct*, Anderson Publishing, Cincinnati, 5e ed.

Andrews, D.A., Keissling, J.J. & Robinson, D. (1986) The risk principle of case classification: an outcome evaluation with young adult probationers *Canadian Journal of Criminology* 28(4), 377-384.

Andrews, D.A., Keissling, J.J., Russell, R.J. & Grant, B.A. (1979) *Volunteers and the One-to-One Supervision of Adult Probationers*, Ontario Ministry of Correctional Services, Toronto.

Andrews, D.A. et Robinson, D. (1984) *The Level of Supervision Inventory: Second Report*, Ontario Ministry of Correctional Services, Ottawa.

Andrews, D.A., Zinger, I., Hoge, R., Bonta, J., Gendreau, P. & Cullen, F. (1990) Does correctional treatment work? A clinically relevant and psychologically informed meta-analysis *Criminology* 28(3), 369–401.

Annis, H.M. (1990) Effective treatment for drug and alcohol problems: what do we know?', *Forum on Corrections Research* 2(4), 18–24.

Arean, P., Hegel, M., Vannoy, S., Fan, Ming-Yu., & Unuzter, J. (2008) Effectiveness of Problem-Solving Therapy for Older, Primary Care Patients with Depression: Results from the Impact Project. *The Gerontologist* 48(3), 311-323.

Asen, E. (2002) Outcome research in family therapy *Advances in Psychiatric Treatment* 8, 230-238.

Bagdasaryan, S., (2005) Evaluating Family Preservation Services: Reframing the Question of Effectiveness' *Children and Youth Services Review* 27 (6),615-635.

Bahorik, A., Newhill, C., & Eack, S; (2013). Characterizing the longitudinal patterns of substance use among individuals diagnosed with serious mental illness after psychiatric hospitalization. *Addiction* 108(7), 1259-1269.

Bahr, S., Masters, A., & Taylor, B. (2012) What Works in Substance Abuse Treatment Programs for Offenders? *The Prison Journal* 92(2), 155-174.

Baker, M. et Steiner, J. (1995) Solution Focused Social Work: Meta-messages to students in higher education opportunity programs', *Social Work* 40(2), 225-232.

Bandura, A. (1977) Self-efficacy: towards a unifying theory of behavioural change', *Psychological Review* 84, 191-215.

Barak, M., Travis, D., Pyun, H. & Xie Bin (2009) The impact of Supervision on Worker Outcomes: A Meta-analysis *Social Services Review* 83(1), 3-32.

Barber, J. (1991) *Beyond Casework*, Macmillan, Basingstoke.

—— (1995) Working with resistant drug abusers *Social Work* 40(1), 17-23.

—— (2002) *Social Work with Addictions*, Palgrave Macmillan, Basingstoke.

Barton, C. et Alexander, J. (1981) Functional family therapy in A.S. Gurman & P. Kniskern (dir.), *Handbook of Family Therapy*, Brunner Mayel, New York.

Barton, C., Alexander, J.F., Waldron, H., Turner, C.W. & Warburton, J. (1985) Generalising treatment effects of functional family therapy: three replications', *American Journal of Family Therapy* 13, 16–26.

Beaver, H. (1999) Client violence against professional social workers: frequency worker characteristics, and impact on worker job satisfaction burnout and health', *Dissertation Abstracts International A; The Humanities and Social Sciences* 60(6), 2227-A.

Beck, A., Rush, J., Shaw, B. & Emery, G. (1987) *Cognitive Therapy of Depression* The Guildford Press, New York.

Beehler, S., Birman, D. & Campbell, R. (2012) *T*he Effectiveness of Cultural Adjustment and Trauma Services (CATS): Generating Practice-Based Evidence on a Comprehensive, School-Based Mental Health Intervention for Immigrant Youth *American Journal of Community Psychology* 50 (1-2), 155-168.

Bender K., Springer D. & Kim J. (2006) Treatment Effectiveness with Dually Diagnosed Adolescents: A Systematic Review. *Brief Treatment and Crisis Intervention*, 6(3), 177-205.

Biehal, N. (2008) Preventive Services for Adolescents: Exploring the Process of Change *The British Journal of Social Work* 38(3), 444-461.

Benjamin, J., Bessant, J. & Watts, R. (1997) *Making Groups Work*, Allen & Unwin, Sydney.

Berg, I.K. (1994) *Family-based Practice—A Solution-focused Approach*, W.W. Norton, New York.

Berg, I.K. et De Jong, P. (1996) Solution-building conversations: co--constructing a sense of competence with clients *Families in Society* 77(6), 376-391.

Bradley, L. J. (2009). Humor: A Therapeutic Intervention for Child Counseling*Journal of Creativity in Mental Health,* 4(3), 225-236. Berliner, L. (2005) The results of randomised clinical trials move the field forward *Child Abuse and neglect* 29, 103-105.

Bonta, J., Bourgon, G., Rugge,T., Scott, T.-L., Yessine, A.K., Gutierrez, L., & Li, J. (2011). Community supervision: An experimental demonstration of training probation officers in evidence-based practice. *Criminal Justice and Behavior,* 38(11), 1127-1148.

Bonta, J., Bourgon, G., & Rugge, T. (2013) Taking the Leap: From Pilot Project to Wide-Scale Implementation of the Strategic Training Initiative in Community Supervision (STICS) *Justice Research and Policy* 15(1), 17-35.

Biggam, F. et Power, K. (2002) A Controlled, Problem-Solving, Group-Based Intervention with Vulnerable Incarcerated Young Offenders *International Journal of Offender Therapy and Comparative Criminology* 46(6), 678-698.

Blow, A., Sprenkle, D. & Davis, S. (2007) Is who delivers the treatment more important than the treatment itself? The role of the therapist in common factors, *Journal of Marital and Family Therapy* 33(3), 298-317.

Bourgon, G. et Armstrong, B. (2005) Transferring the principles of effective treatment into a "real world" setting *Criminal Justice and Behaviour* 32(1), 3-25.

Bowie, V. (1996) *Coping with Violence: A Guide for the Human Services*, 2nd edn, Whiting & Birch, London.

Briar, S. (1990) Empiricism in clinical practice in L. Videka Sherman & W. Reid (dir), *Advances in Clinical Social Work Practice*, National Association of Social Workers Press, Baltimore.

Brookfield, S. (2009) The concept of critical reflection: promises and contradictions *European Journal of Social Work* 12(3), 293-304.

Burns, P. (1994) *Pro-social Practices in Community Corrections*, Honours thesis, Monash University, Melbourne.

Burton, D. et Meezan, W. (2004) Revisiting Recent Research on Social Learning Theory as an Etiological Proposition for Sexually Abusive Male Adolescents *Journal of Evidence-Based Social Work* 1(1), 41-80.

Carkhuff, R.R. (1969) *Helping and Human Relations*, Holt Rinehart & Winston, New York.

Chaffin, M. et Friedrich, B. (2004) Evidence-based treatments in child abuse and neglect', *Children and Youth Services Review* 25(11), 1097-1113.

Chen, H.-J., Balan, S., Price, RK. (2012) Association of Contextual Factors with Drug Use and Binge Drinking among White, Native American, and Mixed-Race Adolescents in the General Population *Journal of Youth and Adolescence* 41(11), 1426-1441.

Cherry, S. (2010) *Handbook for Practitioners and Managers: Transforming Behaviour: Pro-social modelling in practice*, Willan Publishing, Devon.

Chestnut, J. (2004) Ethics: A touchy subject *The New Social Worker* 11(1), 4.

Cohen, L., Ferguson, C., Harms, C., Pooley, L.A. & Tomlinson, S. (2011). Family systems and mental health issues: a resilience approach' *Journal of Social Work Practice* 25(1), 109-125.

Compton, B. et Galaway, B. (2012) *Social Work Processess*. Dorsey, Homewood, 7e ed.

Corcoran, J. (2000) Family interventions with child physical abuse and neglect: a critical review *Children and Youth Services Review* 22(7), 563-591.

Coviello, D.M., Alterman, A., Rutherford, M., Cacciola, J., Mckay, J. & Zanis, D. (2001) The effectiveness of two intensities of psychosocial treatment for drug dependence', *Drug and Alcohol Dependence* 61(2), 145-154.

Cuijpers, P., van Straten, A., Warmerda, L., (2007) Problem solving therapies for depression: A meta-analysis. *European Psychiatry* 22, 9-15.

Davidson, L., Stayner, D. A., Nickou, C., Styron, T. H., Rowe, M., & Chinman, M. L. (2001). "Simply to be let in": inclusion as a basis for recovery. *Psychiatric Rehabilitation Journal,* 24(4), 375-388.

Davis, C., Tang, C. & Co, J. (2002) Assessing the impact of social factors on the mental health of Chinese at risk adolescents in Hong Kong *The British Journal of Social Work* 32(5), 609-619.

DeChillo, N. (1993) Collaboration between social workers and families of patients with mental illness *Families in Society* 74(2), 104-115.

Dafoe, T. et Stermac, L. (2013) Mindfulness Meditation as an Adjunct Approach to Treatment Within the Correctional System Journal of Offender Rehabilitation 52(3), 198-216.

De Jong, P. et Miller, S. (1996) How to interview for client strengths *Social Work* 40(6), 729-736.De Jong, P. et Berg, Insoo K. (2001) Co-constructing cooperation with mandated clients', *Social Work* 46(4), 361-375.

Derlega, V.J. et Berg, J.H. (1987) *Self-Disclosure: Theory Research and Therapy*, Plenum Press, New York.

DeShazer, S. (1988) *Clues: Investigating Solutions in Brief Therapy*, W.W. Norton, New York.

Doel, M. et Marsh, P. (1992) *Task-centred Social Work*, Ashgate, Aldershot.

Dominelli, L. (2002) *Feminist Social Work Theory and Practice*, Palgrave, Hampshire.

Dowden, C. et Andrews, D.A. (2004) The importance of staff practice in delivering effective correctional treatment: a meta-analytic review of the literature', *International Journal of Offender Therapy and Comparative Criminology* 48(2), 203-214.

Dungee-Anderson, D. et Beckett, J. (1995) A process model for multi-cultural social work practice *Families in Society* 76(8), 459-468.

Eaves, C. (2004) Heroin use among female adolescents: the role of partner influence, path of initiation and route of administration *The American Journal of Drug and Alcohol Abuse* 30(1), 21-38.

Eckstein, D., Junkins, E. & McBrien, R. (2003) Ha Ha Ha! Improving Couple and Family Humor (Healthy Humor Quotient) *The Family Journal Counselling and Therapy for Couples and Families* 11(3), 301-305.

Edleson, J. et Syers, M. (1990) Relative effectiveness of group treatment for men who batter', *Social Work Research and Abstracts* 26(2), 10-17.

Ellis, A. (1957). Rational psychotherapy and individual psychology. Journal of Individual Psychology, 13, 38-44.

Epstein, N.B. et Bishop, D.S. (1981) Problem-centred systems and the family', in A.S. Gurman & P. Kniskern (dir), *Handbook of Family Therapy*, Brunner Mayel, New York.

Espada, J.P., Griffin, K.W., Pereira, J.R., Orgiles, M., Garcia-Fernandez, J.M (2012) Component Analysis of a School-Based Substance Use Prevention Program in Spain: Contributions of Problem Solving and Social Skills Training Content *Prevention Science* 13(1), 86-95.

Farber, B.A. (2006) *Self-Disclosure in Psychotherapy* New York, New York: Guilford Press.

Farmer, E. (1999) Holes in the Safety Net: The strengths and weaknesses of child protection procedures', *Child and family Social Work* 4(4), 293-302.

Fischer, J. (1973) Is casework effective—a review *Social Work* 18, 5-20.

— (1990) Problems and issues in meta-analysis, in L. Videka-Sherman & W. Reid (dir), *Advances in Clinical Social Work Research*, National Association of Social Workers Press, Baltimore.

Fischer, R. (2004) Assessing client change in individual and family counselling, *Research on Social Work Practice* 14(2), 102–111.

Fo, W. et O'Donnell, C. (1974) The buddy system: relationship and contingency conditions in a community intervention program for youth with non-professionals as charge agents *Journal of Consulting and Clinical Psychology*, 42, 163-169.

Fontao, M.I. et Hoffmann, K. (2011). Psychosocial treatment in group format with people diagnosed with schizophrenia: results and limitations of empirical research. *Psychosis* 3(3), 226-234.

Fook, J. (1986) Feminist contributions to casework practice, in H. Marchand & B. Wearing (dir), *Gender Reclaimed*, Hale & Iremonger, Sydney.

— (1993) *Radical Casework*, Allen & Unwin, Sydney.

— (ed.) (1996) *The Reflective Researcher*, Allen & Unwin, Sydney.

— (2002) *Social Work: Critical Theory and Practice*, Sage, London.

Forgatch, M. et Patterson, G. (1989) *Parents and Adolescents Living Together: Part 1 The Basics; Part 2 Family Problem Solving*, Castalia Publishing, Eugene, Oregon.

Fortune, A. (1992) Inadequate resources, in W. Reid (dir.) *Task Strategies: An Empirical Approach to Clinical Social Work*, Columbia University Press, New York.

Freeman, A. (2006) *Cognitive Behavioural Therapy in Social Work Practice,* Springer Publishing New York.

Furstenberg, A.L. et Rounds, K.A. (1995) Self-efficacy as a target for social work intervention', *Families in Society* 6(9), 587-595.

Gendreau, P. (1996) The principles of effective intervention with offenders', in A.T. Harland (dir.) *Choosing Correctional Options That Work*, Sage, Newbury Park.

Gendreau, P., Little, T. & Goggin, C. (1996) A meta-analysis of the predictors of adult recidivism: what works!', *Criminology* 34, 575-607.

Germain, C.B. et Gitterman, A. (2008) *The Life Model of Social Work Practice: Advances in Theory and Practice*. Columbia University Press, New York, 3e ed.

Gibbs, J. (2001) Maintaining front line workers in child protection: a case for refocusing supervision', *Child Abuse Review* 10(5), 323-335.

Gibson, M.F (2012) Opening Up: Therapist Self-Disclosure in Theory, Research, and Practice *Clinical Social Work Journal*, 287-296.

Gillham, J. et Reivich, J. (2004) Cultivating optimism in childhood and adolescence', *The Annals of the American Academy* 591, 146-163.

Gilligan, R. (2001) *Promoting Resilience: A Resource Guide on Working with Children in the Care System*, British Agencies for Adoption and Fostering,

London.

Gingerich, S.L. et Bellack, A.S. (1996) Research-based family interventions for the treatment of schizophrenia *Research on Social Work Practice* 6(1), 122-126.

Gingerich, W. et Peterson, L. (2013) Effectiveness of Solution-Focused Brief Therapy: A Systematic Qualitative Review of Controlled Outcome Studies *Research on Social Work Practice* 23(3), 266-283.

Girard, D. (2011) Discovering inner strength during chaos: The impact of children diagnosed with mental disabilities on parental caregivers *Dissertation Abstracts International, B: Sciences and Engineering* Volume 72 Issue 01.

Gitterman, A. (2003). The Uses of Humor in Social Work Practice *Reflections: Narratives of Professional Helping* 9(2), 79-84.

Goldenberg, I. & Goldenberg, H. (2008) *Family Therapy: An overview*. Brooks/Cole Pacific Grove, California, 6e ed.

Goldstein, E. (1995) *Ego Psychology and Social Work Practice*. Free Press, New York, 2e ed.

Gordon, D.A. et Arbuthnot, J. (1990) *Promising approaches for chronic juvenile offenders: interventions with the family and other social systems* paper presented at the annual convention of the American Society of Criminology, Baltimore.

Gordon, D.A., Arbuthnot, J., Gustafson, K.E. & McGreen, P. (1988) Home-based behavioural systems: family therapy with disadvantaged juvenile delinquents *American Journal of Family Therapy* 16(3), 243–255.

Gottschalk, L. (1973) A study of prediction and outcome in a mental health crisis clinic', *American Journal of Psychiatry* 130, 1107–1111.

Gough, D. (1993) *Child Abuse Interventions—A Review of the Research Literature*, Public Health Research Unit, University of Glasgow, Her Majesties Stationary Office, London.

Gough, H.G. (1960) Theory and measurement of socialisation *Journal of Consulting Psychology* 24(1), 23-30.

Grant, A. (dir.) (2004) *Cognitive Behavioural Therapy in Mental Health Care*, Sage, London.

Gursansky, D., Harvey, J. & Kennedy, R. (2003) *Case Management Policy Practice and Professional Business*, Allen & Unwin, Sydney.

Harkness, D. et Hensley, H. (1991) Changing the focus of social work supervision: effects on client satisfaction and generalised contentment.

Social Work 36(6), 506-112.

Heffernan, J., Shuttlesworth, G. & Ambrosino, R. (1997) *Social Work and Social Welfare: An Introduction*, West Publishing Company, New York.

Hepworth, D.H., Rooney, R.R., Dewberry Rooney, G., Strom Gottfried, K., & Larson, J.A. (2010) *Direct Social Work Practice*. Brooks Cole, Pacific Grove, California, 8e ed.

Hinton, W.J., Sherpis, C. & Sims, P. (2003) Family based approaches to juvenile delinquency: a review of the literature. *The Family Journal: Counselling and therapy for couples and families* 11(2), 167-173.

Her Majesties Stationary Office (HMSO) (1995) *Child Protection: Messages From Research*, HMSO, London.

Hogan, R. (1969) Development of an empathy scale *Journal of Consulting Psychology* 34(3), 307-316.

Hohman, M. (1998) Motivational interviewing: an intervention tool for child welfare case workers working with substance abusing parents *Child Welfare* 77(3), 275-289.

Holder, R. et Salovitz, B. (2001) *Child Safety and Child Neglect: National Resource Centre on Child Maltreatment,* Duluth, GA.

Ife, J. (1997) *Rethinking Social Work*, Longman, Melbourne.

Ivanoff, A., Blythe, B. & Tripodi, T. (1994) *Involuntary Clients in Social Work Practice*, Aldine de Gruyter, New York.

Jacobs, D. (2003) The coping skills of child protection workers exposed to prim or secondary trauma in the workplace. *Dissertation Abstracts International A: The Humanities and Social Sciences* 64:6.

Jones, J.A. et Alcabes, A. (1993) *Client Socialisation: The Achilles Heel of the Helping Professions*, Auburn House, Westport, Connecticut.

Keissling, J.J. (1982) *The Problem Solving Dimension in Correctional Counselling*, Ontario Ministry of Correctional Services, Ottawa.

Kerson, T. *(2002) Boundary Spanning: An Ecological Reinterpretation of Social Work Practice in Health and Mental Health Systems,* Columbia University Press, New York.

Kirk, S.A. et Koeske, G.F. (1995) The fate of optimism: a longitudinal study of case managers' hopefulness and subsequent morale *Research on Social Work Practice* 5(1), 47–61.

Kolko, D. (2002) Child physical abuse in J.E.B. Myers, L. Berliner, J. Briere & C.T. Hendrix (dir), *The APSAC Handbook on Child Maltreatment*, Sage

Publications, Thousand Oaks, CA., 2e ed.

Kolko, D, Baumann, B, Herchell, A, Hart, J, Holden, E, et al. (2012) Implementation of AF-CBT by Community Practitioners Serving Child Welfare and Mental Health: A Randomized Trial*Child Maltreatment* 17(1), 32-46.

Kuller, A., Ott, B., Goisman, R., Wainwright L. & Rabin, R. (2010 Cognitive Behavioural Therapy and Schizophrenia: A survey of clinical practices and views on efficacy in the United States and the United Kingdom *Community Mental Health Journal* 46(1), 2-9.

Laming, Lord (2003) The Victoria Climbie Inquiry Speech. www.victoria-climbie-inquiry.org.uk.

LaSala, M. (1997) Client satisfaction: consideration of correlates and response bias', *Families in Society,* 78(1), 54-62.

Law, F.M. et Guo, G.J. (2012) Hope and Recovery From Substance Abuse for Female Drug Offenders in Taiwan *International Journal of Offender Therapy and Comparative Criminology* 56(8), 1258-1282.

Leamy, M., V. Bird, Le Boutillier, C., Williams, J. & Slade, M. (2011). Conceptual framework for personal recovery in mental health: systematic review and narrative synthesis. *British Journal of Psychiatry* 199(6), 445-452.

Lee, F.W.L. et Mui-Ling, F. (2003) Young School Dropouts: Levels of influence of different systems *Journal of Youth Studies* 6(1), 89-110.

Letarte, M.-J., Normandeau, S., Allard, J.. (2010) Effectiveness of a parent training program 'Incredible Years' in a child protection service *Child Abuse & Neglect* 34(4), 253-261.

Lindquist, C., Krebs, C. & Lattimore, P. (2006) Sanctions and Rewards in Drug Court Programs: Implementation, Perceived Efficacy and Decision Making, *Journal of Drug Issues* 36(1),119-145.

Lipsey, M.W. (1991) Juvenile delinquency treatment: a meta-analytic inquiry into the variability of effects', in T.D. Cook, H. Cooper, D.S. Corday, H. Hartmann et al. (dir), *Meta-Analysis for Explanation: À Casebook*, Russell Sage Foundation, New York.

Lister, P. et Crisp, B. (2007) Critical incident analyses: A practice learning tool for students and practitioners Practice: *Social Work in Action* 19(1), 47-60.

Littell, J. H. et Girvin, H. (2004) Ready or Not: Uses of the Stages of Change Model in Child Welfare *Child Welfare* 83(4), 341-366.

Littlechild, B. (2002) The effects of client violence on child protection networks *Trauma Violence and Abuse* 3(2), 144-158.

Loneck, B. (1995) Getting persons with alcohol and other drug problems into treatment: teaching the Johnson intervention in the practice curriculum *Journal of Teaching in Social Work* 11(1–2), 31-44.

Longshore, D., Turner, S. & Fain, T. (2005) Effects of case management on parolee misconduct', *Criminal Justice and Behaviour* 32(4), 205-222.

Luiselli, J., Cannon, B., Ellis, J. & Sisson, R. (2000) Home based behavioural therapy for children with autism/pervasive developmental disorder: a preliminary evaluation of outcome in relation to child age and intensity of service delivery *Autism* 4(4), 426-438.

Lurigio, A. (2000) Drug treatment availability and effectiveness studies of the general and criminal justice populations *Criminal Justice and Behaviour* 27(4), 495–528.

Maggi, S., Roberts, W., MacLennan, D., D'Angiulli, A. (2011) Community resilience, quality childcare, and preschoolers' mental health: A three-city comparison *Social Science & Medicine* 73(7), 1080-1087.

Majer, J., Jason, L., Ferrari, J., Olson, B. & North, C. (2003) Is self mastery always a helpful resource? *American Journal of Drug and Alcohol Abuse* 29(2), 385-399.

Malouff, J., Thorsteinsson, E; &. Schutte, N. (2007) The efficacy of problem solving therapy in reducing mental and physical health problems: A meta-analysis *Clinical Psychology Review* 27, 46–57.

Markiewicz, A. (1994) How social workers survive in public welfare: training for best practice in a declassified, increasingly narrowly administrative context, in Ife, J., Leitman, S. & Murphy, P. (dir.). *Advances in Social and Welfare Education*, University of Western Australia, Perth.

Marlatt, G. et Witkiewitz, K. (2005) Relapse Prevention for Alcohol and Drug Problems in Marlatt, G. & Donovan D. (dir.) *Relapse Prevention Maintenance and Strategies in the Prevention of Addictive Behaviors* Guilford Pres New York.

Marsh, P. (2004) *The Task Centred Book: Developing, Learning, Sustaining and Reviewing Task Centred Social Work*, Taylor & Francis, London.

Maruna, S. et LeBel T (2010) The Desistance Paradigm in Correctional Practice: From Programs to Lives in In McNeill, Raynor & Trotter (dir.) *Offender Supervision New Directions for Theory and Practice* Willan Cullompton.

Martel, J., Hogeveen, B. & Woolford, A. (2006) The State of Critical Scholarship in Criminology and Socio-legal Studies in Canada *Canadian Journal of Criminology and Criminal Justice*; 48(5), 633-646.

Marlatt A et Witkiewitz D (2005) Relapse Prevention for Alcohol and Drug Problems in Marlatt A & Donovan (dir.) *Relapse Prevention Maintenance Strategies in the Prevention of Addictive Behaviors* Guildford Press, New York.

Masters, J., Thomas, G., Hollon, S. & Rimm, D. (1987) *Behaviour Therapy*, Harcourt Brace, Fort Worth.

Maxwell, N., Scourfield, J., Featherstone, B., Holland, S., Tolman, R. (2012) Engaging fathers in child welfare services: a narrative review of recent research evidence. *Child and Family Social Work* 17(2), 160-169.

McDonald, G. (2001) *Effective Interventions in Child Abuse and Neglect*, Wiley, Chichester, UK.

McNeill, F. (2006) A desistance paradigm for offender management *Criminology and Criminal Justice* 6(1), 39-52.

McIvor, G. (1992) *Sentenced to Serve*, Avebury, London.

McIvor, G., Jamieson, J. et Murray, C. (2004). Desistance From Crime: Is it Different for Women and Girls? In, Shadd Maruna and Russ Immarigeon, (dir.), *After Crime and Punishment: Pathways to Offender Reintegration.* Devon, UK and Portland Oregon: Willan Publishing, 181-200.

McMahon, A. (1998) *Damned if You Do, Damned if You Don't*, Ashgate, Aldershot.

Milgram, D. et Rubin, J. (1992) Resisting resistance; involuntary substance abuse group therapy *Social Work with Groups* 15(1), 95–110.

Miller, W.R. (2014) Interactive journaling as a clinical tool *Journal of Mental Health Counseling.* 36(1), 31-42.

Miller, P., Herson, M., Eisler, R. & Watts, J. (1974) Contingent reinforcement of lowered blood/alcohol levels in an outpatient chronic alcoholic B*ehaviour Research and Therapy* 12, 261-263.

Mitchell, O., Wilson, D.B. MacKenzie, Doris L. (2007) Does incarceration-based drug treatment reduce recidivism? A meta-analytic synthesis of the research. *Journal of Experimental Criminology.* 3(4), 353-375.

Miller, S., Duncan, B., Brown, J., Sorrell, R. & Chalk, M. (2006) Using formal client feedback to improve retention and outcome: Making ongoing, real-time assessment feasible, *Journal of Brief Therapy*, 5(1), 5-22.

Moore, K.J., Greenfield, W.L., Wilson, M. & Kok, A. (1997) Toward a taxonomy of batterers *Families in Society* 78(6), 353-360.

Moos, R. et Moos, B. (2003) Long term influence of duration and intensity of treatment on first episode and untreated', *Addiction* 98(3), 325-337.

Morley, C. (2003) Critical reflection in social work: a response to globalisation', *International Journal of Social Welfare* 13, 297–303.

Morley, C. (2008) Teaching Critical Practice: Resisting Structural Domination through Critical Reflection *Social Work Education* 27(4), 407-421.

Moyers, T. et Rollnick, S. (2002) A motivational interviewing perspective on resistance to therapy. *JCLP/In session: Psychotherapy in Practice* 58(2):185–193.

Mullaly, R. (2002) *Challenging Oppression: A critical social work approach*, Oxford University Press, Ontario.

Mullen, D. et Steiner, D. (2004) The evidence for and against evidence based practice', *Brief Treatment and Crisis Intervention* 4(2), 111–121.

Mullender, A. (1996) *Rethinking Domestic Violence*, Routledge, London.

Murdach, A.D. (1996) Beneficence re-examined: protective intervention in mental health', *Social Work* 41(1), 26–32.

Nash, J.K., Fraser, M.W; Galinsky, M.J., Kupper, L.L (2003) Early Development and Pilot Testing of a Problem-Solving Skills-Training Program for Children . *Research on Social Work Practice* 13(4), 432-450. Newell, C. (2003) *Client Violence in Social Work Practice: Prevention, Intervention and Research*, The Guildford Press, New York.

Newhill, C.E. (1996) Prevalence and risk factors for client violence towards social workers', *Families in Society* 77(8), 488-496.

Norcross, J.C., Krebs, P.M., Prochaska, J.O. (2011) Stages of Change *Journal of Clinical Psychology* 67(2), 143-154.

Novins, D. K., Green, A. E., Legha, R., Aarons, G. A., (2013) Dissemination and Implementation of Evidence-Based Practices for Child and Adolescent Mental Health: A Systematic Review . *Journal of the American Academy of Child and Adolescent Psychiatry* 52(10), 1009-1025.

Nugent, W.R. et Halvorson, H. (1995) Testing the effects of active listening *Research on Social Work Practice* 5(2), 152-175.

O'Connor I., Wilson, J. Hughes, M. & Setterlund, D. (2008) *Social Work and Human Service Practice*, Pearson Education, Melbourne, 5e ed.

O'Connor, I., Wilson, J. & Setterlund, D. (1996) Readiness for change:

variation by intensity and domain of client distress *Social Work Research* 20(1), 13-18.

O'Hare, T. (1991) Integrating research and practice: a framework for implementation *Social Work* 36(3), 220-223.

Pearson, F., Lipton, D., Cleland, C. & Yee, D. (2002) The effects of behavioural/cognitive behavioural programs on recidivism *Crime and Delinquency* 48(3), 476-496.

Perkins, D. et Jones, K. (2004) Risk behaviours and resiliency within physically abused adolescents *Child Abuse and Neglect* 28(5), 547-563.

Perkins-Dock, R. (2001) Family interventions with incarcerated youth: a review of the literature *International Journal of Offender Therapy and Comparative Criminology* 45(5), 606-625.

Perlman, H.H. (1957) *Social Casework: A Problem Solving Process*, University of Chicago Press, Chicago.

Peters, E. (2012) Social Work and Social Control in the Third Sector: Re-Educating Parents in the Voluntary Sector *Practice: Social Work in Action* 24(4), 251-263.

Plath, D., (2013) Support for Evidence-Based Practice in a Human Service Organization, *Administration in Social Work*, 37(1), 25-38.

Polkki, O., Ervast, S. & Huupponen, M. (2004) Coping and resilience of children of a mentally ill parent *Social Work in Health Care* 39(1–2), 151-163.

Pollio, D.E. (1995) Use of humour in crisis intervention *Families in Society* 76(6), 376-384.

Powell, J. (2011) Alcohol and Drug Abuse Issues in Older Persons as Revealed Through the Comprehensive Drug, Alcohol, and Mental Health Treatment Systems *Care Management Journal* 12(3), 108-114.

Prochaska, J. Q, et DiClemente, C. C. (1982). Transtheoretical therapy: Toward a more integrative model of change. *Psychotherapy: Theory, Research and Practice,* 20, 161-173.

Proctor, S. L., Hoffmann, N.G. & Allison, S. (2012) The Effectiveness of Interactive Journaling in Reducing Recidivism Among Substance-Dependent Jail Inmates. *International Journal of Offender Therapy & Comparative Criminology*, 56(2), 317-332.

Puckett, T.C. et Cleak, H. (1994) Caution—helping may be hazardous: client abuse, threats and assaults', *Australian Social Work* 47(1), 3-10.

Raynor, P. (2003) Research in probation: from nothing works to what works in Wing Hong Chui and M. Nellis (dir), *Moving Probation Forward: Evidence, Arguments and Practice*, Pearson Longman, London.

Raynor, P. et Vanstone, M. (1996) Reasoning and rehabilitation in Britain: the results of the Straight Thinking on Probation (STOP) programme *International Journal of Offender Therapy and Comparative Criminology* 40(4), 272-284.

Raynor, P., Ugwudike, P., & Vanstone, M. (forthcoming). The impact of skills in probation work: A reconviction study. *Criminology and Criminal Justice.*

Regehr, C., Ramona, A., Dennis, J., Pitts, A. & Saini M (2013) Interventions to Reduce Distress in Adult Victims of Rape and Sexual Violence: A Systematic Review *Research on Social Work Practice*: 23(3), 257-265.

Reid, W. (1985) *Family Problem Solving*, Columbia University Press, New York.

— (1992) *Task Strategies: An Empirical Approach to Clinical Social Work*, Columbia University Press, New York.

— (1994) The empirical practice movement *Social Service Review* 68(2), 163-184.

— (1997a) Evaluating the dodo's verdict: do all interventions have equivalent outcomes? *Social Work Research* 21(1), 5-16.

— (1997b) Research on task-centred practice *Social Work Research* 21(3), 134-137.

Reid, W. et Epstein, L. (1972) *Task-centred Casework*, Columbia University Press, New York.

Reid, W. et Hanrahan, P. (1982) Recent evaluations of social work: grounds for optimism *Social Work* 27, 328-340.

Reid, W. et Shyne, A. (1969) *Brief and Extended Casework*, Columbia University Press, New York.

Rzepnicki, T, Mccracken S & Briggs H (dir) *From Task-Centered Social Work to Evidence-Based and Integrative Practice* Chicago, IL, Lyceum, 2012.

Rex, S. et Gelsthorpe, L. (2002) The role of community service in reducing offending: evaluating pathfinder projects in the UK *The Howard Journal* 41(4), 311-325.

Rey, L.D. (1996) What social workers need to know about client violence, *Families in Society* 77(1), 33–39.

Robinson, C., VanBenschoten, S., Alexander, M. & Lowenkamp, C. (2011). A random (almost) study of Staff Training Aimed at Reducing Re-arrest: Reducing recidivism through intentional design. *Federal Probation,* 75, 2.

Robinson, G. (2003) Risk and risk Assessment in Wing Hong Chui & M. Nellis (dir.) *Moving Probation Forward Evidence Arguments and Practice*, Pearson Longman, London UK.

Rodriguez B. et Sprick R. *Why a Positive Approach to Behavior? A Research Summary on Three Elements of PBIS* http://www.safeandcivilschools.com/research/references/positive-approach-to-behavior.php accédé le 24.1.14.

Rooney, R. (dir.) (2009) *Strategies for Work with Involuntary Clients, Second Edition*, Columbia University Press, New York.

Rothman, J. (1991) A model of case management: toward empirically based practice, *Social Work* 36(6), 337–43.

Rubin, A. (1985) Practice effectiveness: more grounds for optimism, *Social Work* 30:469–76.

Rubin, A. et Babbie, E. (2005) *Research Methods for Social Work*, Thomson Brooks/Cole, Belmont.

Rubin, A. & Knox, K. (1996) Data analysis problems in single case evaluation: issues for research on social work practice *Research on Social Work Practice* 6(1), 40-65.

Ryan, M., Merighi, R., Healy, B. & Renouf, N. (2004) Belief optimism and caring: findings from a cross national study of expertise in mental health social work *Qualitative Social Work* 3(4), 411-429.

Sacks, S., Banks, S. McKendrick, K. & Sacks, J. (2010) Modified Therapeutic Community for Co-Occurring Disorders: Single Investigator Meta Analysis. *Substance Abuse* 31(3), 146-161.

Saleebey, D. (2013) *The Strengths Perspective in Social Work Practice* (6th Edn) Allyn & Bacon, Boston.

Schepker, R., Grabbe, Y. & Jahn, K.A. (2003) Longitudinal view on inpatient treatment duration: is there a lower limit to length of stay in child and adolescent psychiatry *Praxis Der Kinderpsychologie Und Kinderpsychiatrie* 52(5), 338-353.

Schlack, R., Ravens-Sieberer, U., Petermann, F. (2013) Psychological problems, protective factors and health-related quality of life in youth affected by violence: The burden of the multiply victimised *Journal of Adolescence* 36(3), 587-601.

Schwalbe, C. (2004) Re-visioning risk assessment for human service decision making *Children and Youth Services Review* 26(6), 561-576.

Scott, D. et O'Neill, D. (1996) *Beyond Child Rescue*, Allen & Unwin, Sydney.

Scourfield, J. (2002) 'Reflections of gender knowledge and values in social work', *British Journal of Social Work* 32, 1-15.

Searing, H. (2003) 'The continuing relevance of casework ideas to long term child protection work', *Child and Family Social Work* 8:311–20.

Seligman, M. (1990) *Learned Optimism*, Random House, Sydney.

— (1995) *The Optimistic Child*, Random House, Sydney.

Selman, D., Sullivan, J., Dore, G., Adamson, S. & MacEwan, I. (2001) 'The randomized controlled trial of motivational enhancement therapy for mild to moderate alcohol dependence', *Journal of Studies on Alcohol* 62(3), 389-396.

Siqueira Drake, A. (2013). The Use of Core Competencies in Suicide Risk Assessment and Management in Supervision: A Feminist-Narrative Approach *Journal of Feminist Family Therapy* 25(3), 183-199.

Sexton, T. et Alexander, J. (2002) Family based empirically supported interventions *The Counseling Psychologist* 30(2), 238-261.

Sheldon, B. (1987) Implementing findings from social work effectiveness research *British Journal of Social Work* 17, 573-586.

Shlonsky, A. et Gibbs, L. (2004) Will the real evidence-based practice please step forward: teaching the process of EBP to the helping professions *Journal of Brief Therapy and Crisis Intervention* 4(2),137-153.

Shlonsky, A. et Wagner, D. (2005) The next step: Integrating actuarial risk assessment and clinical judgement into an evidence-based practice framework in CPS case management *Children and Youth Services Review* 27, 409-427.

Shulman, L. (1991) *Interactional Social Work Practice: Toward an Empirical Theory*, F.E. Peacock, Itasca, Illinois.

Schmuttermaier, J.R., Schmitt, D.J, King, C.M., Gwynne, A.E. (2011) Whole of Client Health Care in a Gridlocked System: An Insider Dialogue Between the Theory and Practice of Community Case Management *Home Health Care Management & Practice* 23(1), 36-49.

Sheldon, B. (2011) *Cognitive Behavioural Therapy Research and Practice in Health and Social Care* Routledge London.

Siporin, M. (1984) Have you heard the one about social work humour? *Social*

Casework 68(8), 459-464.

Slawinski, T. (2004) The intensive case manager–client relationship: understanding and influencing boundary development and compliance *Dissertation Abstracts International A: The Humanities and Social Sciences* 64:9.

Smith, R. (2013) The lessons to be learnt from three recent high profile child abuse cases – *Community Care* http://www.communitycare.co.uk/blogs/childrens-services-blog/2013/10/the-lessons-to-be-learnt-from-three-recent-high-profile-child-abuse-cases/#.Uoqqd8Rmh8E accessed 19.11.13.

Smokowski, P. et Wodarski, J. (1996) Effectiveness of child welfare services *Research on Social Work Practice* 6(4), 504-523.

Spratt, T. et Houston, S. (1999) Developing critical social work in theory and in practice: child protection and communicative reason *Child and Family Social Work* 4(4), 315-327.

Stanley, J. et Goddard, C. (2002) *In the Firing Line*, Wiley, Chichester.

Stratton, P. (2005). *Report on the Evidence Base of Systemic Family Therapy*, Association for Family Therapy, <www.aft.org.uk/docs/evidencedocsept05creditedSS.doc>. accédé le 20 July 2012.

Steib, S. et Blome, W. (2004) 'Fatal error: the missing ingredient in child welfare reform part 2', *Child Welfare* 83(1), 101-104.

Stokes, J. & Schmidt, G. (2012) Child Protection Decision Making: A Factorial Analysis Using Case Vignettes *Social Work, 57(1),* 83-90. Strozier, A., Krizek, C. & Sale, K. (2003) Touch: its use in psychotherapy *Journal of Social Work Practice* 17(1), 49-62.

Tanner-Smith, E. E.; Wilson, S.J., Lipsey, M.W. (2013) The comparative effectiveness of outpatient treatment for adolescent substance abuse: A meta-analysis. *Journal of Substance Abuse Treatment*, 44 (2), 145-158.

Tarolla S,. Wagnera, & Rabinowitz, J & Tubmanc J. (2002) Understanding and treating juvenile offenders: A review Jonathan G. of current knowledge and future directions *Aggression and Violent Behavior* 7, 125–143.

Thomlinson, R. (1984) 'Something works: evidence from practice effectiveness studies', *Social Work* 29(1), 51-56.

Thorpe, D. (1994) *Evaluating Child Protection*, Open University Press, Buckingham.

Trotter, C. (1990) 'Probation can work: a research study using volunteers', *Australian Journal of Social Work* 43(2), 13-18.

— (1993) *The effective supervision of offenders*, unpublished PhD thesis, La Trobe University, Melbourne.

— (1994) 'Task-centred social work—an interview with William Reid', *Advances in Social Work Education* 2, 3-5.

— (1995b) 'Contamination theory and unpaid community work', *Australian and New Zealand Journal of Criminology* 28(2),163-175.

— (1995a) *The Supervision of Offenders: What Works? First and Second Reports to the Criminology Research Council*, Department of Social Work, Monash University, and Department of Justice, Melbourne.

— (1996b) 'Community corrections—punishment or welfare: a book review essay', *International Criminal Justice Review* 6, 121-130.

— (1996a) 'The impact of different supervision practices in community corrections', *Australian and New Zealand Journal of Criminology* 29(1), 29-46.

— (1997b) *Family Problem Solving—Report to Vic Safe*, Department of Social Work, Monash University, Melbourne.

— (1997a) 'Working with mandated clients—a pro-social approach', *Australian Journal of Social Work* 50(2), 19-27.

— (2000) 'Teaching family work: integrating teaching practice and research', *Advances in Social Work and Welfare Education* 3(1), 161-170.

— (2002) 'Worker style and client outcome in child protection', *Child Abuse Review* 11:38–50.

— (2004) *Helping Abused Children and Their Families*, Allen & Unwin/Sage, Sydney and London.

— (2008) What client satisfaction tells us about effectiveness *Child Abuse Review* 17 (4), 262-274.

— (2012) Effective Supervision of Young Offenders *Trends and Issues in Criminal Justice,* 448, 1-8.

— (2013) Reducing Recidivism Through Probation Supervision: What We Know and Don't Know From Four Decades of Research *Federal Probation* 77(2), 43-48.

— (2013a) Effective Supervision of Young Offenders in *Offender*

Compliance Routledge.

— (2013b) *Collaborative Family Work A Model for Working with Families in the Human Services* Allen & Unwin Sydney.

Trotter, C., Cox, D. & Crawford, K. (2002) Family Counselling in Juvenile Justice', *Australian Social Work* 55(1), 119-227.

Trotter C. et Evans, P. (2012) Analysis of Supervision Skills in Juvenile Justice' *Australian and New Zealand Journal of Criminology* 45(2), 255-273

Trotter C., McIvor, G. et Sheeha, R. (2012) The Effectiveness of Support and Rehabilitation Services for Women. *Australian Social Work*, 65(1), 6-20.

Trotter C., McIvor, G. et Sheeha, R. (2012) The Effectiveness of Support and Rehabilitation Services for Women. *Australian Social Work,* 65(1), 6-20.

Trotter, C. et Sheehan, R. (2005) Women's access to welfare after prison, conference paper presented to What Works with Women Offenders, Monash University, Prato, Italy.

Trotter C. et Ward, T. (2012) Involuntary clients, pro-social modelling and ethics *Ethics and Social Welfare* 6(2), 37-55.

Truax, C.B., Wargo, D.G. & Sibler, L.D. (1966) Effects of group psychotherapy with high accurate empathy and non-possessive warmth upon female institutionalised delinquents *Journal of Abnormal Psychology* 71(4), 267-274.

Turner, S. (2010) Case Management in Corrections: Evidence Issues and Challenges in McNeill, F., Raynor, P. & Trotter, C. (dir.) (2010) *Offender Supervision; New directions in theory research and practice,* Willan, Cullompton.

USA National Association for Cognitive Behavioural Therapists http://www.nacbt.org/whatiscbt.htm (accédé le 12.8.13).

Vagenas, P., Ludford, K. T; Gonzales, P., Peinado, J., Cabezas, C., et al. (2014) Being Unaware of Being HIV-Infected is Associated with Alcohol Use Disorders and High-Risk Sexual Behaviors Among Men Who have Sex with Men in Peru *AIDS and Behavior* 18(1), 120-127.

Van de Luitgaarden, G.M.J. (2009) Evidence-Based Practice in Social Work: Lessons from Judgment and Decision-Making Theory. *British Journal of Social Work* 39(2), 243-260.

Vanstone, M. (2004) A history of the use of groups in probation work; part two—from negotiated treatment to evidence-based practice in an accountable service *The Howard Journal* 43(2), 180-202.

Videka-Sherman, L. (1988) Meta-analysis of research on social work practice in mental health *Social Work* 33(4), 323-338.

Wade, S., Taylor, H., Yeates, K., Drotar, D., Stancin, T., Minich, N. & Schluchter, M. (2006) Long-term parental and family adaptation following paediatric brain injury, *Journal of Paediatric Psychology* 31(10): 1072–83.

Ward T (2010) Strengths and Risks: The Good Lives Model of Offender Rehabilitation In McNeill, Raynor & Trotter (dir.) *New Directions fo Theory and practice* Willan Cullompton.

Waterson, L. & Carnie, J. (1992) Assessing child protection risk *British Journal of Social Work* 22, 47-60.

Watt, B., Howells, K. & Delfabbro, P. (2004) Juvenile Recidivism: Criminal propensity, social control and social learning theories *Psychiatry, Psychology and Law* 11(1), 141–53.

White, V. (2006) *The State of Feminist Social Work.* Routledge Abingdon.

Walker S (2007) *Clients' use of brief solution focussed therapy in their natural environment : an exploratory study* Monash University, Dept. of Social Work.

White, M. et Epston, D. (1989) *Narrative Means to Therapeutic Ends*, Dulwich Centre Publications, Adelaide.

Wilson, D., Bouffard, L. & Mackenzie, D. (2005) A Quantitative Review Of Structured, Group-Oriented, Cognitive-Behavioral Programs For Offenders *Criminal Justice and Behaviour* 32(2), 172–204.

Wing Hong, Chui & Nellis, M. (dir) (2003) *Moving Probation Forward: Evidence, Arguments and Practice,* Pearson Longman, Essex.

Wood, M. (1978) Casework effectiveness: a new look at the research evidence *Social Work* 23(6), 437-459.

Yip, K., Ngan, M. & Lam, I. (2002) An explorative study of peer influence and response to adolescent self cutting behaviour in Hong Kong *Smith College Studies in Social Work* 72(3), 379-401.

Zhang, Z., Friedman, P. & Gerstein, D. (2003) Does retention matter? Treatment duration and improvement in drug use *Addiction* 98(5), 673–84.

Index

Qualités du CPIP (v. Compétence et qualités du CPIP)

Quatre contre Un (règle) : 123

Structures éditoriales du groupe L'Harmattan

L'Harmattan Italie
Via degli Artisti, 15
10124 Torino
harmattan.italia@gmail.com

L'Harmattan Hongrie
Kossuth l. u. 14-16.
1053 Budapest
harmattan@harmattan.hu

L'Harmattan Sénégal
10 VDN en face Mermoz
BP 45034 Dakar-Fann
senharmattan@gmail.com

L'Harmattan Cameroun
TSINGA/FECAFOOT
BP 11486 Yaoundé
inkoukam@gmail.com

L'Harmattan Burkina Faso
Achille Somé – tengnule@hotmail.fr

L'Harmattan Guinée
Almamya, rue KA 028 OKB Agency
BP 3470 Conakry
harmattanguinee@yahoo.fr

L'Harmattan RDC
185, avenue Nyangwe
Commune de Lingwala – Kinshasa
matangilamusadila@yahoo.fr

L'Harmattan Congo
67, boulevard Denis-Sassou-N'Guesso
BP 2874 Brazzaville
harmattan.congo@yahoo.fr

L'Harmattan Mali
Sirakoro-Meguetana V31
Bamako
syllaka@yahoo.fr

L'Harmattan Togo
Djidjole – Lomé
Maison Amela
face EPP BATOME
ddamela@aol.com

L'Harmattan Côte d'Ivoire
Résidence Karl – Cité des Arts
Abidjan-Cocody
03 BP 1588 Abidjan
espace_harmattan.ci@hotmail.fr

L'Harmattan Algérie
22, rue Moulay-Mohamed
31000 Oran
info2@harmattan-algerie.com

L'Harmattan Maroc
5, rue Ferrane-Kouicha, Talaâ-Elkbira
Chrableyine, Fès-Médine
30000 Fès
harmattan.maroc@gmail.com

Nos librairies en France

Librairie internationale
16, rue des Écoles – 75005 Paris
librairie.internationale@harmattan.fr
01 40 46 79 11
www.librairieharmattan.com

Librairie l'Espace Harmattan
21 bis, rue des Écoles – 75005 Paris
librairie.espace@harmattan.fr
01 43 29 49 42

Lib. sciences humaines & histoire
21, rue des Écoles – 75005 Paris
librairie.sh@harmattan.fr
01 46 34 13 71
www.librairieharmattansh.com

Lib. Méditerranée & Moyen-Orient
7, rue des Carmes – 75005 Paris
librairie.mediterranee@harmattan.fr
01 43 29 71 15

Librairie Le Lucernaire
53, rue Notre-Dame-des-Champs – 75006 Paris
librairie@lucernaire.fr
01 42 22 67 13